Un siglo de baile

Ian Driver

BLUME

BLUME

Título original:
A Century of Dance

Traducción:
Imma Guàrdia Rúbies
Cindy Izzilo
Associació Fem Música!, Barcelona

Coordinación de la edición en lengua española:
Cristina Rodríguez Fischer

Primera edición en lengua española 2001

© 2001 Naturart, S. A. Editado por BLUME
Av. Mare de Déu de Lorda, 20
08034 Barcelona
Tel. 93 205 40 00 Fax 93 205 14 41
E-mail: info@blume.net
© 2000 Octopus Publishing Group Limited, Londres

I.S.B.N.: 84-8076-397-3

Impreso en China

Contenido

Derecha: una ilustración de la época que muestra a una joven con su galán al estilo de los veinte, en la época del charlestón.

Inferior: diagrama de un maniquí que hacía las veces de pareja de baile, un ingenio patentado en 1921 para el autoaprendizaje de los bailes de salón.

Las danzas que no pertenecen al mundo clásico han ocupado un lugar destacado en la cultura popular de los últimos cien años como rituales sociales, actividades de ocio y diversiones. El baile, a través del siglo xx y en los inicios del xxi, ha experimentado tantas variaciones como la música, ya sea el estilo *ragtime* del charlestón, los ritmos latinoamericanos de la samba y la salsa, los clásicos de Hollywood de Fred Astaire y Ginger Rogers, o las danzas de moda, desde el *hokey cokey* (canto y baile de grupo) al *hip-hop*. Difundido a través de los discos, la radio, el cine y la televisión, el baile ha ocupado un espacio muy importante en nuestras vidas.

Introducción

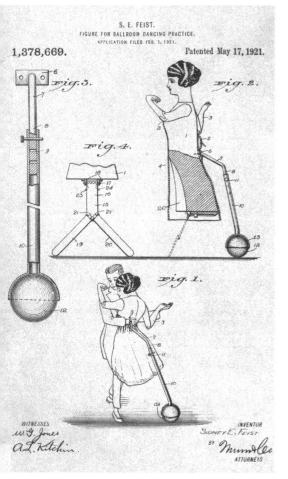

Históricamente, el baile ha sido siempre importante en la vida de la gente corriente. El baile popular, igual que la música popular, vuelve al pasado, al principio de los tiempos. En los albores era más un proceder social, en el marco de rituales de fertilidad, de ceremonias religiosas y de los más espectaculares ritos de apareamiento. Y todavía más sofisticadas, las estilizadas formas de baile en las cortes de reyes y nobles, ricas en protocolo y amaneramientos, hicieron las veces de punto de encuentro y espacio para el cortejo de los miembros del sexo opuesto. Cuando Jerome Robbins hizo la coreografía del baile en el gimnasio, para la película *West Side Story*, la tensión lograda entre chicos y chicas no estaba a un millón de años de la lograda en el baile de máscaras de *Romeo y Julieta*, en el cual se basaba. Pero mientras que la función de la danza ha venido siendo en esencia la misma, lo que ha cambiado considerablemente con el paso de los siglos ha sido la difusión y la accesibilidad, conseguidas, como la mayoría de fenómenos del siglo xx, gracias a los avances tecnológicos.

La primera de estas innovaciones tecnológicas vino, en el ámbito doméstico, en forma de disco de gramófono. La gente podía escuchar toda clase de música en su propia casa, y gran parte de esa música era música de baile. Valses, *foxtrot*, bailes de moda como el tango y el charlestón, fueron asequibles al consumo privado, lo que fomentó el baile como actividad social fuera del hogar, en salas de baile y salones, y, más recientemente, en discotecas y clubes.

De la misma manera, la rápida difusión de la radio durante los años veinte ofreció la posibilidad a un mayor número de gente para bailar música de todo tipo. La enorme popularidad de las Big Bands, que inter-

«Cuando Jerome Robbins hizo la coreografía del baile en el gimnasio, para la película *West Side Story*, la tensión lograda entre chicos y chicas no estaba a un millón de años de la lograda en el baile de máscaras de *Romeo y Julieta*.»

Página siguiente: detalle de una concursante femenina preparándose para una competición de bailes de salón en Berlín, 1985.

pretaban música concebida para bailar, no sólo para escuchar, no se hubiera producido sin la ayuda de los discos y la radio. Y lo mismo puede decirse sin duda del *rock and roll* y la música popular, en esos años.

El otro gran medio de comunicación de masas en la primera mitad del siglo XX fue el cine. Cuando el sonido llegó a la gran pantalla, a final de los años veinte, nació el cine musical, y con él toda una era del baile como un entretenimiento para el espectador. Aunque muchos musicales de Hollywood estaban basados en los grandes éxitos de Broadway, en el cine aumentaron su público a millones de personas en todo el mundo, y, alejado de las restricciones de las coreografías académicas, se empezó a desarrollar un género completamente nuevo. Hacia 1935, Fred Astaire, Ruby Keeler, Ginger Rogers y Jack Buchanan fueron personas conocidísimas; Busby Berkeley revolucionó una serie de fragmentos cinematográficos musicales con extraordinarios espectáculos; y, en la década de 1950, Gene Kelly llevó la danza moderna a sus límites más altos con películas como *Levando anclas*, *Un americano en París* y el clásico *Cantando bajo la lluvia*.

«Aunque muchos musicales de Hollywood estaban basados en los grandes éxitos de Broadway, en el cine aumentaron su público a millones de personas en todo el mundo.»

Superior: cartel de *Chicago,* uno de los musicales de más clamoroso éxito de los últimos tiempos, en el cual el baile desempeñaba un papel muy importante.

Derecha: bailarines de *swing* en el legendario salón de baile de los años cuarenta, el Savoy, en Harlem.

Mientras el cine alcanzaba el ámbito de la danza, y ofrecía una panorámica (más bien *kitsch*) de las más exóticas formas de baile en el mundo (las primeras en aparecer fueron las coreografías sobre música latina de Carmen Miranda), aparecía la otra gran influencia que tendría la danza (también como la música): la cultura afroamericana. Desde el *ragtime* al claqué (cuyo curioso ancestro incluye elementos africanos y las danzas con zuecos de Lancashire), el *swing* y el *hip-hop* y los más atrevidos bailes de Cuba, Centroamérica y Sudamérica, encontramos unas señas de identidad comunes: tienen su origen en las danzas populares que se han bailado en todo el mundo a lo largo del último siglo.

Incluso en el siglo xxi, el siglo de la electrónica y la tecnología digital, el papel de la danza no ha disminuido. Los bailes basados en grandes éxitos musicales van y vuelven –un reciente éxito de ventas en todo el mundo ha sido *Fosse,* un homenaje a la obra de Bob Fosse–; las siempre innovadoras escenas de discoteca están basadas en el baile; los concursos de bailes de salón son un fenómeno mundial y los grandes musicales de Hollywood se han transformado en clásicos.

Aunque Isadora Duncan y otros creadores habían intentado expresarse mediante el movimiento sin acompañamiento musical, la danza puede ser definida como el movimiento de la música, y ese hecho se ha reflejado en la gran proliferación de todo tipo de música popular a lo largo del último siglo.

Superior: una toma del espectáculo musical *West Side Story*, en su versión de Hollywood; la coreografía de Jerome Robbins creó nuevos modelos para la danza en la gran pantalla.

Izquierda: Madonna, cuyas interpretaciones dependen tanto de su talento como bailarina y del de los bailarines que la acompañan, como de los elementos musicales en sí.

¿Me concede este baile?

Vals en todo el mundo

La danza como fenómeno social no ha permanecido aislada en el mundo de la cultura popular. Nació de la unión entre la música popular y el estilo de su tiempo. Es un indicativo de la experiencia de individuos, grupos o generaciones, de cómo interpretan y viven sus acontecimientos sociales, y por esa razón está en constante proceso de cambio. La velocidad de los cambios económicos y sociales durante el siglo xx se vio reflejada en los cada vez más frenéticos cambios del baile de sociedad. Los estilos nacían, se desarrollaban y se olvidaban a un ritmo vertiginoso.

¿Me concede este baile?

Otra razón del rápido cambio en la naturaleza de los estilos del baile de sociedad fue la identificación, hacia el final del siglo xix, de las posibilidades inherentes a la cultura del Nuevo Mundo. Durante los siglos precedentes, Europa había sido la única fuente de creación de los estilos de baile de salón. Es el caso de las danzas más frecuentes del siglo xix, por ejemplo, la polca, la varsoviana, la mazurca, la polonesa y, por supuesto, el vals, procedentes del centro y del este de Europa, en una época en la que la tendencia a la nostalgia por la vida rural había conducido a la popularización de los bailes populares escoceses.

En el siglo xix se infiltraron en la sociedad nuevos estilos e innovaciones. Fue en los bailes nacionales y del folclore de cada comarca donde la gente volvió al pasado por lo que se refiere a las modas. Puede ser cierto que, muy a menudo, los nuevos estilos evolucionaran desde la Europa rural o desde las danzas campesinas, pero a diferencia de lo que ocurriría en el siglo xx, éstas fueron recogidas en los bailes de la alta sociedad con pequeñas variantes, según el ambiente cultural en el que habían brotado.

Cruzando el Atlántico, los estilos del Viejo Mundo y las maneras europeas tuvieron gran influencia en la estética de la sociedad norteamericana. De todas formas, todo ello estaba a punto de cambiar. Aunque en 1900 no fuese particularmente notable, tanto en el norte como en el sur

Superior: partitura de «El hada de la danza» compuesta por Carl Faust (hacia 1885), una polca-mazurca: estas danzas incrementaron la popularidad de los diferentes bailes de la Europa central y del este en los salones de baile de finales del siglo xix.

Izquierda: portada alemana de la partitura de «The Washington Post» una polca-marcha de John Philip Sousa, muy conocido por sus marchas.

«... el baile de sociedad está en constante estado de cambio y va de una moda a otra. Cualquier tentativa de fijar un estilo dentro de un determinado período de tiempo está casi condenada al fracaso...»

de América existían brotes de revolución en la danza. En Estados Unidos se trataba del *jazz*; en Sudamérica, del tango y de la música latina. Todo ello no sólo transformaría la manera de bailar de la gente, sino que marcaría el principio de los nuevos estilos procedentes de la «calle».

Los cambios, además, se aceleraron por el desarrollo de la tecnología de los medios de comunicación. El progreso del cine, la radio, la televisión y las grabaciones sonoras (por no hablar de la revolución en la tecnología de la información a finales de siglo) promovió el cruce de culturas ya puesto en marcha por las migraciones de grupos humanos. El resultado fue una explosión del fenómeno del baile a principios del siglo XX, que se incrementó durante las décadas posteriores.

De hecho, el baile de sociedad está en constante estado de cambio y va de una moda a otra. Cualquier tentativa de fijar un estilo dentro de un determinado período de tiempo está casi condenada al fracaso, porque sus raíces pueden encontrarse en el pasado y su resultado final descubierto en danzas todavía por venir en ese período. Por esa razón, quien busque ubicar el camino del desarrollo del baile puede ser culpable de querer cazar una quimera, pero el que lo intente se verá deslumbrado por la gracia, la exuberancia y la completa ingenuidad de los festejos humanos del mundo moderno.

Superior: la majestuosa polonesa, danza polaca popularizada por Chopin entre otros compositores, como fue retratada en una talla de madera (hacia 1900) de un dibujo de Stanislaw Rejchan.

¿Me concede este baile?

Superior: el vals revolucionó los salones de baile a principios del siglo XIX, y a principios del XX alcanzó nuevas cimas de popularidad en Europa y Norteamérica.

Vals en todo el mundo

El hecho es que todavía hoy, después de casi un siglo de revoluciones y progreso, el vals continúa siendo uno de los bailes de sociedad más conocidos, testimonio ello de su perdurable atractivo. La popular imagen de un hombre y una mujer, cogidos del brazo, haciendo círculos sobre el suelo, mirándose a los ojos, todavía representa la síntesis del romance y de la sofisticación. La gracia y el sabor del vals parecen remontarnos a tiempos más felices, cuando la vida era más tranquila y el amor, dulce. El vals pertenece a un mundo que es más fácil de comprender.

Hacia el final del siglo XX, el vals fue el rey de los salones de baile (y de las reuniones, donde fue introducido más tarde) de Europa y Norteamérica; su elegancia y control simbolizan a la perfección el gusto y las convicciones morales de la época eduardiana: el hombre guiaba, la mujer seguía; esto y otras formas de comportamiento, estructuras precisas de la sociedad en el seno de la cual había nacido, representaban un gran salto en lo que respecta al baile de sociedad.

«Las parejas giraban sobre sí mismas y por la pista de baile de un modo que fue considerado por los heraldos de la moral de su tiempo como físicamente peligroso, incluso decadente.»

Antes de que el vals fuera popular, la gente bailaba separándose y efectuando pasos que les alejaban de su pareja –si es que, de hecho, podía llamársele tener una pareja de baile–. Con el vals, eso cambió absolutamente. En ese momento, por primera vez, los miembros de la pareja estaban uno frente al otro, y las parejas giraban unas independientemente de las otras. El hombre conseguía un grado más de intimidad colocando su mano derecha alrededor de la cintura de su compañera. Las parejas giraban sobre sí mismas y por la pista de baile de un modo que fue considerado por los heraldos de la moral de su tiempo como físicamente peligroso, incluso decadente, aunque, pese a ello, el vals resistió y continuó bailándose en los salones.

La importancia de ese «moverse juntos» de la pareja de baile no puede sobreestimarse. En los primeros tiempos, el minué y la cuadrilla tenían en cuenta la posibilidad de llevar a cabo un cierto cortejo entre los dos miembros de la pareja; con el vals esa posibilidad se ejecutaba más libremente. El vals llegó a ser tan formidablemente popular, no sólo por la naturaleza mágica de su ritmo de $3/4$, o por la entonces chocante intimidad en la manera de asirse los bailarines, sino también porque el vals permitía al individuo deleitarse de forma agradable con su pareja (en el sentido del flirteo). El placer personal y la búsqueda individual de la expresión llegarían a ser los temas más arrolladores y dominantes en la evolución del baile durante el siglo xx.

En 1900, el panorama del baile de sociedad llevaba casi un siglo sin variar. Desde su llegada, en los primeros años del siglo xix, el vals se había convertido en el exponente de un crecimiento tal que a principios del siglo xx se encontraba en una posición sin rival por lo que se refiere a la danza de salón escogida por la mayoría. Hacia 1910, en la mayor parte de programas de danza dominaba el vals en un porcentaje sin precedentes: tres cuartas partes de las danzas eran valses. Sería justo decir que los locales de bailes populares de la época estaban saturados por el ritmo del vals: su omnipresencia convirtió el panorama del baile en algo predecible e incluso aburrido.

Otras danzas eran populares, y algunas, como la polca, sobreviven hoy (aunque sólo en contextos especializados). La característica «galopante» de la polca encontró otra salida en el pasodoble militar (*two step*), que había sido popular poco antes de 1900. El pasodoble (una enérgica mezcla de pasos y saltos) gozaba de una simplicidad que todavía puede encontrarse en la manera de bailar de hoy, y fue particularmente popular en Europa. Una gran parte de su popularidad puede ser atribuida al compositor y músico americano John Philip Sousa (1854-1932), que compuso e interpretó marchas militares, pero continuó hasta convertirse en uno de los principales proveedores de *cake-*

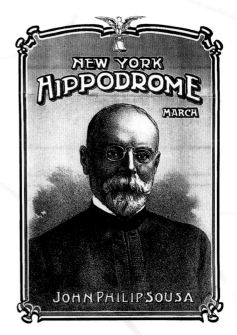

Inferior: las marchas de Sousa fueron muy populares en Europa, así como en su país de origen, y el pasodoble militar fue uno de los pocos desafíos a la preponderancia del vals.

«La imagen de los oficiales prusianos bailando con sus mujeres, haciendo cabriolas por los salones de baile, al siempre acelerado ritmo de la música de Johann Strauss, es todavía hoy una imagen con mucha fuerza...»

walks (*véanse* págs. 25-26), que cosechó grandes éxitos en la Europa de finales de la década de 1880.

Fue, de todas maneras, el vals, lo dominante. El vals provenía de la danza popular austroalemana llamada *Ländler*, cuyo nombre derivaba de la palabra alemana *walzen* (dar vueltas, girar). Su carácter íntimo y la velocidad de las vueltas de los bailarines alrededor de la pista causaron una protesta desde el principio. Incluso Byron objetó:

«En los confines de la cintura rendida,
la mano más fuerte puede vagar sin sufrir rechazo.»

A principios del nuevo siglo, no obstante, lo que antaño se había considerado escandaloso pasó a ser soso y pasado de moda. El vals era todavía popular, pero la velocidad y el modo en que se bailaba pasaron a ser acaloradamente discutidos. De todas las modificaciones y evoluciones que el baile había sufrido durante el siglo XIX, fue la idea modelo que se tenía de cómo era el «vals vienés» la que se implantó con más fuerza en la imaginación popular. La imagen de los oficiales prusianos bailando con sus mujeres, haciendo cabriolas por los salones de baile,

Superior: Sousa (con sus músicos, en 1893) fue en un principio director de banda, pero su estilo de composición se impregnó también del más elegante ambiente de los salones de baile.

Derecha: Stanislaw Rejchan captó el romanticismo, la gracia y la sofisticación del baile de sociedad de finales del siglo XIX en esta pintura *Bailando en fin de año* (1893).

al siempre acelerado ritmo de la música de Johann Strauss, es todavía hoy una imagen con mucha fuerza, pero hacia 1900 el viejo estilo giratorio del vals empezaba a perder su atractivo. El motivo radicaba en los rápidos cambios que ocurrían en el mundo industrializado.

A principios de siglo XX, Europa y Norteamérica se habían establecido como sociedades industrializadas, con sus primeras poblaciones urbanas. Había, por supuesto, grandes diferencias entre ricos y pobres, pero podría decirse que la clase trabajadora recuperaba gradualmente más tiempo para sí misma, que empleó en actividades de ocio en las que invertía sus ganancias. Naturalmente, una de las mayores fuentes de entretenimiento fue el baile, pero en los años anteriores a la primera guerra mundial había pocos lugares donde pudiera bailar la gente de clase media.

En Gran Bretaña, en esa época, por ejemplo, el acceso a los diferentes locales de baile estaba tan estrictamente definido como las mismas clases sociales. En lo más alto de la escala social se situaban los bailes oficiales y los lujosos entretenimientos de la aristocracia rural y de los nuevos ricos de la industrialización. Más abajo en la escala seguían los bailes de los condados y de las cacerías que se realizaban en hoteles locales o en salas de reuniones. Las suscripciones a estos bailes permitían a los que pagaban las cuotas bailar durante toda la temporada, pero la mayoría de la población disfrutaba del baile sólo ocasionalmente: en reuniones locales o en academias dirigidas por profesores de baile, ocasiones éstas más económicas. De otra manera, habría habido pocas salidas para enfrentarse a la siempre creciente demanda.

¿Me concede este baile?

Superior: Los cambios sociales del siglo XX comportarían, en definitiva, la desaparición de los suntuosos bailes vieneses como éste, en el que estaba presente el emperador Francisco José.

De todos modos, en los centros de entretenimiento que evolucionaban en las ciudades costeras de Gran Bretaña, donde las emergentes clases acomodadas, ávidas de ocio y entretenimientos, pasaban sus vacaciones, se desarrolló una nueva idea: el salón de baile permanente. En uno de los más conocidos centros de turismo costeros de Inglaterra, Blackpool, existían al menos tres salones permanentes diseñados exclusivamente para bailar. Dentro de sus muros, bajo la experta mirada de profesores que actuaban como MCs, surgió una nueva generación de bailarines, preparada para cuestionar los viejos estereotipos del vals. Limitados por los rígidos pasos y la excesiva velocidad del antiguo vals, buscaban algo más fresco, más nuevo y más relajado. Vino desde Norteamérica, lo llamaron *boston*, y con él, el estilo del vals entró en el siglo XX. No hay un acuerdo respecto al origen del *boston*. Apareció, tal como su nombre indica, en el noroeste de Estados Unidos, alrededor de 1905, y en los años inmediatamente anteriores a la primera guerra mundial cruzó el Atlántico y se impuso como el más popular de los bailes. Su popularidad duró poco, pero su legado sería grande. Al ir tan lejos, sustituyendo un estilo tan poco atrevido por otro movimiento más relajado, dio el paso decisivo para convertirse en lo que sería conocido como el «estilo inglés».

«El viejo estilo del vals se basaba enteramente en el ritmo y el compás, pero el *boston* era una danza que respondía a la emoción de la melodía.»

Mientras el viejo vals se bailaba en los salones de la alta sociedad, el *boston* se filtraba en los programas de baile populares. Aunque técnicamente es un vals, su única similitud real con el viejo y giratorio baile es el compás de $^3/_4$. Para empezar, el *boston* era más lento. Una vuelta entera en el *boston* podía durar cuatro compases de música, el doble de largo que en un vals al viejo estilo. Esta falta de rigor en el patrón de los giros significaba que la antigua posición de los pies no era tan necesaria. La nueva generación consideraba esa postura rígida y poco atrevida y la había abandonado, descartando así los viejos vestigios de un estilo demasiado cortesano para la música popular (las cinco posiciones de los pies sobreviven hoy tan sólo en el ballet).

La naturalidad de los pies, el sostener a la pareja cadera contra cadera, en lugar de frente a frente, y la concentración en el movimiento lateral antes que en la rotación hizo destacar al *boston* como algo nuevo y emocionante. El viejo estilo del vals se basaba enteramente en el ritmo y el compás, pero el *boston* era una danza que respondía a la emoción de la melodía. Éste inició una tendencia hacia la despreocupación en el baile, cuya trayectoria podemos seguir a través de Irene y Vernon Castle (*véanse* págs. 34-35), que alcanzó su cúspide con Fred Astaire (*véanse* págs. 128-133). Fue el baile de una generación que buscaba escapar de las rígidas estructuras del pasado.

Sin embargo, el *boston* se fue tan rápido como había llegado. Hacia el principio de la primera guerra mundial se había desvanecido de la escena británica, y probablemente incluso antes en su país de origen. Se ha sugerido que quizá sufrió la misma suerte que todas las danzas «viajeras», como los recientemente formados salones de baile: cada vez más concurridos, y con el espacio cada vez más limitado; aunque lo más probable es que fuese víctima de la demanda de nuevos estilos, demanda que él mismo había creado. Ni el *boston* ni el anticuado vals sobrevivieron a la llegada del *ragtime*.

Superior: más tarde conocido como Hammersmith Palais, el Palais de Danse, en el oeste de Londres, fue el salón de baile más famoso de Inglaterra durante medio siglo.

Ragtime

El *cakewalk*

El *ragtime*

El *turkey trot* y otras danzas animales

Nuevos líderes: Vernon e Irene Castle

Daguerre Chicago

«Si no puedo bailar, no quiero formar parte de vuestra revolución», dijo una vez la anarquista americana Emma Goldman. Ella seguramente se refería al espíritu de su propia rebelión más que a las nuevas fuerzas desencadenadas en el mundo del baile, pero «revolución» es, no obstante, un término que describe muy bien el espíritu que imperaba en los salones de baile de Estados Unidos, antes de la primera guerra mundial. A primera vista, la revolución parece surgida de la misma frescura y carácter progresista del Nuevo Mundo, pero una mirada más atenta revela que su corazón yace en otra parte: en los ritmos y la cultura de África.

Inferior: los espectáculos cómicos que parodiaban cantos afroamericanos interpretados por actores blancos con las caras pintadas de negro tuvieron como pionero a T.D. Rice; en la imagen representa a «Jim Crow».

Ragtime

Desde el principio, la población negra de Estados Unidos usó sus tradiciones de danza, sagradas y emotivas, que había traído consigo de África, como medio de reafirmación de su identidad, tanto privada como pública. Rápidamente, las características del baile africano –como los exagerados movimientos de la cadera y la pelvis, o los fuertes golpes de pie en el suelo que marcaban el ritmo de esos movimientos, o en su lugar el ritmo de los tambores– se mezclaron con las de las gigas del país o las de los bailes con zuecos que los colonos blancos habían traído de Europa. Esta interacción de estilos estableció una única estética afroamericana, que a mediados del siglo XIX ya se encontraba en todas las grandes plantaciones sureñas de Estados Unidos. La popularidad de esta emergente cultura negra puede apreciarse en la ambigüedad con la que fue recibida por el *establishment* (la clase dirigente) blanco.

Ultrajada y amenazada por las vistosas demostraciones de la nueva cultura, la sociedad blanca buscó reducir e incluso, muy frecuentemente, anular por completo los posibles desahogos de los afroamericanos, en lo que al baile se refiere. Sin posibilidad de disfrutar de muchas de las formas de entretenimiento, la comunidad negra buscó diversión en los locales de reuniones con música de gramola, los *jukejoints*, en el sur rural.

Los *juke-joints*, como sus correspondientes en el mundo urbano, los garitos o clubes *honky-tonk*, eran locales independientes, donde la clientela podía beber, jugar y bailar, lejos de los ojos vigilantes de la autoritaria clase dirigente. Sencillos en extremo –la mayoría de los *jukejoints* no eran más que chozas ruinosas–, esos establecimientos llegaron a ser las incubadoras de la nueva música y los nuevos bailes que barrerían toda América una generación después. La palabra *jukin* o *jookin* vino a describir el tipo de música que se tocaba en esos locales –una especie de *blues* embrionario–, con la que convivieron algunos de los más importantes bailes que tomaron forma en los siguientes cincuenta años. El charlestón, el *buzzard lope*, el *black bottom* y el *grind* emergieron todos ellos en las trastiendas de los *juke-joints* y *honky-tonks*.

Mientras tanto, la América blanca se enfrentaba a un dilema. Por un lado, el baile afroamericano era peligroso y amenazador; por otro, era innegablemente atractivo. ¿Cómo podían los americanos blancos disfrutarlo sin enaltecer al mismo tiempo la raza negra de la cual procedía? La respuesta vino de la mano de los espectáculos de los trovadores.

Siguiendo la estela del enorme éxito de T. D. Rice (1808-1860), que fue el primer hombre blanco que frotó su cara con corcho quemado y, caracterizado como el saltador Jim Crow, interpretó y parodió las canciones y los bailes negros, vino un sinnúmero de compañías de trovadores y espectáculos. Irónicamente, algunos intérpretes negros

Superior y extremo superior: los cómicos de los espectáculos de trovadores pisaban la fina frontera entre el respeto a la cultura negra americana y la burla a la misma, como indican estos anuncios.

«Ultrajada y amenazada por las vistosas demostraciones de la nueva cultura, la sociedad blanca buscó reducir e incluso, muy frecuentemente, anular por completo los posibles desahogos de los afroamericanos, en lo que al baile se refiere.»

Superior: un elegante *cakewalk* de 1896, con el impresionantemente vistoso premio para los ganadores de la competición situado en la mesa de la derecha.

empezaron a pintarse de negro sus propias caras al darse cuenta de que los espectáculos de los juglares (y los incontables carnavales y espectáculos de curanderos que atravesaban el país) les proporcionaban la única plataforma pública en la cual ellos podían exhibir sus habilidades. William Henry Lane, o Master Juba como le apodaban, fue muy pronto tan conocido como Rice y llevó el nuevo híbrido de baile afroamericano a una amplia audiencia. Sin embargo, la tradición de los cómicos hizo mucho por el estereotipo de las nuevas danzas, y para las generaciones venideras la danza popular quedaría enriquecida con esta lucha afroamericana por el respeto y la dignidad.

Vale la pena señalar, de todos modos, que fue un cómico blanco, conocido como George Primrose, quien dejó el legado más grande al desarrollo de la danza de principios de siglo. Irlandés-canadiense, nacido en 1852, el auténtico nombre de Primrose era Delaney, y fue tal su reputación que la mayoría de primeros bailarines de vodevil, entre 1910 y 1920, lo ensalzaron como su ídolo. Bill Robinson, Willie Covan y Jack Donahue, por nombrar a unos pocos ilustres, reconocieron a Primrose como a un maestro. Hacia el final de su carrera, mucho después de la desaparición de los juglares, no era inusual encontrar a Primrose en las carteleras de espectáculos de vodevil negro. En muchos sentidos, él fue el padre de una nueva manera de bailar (*véase* pág. 97), y muchos piensan en él como su mayor exponente.

El *cakewalk*

A medida que avanzaba el siglo, moría la tradición de los cómicos –el vodevil se desarrollaba en el lugar que le era propio–, pero un componente vital del espectáculo de los cómicos sobrevivió. El *cakewalk* se convirtió en la principal danza afroamericana indígena que atrajo la atención del público en masa y proliferó por todas las salas de baile del mundo. Algunos escritores han señalado que los negros de los estados del sur recogieron el *cakewalk* de los indios seminole de América, mientras otros afirman que su origen puede proceder de los rituales tribales del oeste de África, pero, cualesquiera que sean sus orígenes, hacia la segunda mitad del siglo XIX se había impuesto como danza popular en las plantaciones del sur. No es extraño, pues, que acabara introduciéndose en los espectáculos de los cómicos, ya que su aire de desfile era ideal para los finales de acto o del espectáculo.

La danza evolucionó de manera natural, por sí sola, hacia una parodia hecha por negros sobre los sofisticados modales de los blancos. Bailarines elegantemente vestidos desfilaban a lo largo del escenario o pista de baile, inclinándose hacia atrás mientras ejecutaban pasos precisos y elaborados acompañados por una música de ritmo pesado. A lo largo de ese desfile, los bailarines podían intercalar saltos, imitaciones de otra persona o incluso caricaturescos gestos de caballerosidad. A medida que se desarrolló la danza, se introdujo en ella la competición, y las parejas que mejor imitaban las gracias de los «mejores de la sociedad» eran recompensadas con premios. Al principio, éstos consistían en un helado o algún otro dulce, pero pronto fue frecuente que el premio fuera un gran pastel, hecho que originó el nombre del baile (y, curiosamente, también el nacimiento de la expresión *take the cake,* «tomar el pastel»).

«El *cakewalk* se convirtió en la principal danza afroamericana indígena que atrajo la atención del público en masa y proliferó por todas las salas de baile del mundo.»

Superior: aunque el *cakewalk* se originó como una danza popular, no pasó mucho tiempo antes de que pudiera verse su versión estilizada en los escenarios de vodevil.

Derecha: el contenido de los *cakewalks* satirizaba las costumbres de los propietarios blancos de las plantaciones; el de esta imagen imitaba la manera de vestir de sus amos.

Hacia el cambio de siglo, la popularidad del *cakewalk* era tal que dio lugar a que se produjera un musical negro titulado *Clorindy* o *The Origin of the Cakewalk* (1898). Este espectáculo estableció un precedente; de este modo el escenario se convirtió en un trampolín para los bailarines que querían hacerse famosos, y la popularidad de los espectáculos hizo del *Cakewalk* una locura a lo largo y ancho de las salas de baile de Europa y Norteamérica. Se dice que William K. Vanderbilt y su esposa contrataron un profesor de baile negro para que les enseñara las sutilezas de ese nuevo estilo en su mansión de Manhattan.

Clorindy tenía como protagonista a Ernest Hogan (1865-1909), que fue considerado por muchos, incluido Eubie Blake, el compositor de *Shuffle Along*, como el bailarín y comediante más grande de su época. La carrera de Hogan no fue feliz. Fue denigrado como un «tío Tom» y murió frustrado en 1909. En su lugar, el decano de la escena negra durante el cambio de siglo fue Bert Williams, el cual, junto a su pareja George Walker, fue uno de los reyes sin corona pero indiscutible del *cakewalk*.

«Walker se pavoneaba en el escenario, mientras Williams se deslizaba arrastrando los pies tras él, incapaz de no retrasarse y ofreciendo su propia versión del arrastrar de piernas.»

Superior: Ernest Hogan ayudó a popularizar el *cakewalk* con sus interpretaciones en el musical *Clorindy*, en 1898.

Izquierda: otros dos intérpretes negros, de principios del siglo xx, Bert Williams y George Walker, hicieron las delicias del público de Nueva York y Londres.

Williams (1874-1922) y Walker (fallecido en 1911) habían empezado su camino al estrellato en el seno de la tradición familiar de espectáculos de curanderos y cómicos. Suyo era el tradicional espectáculo de dos actos, adaptados al estilo y los prejuicios imperantes de la época. Walker era el ostentoso, el despabilado hombre de mundo, mientras que Williams era el inepto, el ingenuo, el vagabundo hombre de pueblo. Walker se pavoneaba en el escenario, mientras Williams se deslizaba arrastrando los pies tras él, incapaz de no retrasarse y ofreciendo su propia versión del arrastrar de piernas. De hecho, Williams, como bailarín, era conocido como «excéntrico» (*véase* pág. 40), y su uso de la tradicional danza negra entusiasmaba a las audiencias.

El éxito más importante fue *In Dahomey*, estrenado en 1902, el primer espectáculo blanco de Times Square, Nueva York. Un año después, recorrió Londres durante seis meses. Como el título sugiere, Williams y Walker eran muy abiertos hacia los orígenes de sus danzas e incorporaban ocasionalmente las influencias del occidente africano en sus actuaciones, aunque sus audiencias tuvieran poca conciencia de ello. Tras la muerte de Walker en 1911, Williams se convirtió en una de las figuras más importantes de la época del vodevil, y llegó a ser un elemento destacado del Ziegfeld Follies. Quizá los años en los que trabajó en los confines de la estereotipia racial se cobraron su «peaje» ya que, en una ocasión, W.C. Fields, haciendo referencia a Williams, afirmó: «era el hombre más divertido que llegué a ver, y el más triste que llegué a conocer».

El *ragtime*

El *cakewalk* incorporó la música que provenía del sur y de la llanura central de Estados Unidos. Esta nueva danza requería un estilo musical nuevo. Para ser más precisos, tanto el *cakewalk* como el ritmo sincopado comparten sus raíces en un pasado africano y, como consecuencia, al liderazgo del *cakewalk* le sucedió el *ragtime*.

Como señaló Vernon Castle, el *ragtime* está concebido para bailar. Proviene de melodías del folclore europeo mezcladas con ritmos africanos. En el fondo, es el concepto de síncopa, el inesperado desplazamiento de un tiempo, de un acento en una frase musical. Al igual que el *cakewalk* sobrepasó la estructura formal de la danza, en forma de marcha, el *ragtime* deriva de la estructura formal de la música marcial. El origen del nombre es desconocido, pero probablemente se refiere a la naturaleza desigual de la síncopa (en inglés *ragged*, desigual, hecho jirones). Cualquiera que fuera su derivación, el nombre se impuso.

El compositor de mayor relevancia de este genero fue Scott Joplin (1868-1917). Hijo de un esclavo, nació en Texarkana, Texas, en el seno

Superior: la composición más famosa de Scott Joplin «The Entertainer», de 1902, que renovó su fama en los años setenta cuando se utilizó como banda sonora de la película *El golpe*.

MELODÍAS DE *RAGTIME*

«Alexander's Ragtime Band» de Irving Berlin (1911). Este mundialmente conocido superventas reafirmó la fama de Berlin y la de este género musical entre la sociedad de clase media-alta. Scott Joplin siempre le acusó de haber extraído la melodía de su *Treemonisha*.

«The Entertainer» de Scott Joplin (1902). La melodía de *ragtime* más conocida hasta nuestros días. Reavivó el interés por el *ragtime* cuando fue utilizada como banda sonora de la película *El golpe* (1973).

«The Grand Old Rag» de Billy Murray. Este tema, que fue un desafío hacia «You're a Grand Old Flag» de George Cohen, le supuso el flamante Victor Record Label, por ser el éxito más notorio de la década.

«Maple Leaf Rag» de Scott Joplin (1899). Al llamado «rey del *ragtime*» fue precisamente este *rag* el que le valió este calificativo. Joplin escribió la canción en 1897 y tuvo muchas dificultades para que se la publicaran. Luego vendió más de un millón de copias.

«Mississippi Rag» de William Krell (1897). Este *ragtime* está considerado el padre del género; fue la primera melodía denominada *ragtime*.

de una familia aficionada a la música. Desde pequeño demostró aptitudes musicales, así que a los 14 años se marchó de casa en contra de los deseos de su padre y se embarcó en la convencional carrera de músico negro itinerante. Dedicó los 15 años siguientes a tocar tanto en Sant Louis, Missouri, como en la calle, perfilando y desarrollando sus nuevas ideas musicales. En 1898 se encontraba en Sedalia, Missouri, donde estudiaba armonía y composición en el George R. Smith College. Fue allí donde compuso «Maple Leaf Rag», obra que le llevó a ser conocido mundialmente.

Ente 1900 y 1916, las composiciones de Joplin marcaron un liderato absoluto, mientras el mundo enloquecía a ritmo de *ragtime*. Parafraseando de la letra de la famosa canción «Everybody was doin' it» (todo el mundo lo está haciendo). Al mismo tiempo, las publicaciones de música popular estaban muy de moda y «Maple Leaf Rag» vendió mas de un millón de copias. Muchas de sus obras más famosas como «The Entertainer» (1902), «Gladiolus Rag» (1907) y «Magnetic Rag» (1914) son todavía muy conocidas, pero a su vez fueron los temas estrella del estilo sincopado de un emergente Tin Pan Alley.

El *turkey trot* y otras danzas animales

La industria musical y sus compositores comprendieron en seguida que existía una forma muy sencilla de alimentar el creciente gusto del público por las melodías nuevas y los nuevos bailes: combinar pasos de baile e instrucciones en las letras de las canciones populares. A través de la visualización de estos bailes en un escenario, o a través de la percepción auditiva de las letras de las canciones o incluso a través de una combinación de ambas, cualquier danza podía abrirse camino hasta las pistas de baile; de esta manera, el *ragtime* trazó un camino que comunicaba al compositor, al teatro y a las salas de baile, lo que permitió que durante los siguientes treinta años estas danzas recorrieran las salas de baile, los escenarios y los estudios. Fue hacia los años treinta cuando esta tendencia comenzó a decaer, ya que Hollywood y Broadway ofrecían bailarines y una rutina que se alejaba de la idea inicial del salón de baile local.

Por consiguiente, los autores buscaron recursos de todo tipo para el público entusiasta. Las danzas vernáculas negras estaban muy de moda, y no había lugar demasiado pequeño ni paso demasiado complicado para esta nueva tendencia. En las salas de baile de Europa y Norteamérica, la formalidad del vals quedó desplazada frente al frenesí de los bailes animales. Se calcula que solamente entre 1912 y 1914 se crearon más de un centenar de danzas tanto dentro como fuera de las salas de baile.

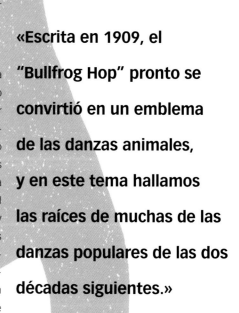

«Escrita en 1909, el "Bullfrog Hop" pronto se convirtió en un emblema de las danzas animales, y en este tema hallamos las raíces de muchas de las danzas populares de las dos décadas siguientes.»

Derecha: Perry y Jeannette Bradford, en 1918, en el escenario de vodevil; Bradford fue uno de los compositores de principios de siglo más conocidos e influyentes.

Inferior derecha: los bailes basados en los movimientos de los animales fueron considerados ideales para el *ragtime*, y el *turkey trot* (trote del pavo) fue uno de los más populares a ambos lados del Atlántico.

Uno de los compositores de mayor relevancia de la época fue Perry Bradford (1893-1970). Él mismo confesaba haber utilizado los pasos que había visto durante los años dedicados a recorrer el sur y poner en escena sus obras. Sus canciones aceleraron la afición por el charlestón y el *black bottom* durante los años veinte (*véanse* págs. 59-63), pero anteriormente ya había ofrecido también al público innumerables pasos de animales. Una de estas letras se titulaba «Bullfrog Hop» (el salto de la rana):

First you commence to wiggle from side to side
   [primero te contoneas de un lado a otro]
Get way back and do the Jazzbo' Glide [vuelve al principio y haz el *jazzbo glide*]
Then you do the Shimmy with plenty of pep
   [luego haz el *shimmy* con mucha vitalidad]
Stoop low, yeah bo', and watch your step [inclínate y vigila tus pasos]
Do the Seven Years Itch and the Possum Trot
   [haz el *Seven Years Itch* y el *Possum Trot*]
Scratch the gravel in the vacant lot [escarba en la grava de la parcela vacante]
Then you drop like Johnny on the Spot [y déjate caer como Johnny]
That's the Bullfrog Hop [éste es el «Bullfrog Hop»]

Escrita en 1909, el «Bullfrog Hop» pronto se convirtió en un emblema de las danzas animales, y en este tema hallamos las raíces de muchas de las danzas populares de las dos décadas siguientes. «Possum Trot» es un claro ejemplo, mientras que «Seven Years Itch» volvería a

THE MOST TALKED OF DANCE IN THE WORLD TO-DAY
THE FAMOUS
TURKEY TROT
JOS. M. DALY
COMPOSER OF THE WORLDS FAMOUS
CHICKEN REEL

«Acababa emparedado entre sus "bellezas" desde donde lanzaba un buen chiste. A todo esto se le denominó "Fox's trot".»

asomar años más tarde en el mambo (*véanse* págs. 86-88). Finalmente, el *shimmy* (*véase* pág. 38) llegaría a ser una de las grandes sensaciones de los años veinte; tanto Mae West como Gilda Gray se atribuían el mérito de haberlo creado. Bradford, por supuesto, ya lo había visto en sus años sureños antes de que cualquiera de ellas lo hubiese llevado a escena.

El *bullfrog hop* fue uno de los muchos bailes animales que convirtieron las pistas de baile en un divertido zoológico. El *grizzly bear*, el *eagle rock* (*rock* del águila), el *snake hip* (*hip* de la serpiente), el *chicken scratch* (rascarse como un pollo) y el *bunny hug* (abrazo del conejo) fueron otras danzas que lograron abrirse camino en las pistas de baile. La naturaleza de estas danzas es obvia: imitaban las características de los animales que nombraban. Normalmente iban acompañadas de una melodía de *ragtime* adecuada. Un baile, el *turkey trot* (trote del pavo), fue tan popular en Gran Bretaña que era comúnmente conocido como «*rag*». El *turkey trot* fue el baile más conocido. Dando un paso en cada tiempo musical, el hombre «trotaba» hacia su pareja agitando los brazos como una excitada ave de corral, mientras su pareja hacía lo mismo en retroceso. Impresionantemente sencillo, este paso de «trote» era considerado el baile que mejor se adaptaba al *ragtime*.

Como otros bailes, el *turkey trot* llegó a Nueva York desde provincias, desde San Francisco, en un espectáculo llamado *Over The River* –San Francisco fue casualmente el lugar de nacimiento de la canción «Everybody's Doin' It»–, pero el *trot* que más ha perdurado no provenía del sur rural o de la costa oeste, sino del corazón mismo de Broadway. Es curioso que el *foxtrot* fuera sinónimo de un nombre: Harry Fox (1882-1959). Nacido en California, Arthur Carringford adoptó el nombre artístico Fox de su abuelo tras asentar su carrera en el género de variedades cuando tenía 15 años. Hacia 1914 se encontraba trabajando en los teatros de vodevil de Nueva York. Ese año fue contratado en el New York Theater, que estaba en proceso de transformarse en cine. Junto a su compañía, American Beauties, su tarea consistía en entretener al público entre proyección y proyección. No pasó mucho tiempo hasta que se convirtió en la principal atracción.

Muy consciente de que la moral estricta de la época restringía considerablemente los movimientos de sus encantadoras «bellezas» –sólo podían aparecer estáticas–, Fox inventó un baile que le permitía moverse alrededor de ellas. Comenzaba con una lenta caminata en dos tiempos que Fox rompía en una serie de cortos «trotes» de un tiempo cada uno. Acababa emparedado entre sus «bellezas» desde donde lanzaba un buen chiste. A todo esto se le denominó «Fox's trot».

Vista la demanda hacia este tipo de entretenimiento, la dirección del New York Theater transformó el piso superior del teatro en el «Jar-

Izquierda: la obra de Harry Fox provocó la inspiración para crear otro baile de animales: el *foxtrot*, que aún podemos encontrar en el repertorio de bailes de salón.

Derecha: las Dolly Sisters presentaron el *foxtrot* en sus revistas en Estados Unidos, Gran Bretaña, Francia y otros lugares, y fue imitado por aficionados en todas partes.

din de Danse», donde Yansci Dolly y las Dolly Sisters (que formaban equipo con Fox en todos los espectáculos de vodevil) representaban el *foxtrot* a diario. Los clientes acudían a la pista del «Jardin de Danse» e imitaban a Harry y Dolly, y a partir de ahí la locura se transmitió a las salas de baile de todo el mundo.

La popularidad del *foxtrot* radicaba en la naturaleza relajada e improvisada de sus pasos. La gente no tenía que aprender pasos y movimientos complejos como en el vals o el tango y, por tanto, resultaba mucho más atractivo para bailarines noveles e inexpertos. De todas

formas, en una época de concurridas salas de baile, al *foxtrot* podía haberle sucedido lo mismo que al *boston* o al *cakewalk* ya que, como éstos, requería mucho espacio. El hecho de que sobreviviera fue debido a su popularidad, y pone de manifiesto la capacidad del *foxtrot* de evolucionar y adaptarse a nuevos estilos.

Ente 1916 y 1930, la velocidad del *foxtrot* varió considerablemente, con un margen de entre 32 y 50 compases por minuto. Incluso una versión más lenta y suave tuvo cabida durante un tiempo: el *saunter* (paseo tranquilo).

Superior: los bailes animales fueron criticados por ser demasiado «físicos», pero pronto surgieron versiones más refinadas como el «Prince of Wales foxtrot», aquí representado por Mimi Palmer y Arthur Murray.

A finales de los años veinte, el *foxtrot* se combinó con el charleston (*véanse* págs. 59-61) para crear un baile conocido por los maestros de baile como *quick-time foxtrot and Charleston*. El resto del público lo conoció como *quickstep*.

La llegada de un baile nuevo y emocionante desató el frenesí de los moralistas de la época. Para los defensores del *status quo*, los bailes animales no sólo representaban danzas de herencia africana, sino que incitaban el contacto físico (irónicamente, la misma acusación lanzada con vehemencia contra el vals un siglo antes). Indudablemente, no todas las danzas fueron sutiles. Ambas, el *bunny hug* y el *grizzly bear* requerían que los bailarines se abrazaran, y muchas chicas acudían a los bailes con rellenos protectores que las escudaban de los excesos físicos por parte de sus ardientes parejas. De todos modos, muchos de

«... el *bunny hug* y el *grizzly bear* requerían que los bailarines se abrazaran, y muchas chicas acudían a los bailes con rellenos protectores que las escudaban...»

los eróticos movimientos de los bailes en su origen –las caderas contoneantes del *Georgia grind*, por ejemplo– no consiguieron sobrevivir en las respetables pistas de baile.

Sin embargo, el escándalo estaba servido. En 1914, el Vaticano denunció oficialmente al *turkey trot* y, como medida preventiva, al tango. La Asociación Americana de Profesores de Baile se negó en rotundo a enseñar ningún tipo de baile sincopado, mientras que en Nueva Jersey un bailarín de *turkey trot* podía ser sentenciado a 50 días de prisión. La sala de baile era considerada a un paso de Sodoma y Gomorra, y un popular libro antibaile, de 1912, llevaba como título *De la sala de baile a la esclavitud blanca*. Lo que hacía falta para asegurar la supervivencia del *ragtime* era que alguien retomara estos bailes y les diera «estilo». Y allí aparecieron Vernon e Irene Castle.

Superior: las demostraciones de la nueva afición por el baile fueron populares en los años veinte, como se observa en el entretenimiento para los clientes de la zapatería Lennards.

Derecha: la naturaleza física del *bunny hug* llevó a algunas mujeres a protegerse de sus ardientes parejas con un cinturón parachoques que incluía prominentes articulaciones acolchadas.

Nuevos líderes:
Vernon e Irene Castle

El hecho de que las salas de baile de hoy en día estén relacionadas con la gracia y la sofisticación y no con las drogas y la depravación se lo debemos a Vernon e Irene Castle, ya que ellos ofrecieron esa imagen. Endulzaron el *ragtime*, le dieron elegancia, sutileza y estilo, y durante el proceso se hicieron famosos. Vernon (1887-1918) nació en Norwich (Inglaterra) y hacia 1907 había renunciado a su planeada carrera como ingeniero para proseguir su vida en los escenarios. Irene Foote (1893-1969), seis años mayor, era de New Rochelle, Nueva York. Se casaron en 1911, y fue en París, un año más tarde, cuando empezaron a hacerse un nombre como pareja de baile. Trabajando en el Café de París, fascinaron a su público con su habilidad para bailar *ragtimes* con gracia y elegancia.

Cuando regresaron a Nueva York, los Castle ya gozaban de una reputación ampliamente conocida. Inauguraron Castle House, una escuela para «enseñar a bailar correctamente», enfrente del hotel Ritz, donde se codearon con la alta sociedad que deseaba aprender *ragtime*. Por las noches actuaban en su propio cabaret *Castles in the Air*.

Irene se convirtió en una figura vital en la evolución de la moda femenina al diseñar un nuevo tipo de vestidos que le permitían moverse más fácilmente. Con un corte de pelo de medida muy corta y con el abandono del pesado corsé, creó la imagen que se relacionó con las novelerías de los años veinte.

Los Castle no sólo se dedicaron a estandarizar los pasos improvisados del *turkey trot*, *cakewalk* y otros bailes, sino que también crearon bailes propios, como el *Castle walk*, una serie de pasos ejecutados con el talón y las rodillas rectas, que podían utilizarse en casi todos los bailes animales, y mucha gente así lo hacía. También desarrollaron el *hesitation waltz* y el *one-step*. Su técnica consistía en refinar y pulir las rudas danzas de la época. Por tanto, no había que agitar las caderas, ni sacar los codos; los saltos se sustituyeron por deslizamientos y pasitos. Al poco tiempo llegó la sofisticación dentro del ritmo sincopado.

En 1914 publicaron *Modern Dancing* («baile moderno»), el texto definitivo de sus ideas, que en breve se convirtió en un clásico. Su labor no se centró exclusivamente en el *ragtime*; también desarrollaron el nuevo vals y el otro gran fenómeno de la época: el tango (*véanse*

Derecha: Irene, la esposa americana del bailarín británico Vernon Castle, confirió al *ragtime* una gracia y un estilo sorprendentes, bastante diferente del *ragtime* de origen.

Izquierda: los Castle irrumpieron en París y Nueva York justo antes de la primera guerra mundial y establecieron los pasos de muchos de los bailes de la época.

Derecha: Fred Astaire y Ginger Rogers. Estrellas del baile en el celuloide, rindieron homenaje y agradecimiento a los Castle en la película biográfica de 1939.

«Uno puede sentarse tranquilamente y escucharlos todos; pero cuando una buena orquesta interpreta un *rag*, uno sencillamente debe moverse.»

págs. 69-70). No obstante, fue el desarrollo del *ragtime* lo que les dio fama y siempre estuvo presente en sus carreras. Como ellos mismos manifestarían: «El vals es hermoso, el tango es elegante, el *maxixe* brasileño es único. Uno puede sentarse tranquilamente y escucharlos todos; pero cuando una buena orquesta interpreta un *rag*, uno sencillamente debe moverse».

Piloto de buena reputación durante la primera guerra mundial, Vernon Castle murió en una misión en 1918, y su brillante carrera se vio trágicamente truncada. De todos modos, y hablando con sinceridad, la popularidad del *ragtime* comenzaba a decaer. Su nuevo y salvaje pariente, el *jazz*, comenzaba a hacer notoria su presencia. Sin embargo, la amplia influencia del trabajo de los Castle enlazó en el resto del siglo con el estilo y carisma de Fred Astaire (*véanse* págs. 128-133).

VERNON E IRENE CASTLE

Vernon Castle
Nacimiento: Norwich, Inglaterra, 1887
Fallecimiento: 1918 (muerto en combate)
Nombre real: Vernon Castle Blythe

Irene Castle
Nacimiento: New Rochelle, Nueva York, 1893
Fallecimiento: 1969
Nombre de soltera: Irene Foote

Matrimonio: 1911

Inicios de su carrera: tras encandilar al público del Café de París en 1912, los Castle regresaron a Nueva York donde la combinación de enseñanza y actuaciones les colocó pronto en boca de toda la ciudad.

Clave del éxito: un atractivo equipo-matrimonio, pioneros en el modo de bailar las melodías del *ragtime* de la época: reemplazaron sugestividad por sofisticación, e improvisación por estandarización.

Danzas: crearon el *hesitation waltz*, el *Castle walk* y el *one-step*. Popularizaron el *turkey trot*, el *maxixe* y el tango.

Legado: el estilo de Fred Astaire y Jack Buchanan y las agitadas corrientes de la era del *jazz*.

Películas: Fred Astaire y Ginger Rogers rindieron tributo a los Castle en *The Story of Vernon and Irene Castle*, su última película para la RKO.

Los años locos

Aunque los nuevos y alucinantes bailes como el *cakewalk* y el *turkey trot* tenían orígenes afroamericanos, sólo existía un modo mediante el cual los intérpretes negros podían sacar a la luz sus nuevos estilos ante el público. Williams y Walker (*véanse* págs. 26-27) habían demostrado que los negros podían saltar de la calle a Broadway, aunque el camino era difícil. Generalmente, los bailarines negros quedaban relegados a determinados teatros y circuitos, mientras que los bailes que habían desarrollado eran robados por artistas blancos que rehusaban reconocer su origen. De este modo, por ejemplo, Mae West y Gilda Gray, dos estrellas de la revista de los años veinte, se disputaban el mérito de haber creado el *shimmy* –un movimiento basado en la vigorosa agitación de los hombros– cuando, en realidad, había sido un producto eminentemente negro desde hacía más de un siglo.

Los años locos

Superior: bailarinas como Gilda Gray copiaron el estilo de los intérpretes negros y se atribuyeron algunas veces, injustamente, el mérito de las nuevas «formas» que, de hecho, habían existido desde hacía décadas.

La era del vodevil

Para los jóvenes bailarines negros existía un modo de mostrar al mundo su talento en la danza, y era convertirse en un «pick» o en un «piccaninny». *Picks* –la palabra proviene del portugués *pequenino*– eran los intérpretes negros utilizados por artistas blancos como cuerpo de baile en sus espectáculos. A menudo, utilizando sus propias coreografías, los *picks* ofrecían cualquier género, desde el *soft-shoe* al baile ruso. Bailarines tan influyentes como Willie Covan, Bill Robinson y Eddie Rector bailaron como *picks* en algún momento de sus carreras, y estrellas como Sophie Tucker, Mayme Remington y Nora Bayes hicieron uso de ellos. La tradición de los *picks* negros era tan omnipresente que una intérprete, Canta Day, incorporó *picks* blancos en sus actuaciones.

En términos económicos, la tradición de contratar *picks* no andaba lejos de la explotación infantil. Los *picks* resultaban baratos y efectivos, y su talento era enorme; así que una empresa podía enriquecerse a costa de estos chicos que sobrevivían con sueldos miserables.

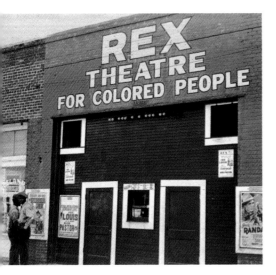

«... los *picks* ofrecían cualquier género, desde el *soft-shoe* al baile ruso. Bailarines tan influyentes como Willie Covan, Bill Robinson y Eddie Rector bailaron como *picks* en algún momento de sus carreras...»

De todos modos, aunque los bailarines negros no ganaron mucho dinero, sí adquirieron incalculable experiencia.

La carrera del *pick* era corta. Cuando un joven bailarín se hacía demasiado mayor o demasiado grande, no le quedaba otra alternativa que regresar al redil del espectáculo «negro». En general, el vodevil negro se desarrolló independientemente de su homólogo blanco, y aunque algunos intérpretes, como Bill «Bojangles» Robinson, pasaron del vodevil negro a la revista, la mayoría no lo consiguió. El hecho de que surgiera un circuito negro fue gracias a Sherman Dudley, un cómico retirado, que se asoció con varios propietarios de teatros para crear la TOBA (Theater Owner's Booking Association), organización que durante los años veinte adquirió teatros a lo largo y ancho de Estados Unidos.

A pesar de su desafortunado mote TOBA –*tough on black artists* (duro con los artistas negros)–, algunos espectáculos negros funcionaron muy bien en su circuito. Un espectáculo llamado *Smart Set* tuvo tanto éxito que se representó durante más de veinte años. *Smart Set* combinaba una corta pieza teatral *The Black Politician* (el político negro) con baile y comedia. Los principales intérpretes del espectáculo eran indudablemente los bailarines cómicos, y durante su programación, *Smart Set* tuvo como protagonistas al propio Dudley y a Ernest Hogan. Éste, que había cambiado su nombre por Reuben Crowder para parecer más irlandés, era considerado por muchos como un bailarín aun más experto y excéntrico que el gran Bert Williams. La calidad del elenco de *Smart Set* le dio el título de Ebony Ziegfeld Follies.

Aun así, las estrellas absolutas del vodevil negro fueron las Whitman Sisters. Las exuberantes hijas de un obispo metodista, Mabel, Essie y Alberta, formaron las Whitman Sisters' New Orleans Troubadours en 1904 (el nombre hace referencia al lugar donde nació el espectáculo). Tras la muerte de su madre, en 1909, la hermana menor Alice se unió a las chicas completando así la estructura de su espectáculo. Mabel era cantante y recorría los escenarios con su propio espectáculo: Mabel Whitman y los Dixie Boys, antes de unirse al grupo bajo el simple nombre de Whitman Sisters. Mabel, finalmente, se retiró de las actuaciones y, a cambio, se convirtió en su representante. Essie era la comediante del grupo, que emulaba a un personaje ebrio, lo cual resultaba muy raro en una mujer; mientras que Alberta (o Bert, como se la conocía) incorporaba el baile a una imitación de personaje masculino, con todo lo escandaloso que resultaba imitar a un hombre en aquella época. Para acabar, la pequeña Alice, llamada *Queen of the Taps*, combinaba su belleza con el don de monopolizar el espectáculo bailando el *walkin' the dog*, el *ballin' the jack* y el *shimmy*.

Superior: un teatro sólo para negros en Leland, Mississippi. El vodevil negro estaba separado del de los blancos, y sólo algunos bailarines cruzaron esta línea.

Superior: un bailarín que sí tuvo éxito en el vodevil blanco fue Bill «Bojangles» Robinson, a quien Fred Astaire rindió tributo en una secuencia de la película *Swing Time*.

Junto a este cóctel básico, las Whitman Sisters copiaron rasgos del vodevil blanco y se rodearon de los mejores *picks* del circuito, incluyendo a Samuel Reed, Julius Foxworth y Aaron Palmer. Éste se unió al espectáculo en 1910, cuando tenía 13 años, y en 1919 se casó con Alice Whitman. Tuvieron un hijo, Albert, que a la edad de 4 años ya aparecía en escena bailando el charlestón vestido de esmoquin. El pequeño Albert, o «Pops» como era conocido, se convirtió en uno de los mejores bailarines acrobáticos. Su relación profesional con Louis Williams se conoció como «el espectáculo que les engendró».

Aunque el centro del espectáculo fue siempre la familia, las Whitman Sisters fueron un generoso campo de cultivo del talento negro. En su máximo apogeo contrataron un coro de 14 chicas, cantantes y bailarines, incluyendo a una bailarina enana, apodada «Princess Wee Wee», junto a las mejores bandas de *jazz*.

Mabel murió en 1942, y aunque se intentó continuar con el espectáculo, su muerte fue un golpe definitivo. Dura en las negociaciones, severa en la disciplina moral y formidable enseñando baile, Sister May había sido el motor que hacía continuar el espectáculo en la carretera. Gracias a ella y a sus hermanas, el baile negro dio un gran paso

Inferior: «todos cantan, todos bailan». Caricatura de los americanos negros que tuvo sus orígenes en los espectáculos cómicos de trovadores y que se perpetuó en muchas obras y producciones cinematográficas de los años veinte y treinta.

fuera del estereotipo racial y hacia una mayor apreciación de la técnica y la maestría.

Para los emergentes bailarines negros, Broadway era un hueso duro de roer. A principios de siglo, las variedades se habían establecido como principal forma de entretenimiento en distintas ciudades del mundo entero, con Nueva York como centro de la actividad artística. Con una gran mezcla de teatros de vodevil de primera fila, comedias musicales e insolentes revistas, Broadway representó el paradigma del entretenimiento popular. Nacido de una mezcla de revista europea y nostalgia inmigrante, hizo uso de canciones y danzas vernáculas del Nuevo Mundo mientras era representada por sus máximos exponentes.

El éxito del *cakewalk* y del *foxtrot* muestra cómo el escenario servía de filtro para las danzas contemporáneas antes de llegar al público general. Lentamente, el teatro comenzó a hacer algo más que mostrar danzas sociales en escena: celebraba el virtuosismo de los bailarines que las interpretaban. Se empezaba a establecer el género teatral. El musical integrado, que mezclaba a la perfección danza, narrativa y canción, estaba aún lejos, pero su génesis estaba ahí, en el vodevil y en los pasos de bailarines expertos que lo ejecutaban.

En una palabra, el vodevil, al igual que su primo británico el *music hall*, se componía de 10 a 15 números en un solo programa: cómicos, malabaristas, magos, cantantes y bailarines en un único espectáculo. Incluso en los casos en los que las actuaciones de baile no eran la parte más importante del espectáculo, aquél conseguía dar unidad a la actuación. Y más aún: la diversidad de números de danza era inmensa, y llegaba a incluir bailes novedosos, danzas acrobáticas, claqué, *toe*, rutinas corales, danzas folclóricas y étnicas y mucho más. El vodevil era un mundo en el que, si conseguías venderlo, tenías oportunidad de ejecutarlo.

En general, las actuaciones de danza del vodevil se dividían en cuatro variedades diferentes: rutinas cómicas o excéntricas; rutinas acrobáticas; rutinas pseudoclásicas o *toe*, y claqué. De todas ellas, la última es la más famosa y la más duradera, y la estrella de baile de vodevil más importante y original ha sido Bill «Bojangles» Robinson.

Del resto, los bailarines novedosos eran quizá los que más anclados se hallaban en la cultura cotidiana. Algunos de ellos, como Jack Donahue (1892-1930), que medía más de 2 m y contaba con brazos y piernas cómicamente largos, ejecutaban una ruta denominada *shadow* («sombra»). Otros, como el borracho de James Barton o los hermanos Buddy y Vilma Ebsen, utilizaron el baile de comedia para realizar sus creaciones cómicas. Ambos tipos reflejan la cercanía de las disciplinas del baile, la comedia y la actuación, en el mundo de las va-

«... el vodevil, al igual que su primo británico el *music hall*, se componía de 10 a 15 números en un solo programa: cómicos, malabaristas magos, cantantes y bailarines en un único espectáculo.»

Superior: muchos actores de vodevil aparecieron en algunos de los primeros musicales cinematográficos, como *Broadway Melody* (1938), cuyo actor principal Buddy Ebsen alcanzó la fama televisiva años más tarde como Jed Clampett en los *Beverly Hillbillies*.

Extremo superior: los bailarines «excéntricos» como Jack Donahue, aquí con dos cantautores (Kalmar y Ruby) en 1926, eran básicamente comediantes, aunque también bailarines de enorme talento.

Superior: James Barton (aquí con William Harrigan y Addison Randall) hizo carrera representando a un borracho en sus bailes.

Los años locos

riedades. Ciertamente, la capacidad de Charlie Chaplin, quien empezó su carrera con su propia versión de la sociedad, embebida en el
music hall londinense, estaba altamente influenciado por las tradiciones del baile cómico. Él mismo fue un visible y revelador entusiasta
del talento de James Barton.

El bailarín excéntrico era versátil. Un actor como Harland Dixon,
quien había empezado como un *hoofer* habitual con los Primrose
Minstrels, se convirtió en un bailarín cómico líder, empleando una
mezcla de parodia del baile, pantomima de payasos y una imitación
completamente estereotipada. (En el vodevil, las imitaciones de los
bailes de las diferentes nacionalidades estaban tan difundidas como
las imitaciones raciales.)

Ray Bolger (1904-1987), quien se inmortalizó como el espantapájaros de la versión cinematográfica de *El mago de Oz*, construyó su carrera en base a la técnica del baile excéntrico. Bolger, quizá más que
nadie, personifica este tipo de bailarín del nuevo espectáculo. Autodi-
dacta, imprevisible y adepto a dar al público lo que quería, también
creía apasionadamente en el poder del baile y en el hecho de presen-

**Derecha: Bolger es conocido
hoy como el espantapájaros
de la película *El mago de
Oz* de 1939, a pesar de haber
empezado su carrera en los
escenarios como un bailarín
excéntrico.**

«Si los bailes cómicos se mofaban deliberadamente de las reglas del ballet clásico, los bailes *toe* las acogían, y conscientemente las empleaban en el desarrollo de sus rutinas».

tar ante la audiencia todas sus posibilidades. La actuación de Bolger, en sus propias palabras, era «básicamente la de un actor que representa a un pequeño hombrecillo que intenta bailar», pero en la misma manera en la que sólo un gran pianista puede tocar mal el piano, pudo el gran bailarín dar la apariencia de un torpón desgarbado.

Como muchos de sus contemporáneos, el talento de Bolger era instintivo. Ninguna de sus rutinas fue escrita, ni siquiera anotada, y gran parte de la actuación era improvisada y, por consiguiente, una misma actuación no era nunca dos veces igual.

La carrera de Bolger fue de alguna manera eclipsada por el perdurable encanto de *El mago de Oz*. Sus otras películas incluyen *El gran Ziegfeld* (1936) y *Rosalie* (1937), junto con Eleonor Powell (*véanse* págs. 104-107), y *¿Dónde está Charley?* (1948). Bolger fue tan respetado por George Balanchine que el coreógrafo le contrató para crear la parte del marino en su novedoso ballet de Broadway, «Asesinato en la

10.ª Avenida» (*véanse* pags. 156-157). Su número en el escenario era tan idiosincrásico que cualquier intento de hacer revivir *¿Dónde está Charley?*, uno de sus máximos éxitos de Broadway, fue inútil, ya que faltaba la presencia de su personalidad única.

En la otra punta del espectro del vodevil estaban las actuaciones pseudoclásicas, o *toe*. Si los bailes cómicos se mofaban deliberadamente de las reglas del ballet clásico, los bailes *toe* las acogían, y conscientemente las empleaban en el desarrollo de sus rutinas. Aquí, las estrellas indudables fueron Adelaide y Hughes.

Adelaide Dickey y John Hughes se juntaron en 1911, aproximadamente el mismo año en que lo hacía otra conocida pareja de baile de la época, Vernon e Irene Castle (*véanse* págs. 34-35). De todas las estrellas del vodevil, Adelaide y Hughes obtuvieron el récord por su larga representación en la cúspide del escenario del vodevil, el Palace Theater de Nueva York. Adelaide Dickey, una vociferante defensora del

Superior: los estilos semiballéticos de los bailarines como Adelaide y Hughes eran un reconocimiento del nexo entre los bailes populares y las formas de danza más «serias».

«En su forma más pura, el baile acrobático se ceñía a su significado literal: bailarines fuertes y musculosos que ejecutaban impactantes y arriesgadas actuaciones de fuerza y flexibilidad».

Derecha: la indudable flexibilidad de Evelyn Law demostrada aquí en su camerino, antes de entrar a escena, en la revista.

ballet clásico, tenía una buena formación en la disciplina técnica y siempre que podía aportaba a las actuaciones muchas de sus otras cualidades. El nombre descriptivo *toe* («de puntillas») se refiere a la tradición del trabajo de puntas en el ballet clásico. A pesar del apoyo de Adelaide al ballet clásico, sus rutinas y las de sus compañeros eran una mezcla de estilos, hábilmente ensamblados en un todo románti-co, que cuidadosamente complacía el gusto popular. El vals y el *rag-time* se combinaban con puntas y bailes étnicos, todos relacionados con rutinas con nombres como «El nacimiento del baile» o «El jardín del mundo».

En realidad, a pesar del frecuente respeto mutuo de los practican-tes, el baile popular y el clásico se han mezclado pocas veces en la imaginación del público. A pesar del éxito de Adelaide y Hughes, y otros como ellos, serían necesarias las habilidades particulares de los grandes coreógrafos de Broadway, como Agnes de Mille, para que se llevaran a los escenarios de Broadway (*véanse* págs. 157-158).

Entre estos dos polos de actuación llegó lo que se ha calificado como actuaciones de baile acrobático. En su forma más pura, el baile acrobático se ceñía a su significado literal: bailarines fuertes y muscu-losos que ejecutaban impactantes y arriesgadas actuaciones de fuer-za y flexibilidad. Los bailarines levantaban en el aire a sus compañeras en toda forma concebible y redondeaban la rutina con ruedas, volte-retas y las típicas proezas de contorsionismo. La tradición estaba más relacionada con el circo que con las salas de baile, pero en los céle-bres años del vodevil fue inmensamente popular.

Algunos escritores también han situado bajo el concepto de baile acrobático lo que otros atribuyen al vodevil: la bailarina del *high-kic-king* o *leg-splitting*. Legomanía, como se conocía a esta moda, era bá-sicamente el deseo de ver a mujeres con piernas bonitas que las mo-vieran de las maneras más ingeniosas. (Legomanía también se ha definido de manera más amplia, incluyendo a veces el claqué y las ru-tinas vernaculares de bailarines excéntricos.) Evelyn Law alcanzó la fama con una actuación que consistía en avanzar en el escenario so-bre una sola pierna, mientras que la otra pierna se erguía hacia el te-cho. En la vieja tradición del negocio del espectáculo, en el vodevil bastaba con mantener las cosas sencillas.

Por supuesto, la legomanía era la única extensión lógica del traba-jo del cuerpo de baile que se presentaba, como un telón de fondo, tras todas las actuaciones en los escenarios populares, ya fuera vodevil, revista o la emergente comedia musical. Los empresarios y sus estre-llas no tardaron en darse cuenta de que el éxito de una actuación de-pendía de aparecer en el contexto más favorecedor, por lo que se contrató a directores de baile para dar a los espectáculos la mejor pre-

sentación posible. La responsabilidad del director yacía en reunir las actuaciones contratadas por los productores, de la manera más atrayente y unificadora, siempre permitiendo las extravagancias de alguna estrella o de la cartelera. Esencialmente, esto consistía en contratar a un cuerpo de baile (coro) y coreografiar la rutina más original posible.

El origen del *chorus line* («cuerpo de baile») se remonta a las revistas parisinas. En el Folies-Bergère, bellas mujeres desfilaban por el escenario vestidas con extraordinarios y escasos trajes; a la llegada del final del siglo, las filas de chicas bailando can-cán eran mundialmente conocidas. No obstante, el baile de precisión realmente evolucionaba no en el decadente ambiente de la revista francesa, sino globalmente, en el mundo más suave de los escenarios londinenses, más específicamente en las manos de John Tiller.

Una comedia musical inglesa, *A Gaiety Girl*, había aturdido a Nueva York en 1893 con sus bailarinas noveles, pero Tiller fue el primero en confiar en terceros, compañías de baile de precisión, para los escenarios populares. Tiller, un apoderado hombre de negocios, sin ningún tipo de experiencia profesional previa, aprovechó la popularidad de las cabalgatas y desfiles del cambio de siglo, y los incorporó a sus espectáculos no profesionales. Éstos tuvieron tanto éxito que le llovían las ofertas profesionales, lo que culminó con la apertura de su propia escuela de ballet. En poco tiempo Tiller consiguió proporcio-

Superior: el Folies-Bergère en París (este cartel es de 1890) ofrecía un modelo para los espectáculos de variedad en Gran Bretaña y Estados Unidos, con sus extraordinarias revistas de los años veinte y treinta.

Izquierda: las chicas del empresario inglés John Tiller representaban un estilo de precisión y de coro que alcanzó un gran éxito en todo el mundo, especialmente en Estados Unidos.

Superior: las chicas de Tiller se graduaban en la propia escuela de baile de John Tiller, donde adquirirían la habilidad necesaria para ejecutar los precisos movimientos sincronizados.

nar chicas Tiller para musicales en Londres y Nueva York, entre otras ciudades.

Un empresario que contrataba una de las compañías de Tiller recibía entre 8 y 16 bailarinas, todas con una gran variedad de habilidades para el baile y formadas con el método Tiller, junto con una o dos rutinas preensayadas, preparadas para insertarse en los espectáculos. El éxito del sistema se basaba en el hecho de haber sido tantas las bailarinas que habían crecido y sido formadas juntas, consecuentemente imbuidas de esa familiaridad tan necesaria en las compañías de baile de precisión. De hecho, Tiller aceptaba bailarinas a la corta edad de

«... el gran estreno de una revista en 1924, *Vanidades*, ofrecía al espectador 184 chicas que actuaban...»

8 años y las formaba tanto en el ámbito de la danza como en la educación escolar, y las apoyaba personal y profesionalmente a lo largo de sus carreras. El sistema no sólo hizo que Tiller se hiciera rico, sino que también le protegía de los cargos de la realidad más dura de la vida de una bailarina profesional.

Tiller se convirtió en un líder con numerosos seguidores. Múltiples compañías de chicas empezaron a satisfacer la creciente demanda. La compañía de Gertrude Hoffman ofrecía rutinas que mezclaban el estilo de precisión de Tiller junto con el cambiante modernismo de Isadora Duncan, mientras que el gran estreno de una revista en 1924, *Vanidades*, ofrecía al espectador 184 chicas que actuaban en una escalera de caracol gigante. El coreógrafo de Broadway en esos momentos no ofrecía virtuosismo del baile, sino un espectáculo glorioso.

La compañía de baile de precisión más conocida de todas es, sin embargo, las Rockettes del Radio City de Nueva York, un ejemplo

Inferior: a pesar de que las «ninfas» de Gertrude Hoffman bailaban al estilo de Isadora Duncan, también incorporaban algo del estilo de precisión de Tiller.

todavía vivo de la coreografía de los años veinte y treinta. Las Rockettes levantan pasiones de audiencias de más de dos millones de personas al año, con rutinas que apenas han cambiado desde su primera creación. Fundadas en 1925 por Russell Market de St. Louis, Missouri, su nombre original fue Missouri Rockets, pero a su llegada a Nueva York el fundador del Roxy Theater, «Roxy» Rothafel, las acogió. Rothafel dobló el tamaño de la compañía antes de establecerlas en el nuevo Radio City Music Hall, al inaugurarse en 1932. Originariamente llamadas Roxyettes, y después Rockettes, han bailado desde entonces con al menos dos rutinas: «The Living Nativity» y «Parade of the Wooden Soldiers», las cuales no han cambiado desde su estreno.

Tanto si la compañía se reunía para un espectáculo como si se presentaba como una unidad, el director del ballet era el responsable final. En una época en la que el baile era normalmente concebido como un ligero descanso en las actuaciones principales –exceptuando los ballets de las «personalidades»–; los directores recibían poca atención o consideración, pero ello no sugería que no estuvieran altamente capacitados y que no fueran influyentes. Coreógrafos como Bobby Connelly y Le Roy Prinz se hallaban en el negocio de dar a la audiencia lo que pedía, lo que normalmente significaba hacer refritos de pasos conocidos y patadas, de la manera más imaginativa posible, en lugar de esforzarse en nuevas formas de expresión. Eso vendría más tarde.

El nombre del coreógrafo más relacionado con los gloriosos años de la revista de Broadway es Ned Wayburn (1874-1942). La carrera de Wayburn abarcó los primeros cuarenta años del siglo, un período sig-

nificativo, que vio el desarrollo del baile desde marchas simples hasta los días pioneros del ballet americano. Trabajó en Londres y Nueva York, creó numerosos espectáculos de vodevil y rutinas y dirigió musicales para Klaw y Erlanger, los Shubert Brothers y el más famoso Florenz Ziegfeld. De hecho, fue Wayburn quien creó el famoso paso Ziegfeld, un movimiento único que permitía a los bailarines seguir los pasos de Joseph Urban sin arriesgar la vida. Ha permanecido desde

«... Bobby Connelly y Le Roy Prinz se hallaban en el negocio de dar a la audiencia lo que pedía, lo que normalmente significaba hacer refritos de pasos conocidos y patadas, de la manera más imaginativa posible...»

Superior: probablemente el mejor coreógrafo de la revista de Broadway, Ned Wayburn trabajó entre otros con los Shubert y con Ziegfeld.

Superior izquierda: Le Roy Prinz, fotografiado en los estudios de Paramount con un grupo de chicas cuyas interpretaciones variaron poco, pero de las cuales el público parecía no cansarse.

Página anterior: el Radio City Music Hall y las Rockettes, quienes adquirieron el baile de precisión de las chicas de Tiller y lo hicieron suyo en este espectacular teatro Art Déco.

Superior: las Ziegfeld Follies se llevaron a las pantallas en 1936, en una película de MGM, *El gran Ziegfeld*, un tributo a este hombre y a sus glamurosos espectáculos.

Derecha: Florenz «Flo» Ziegfeld aparece relajado y seguro de sí mismo a pesar del estrés y las preocupaciones características de la vida de un empresario del espectáculo.

siempre como una de las imágenes más características de la era Ziegfeld.

Wayburn reconoció que el baile de espectáculo era un negocio, y que la mayoría de las rutinas se basaban en técnicas y disciplinas similares. Como consecuencia, siendo uno de los coreógrafos más conocidos de ese momento, se convirtió en uno de los profesores más influyentes. Al reconocer, documentar y codificar prácticas de danza contemporánea, Wayburn no sólo estableció sus propios institutos de baile, sino que también ofreció a los estudiosos de la historia del baile una visión única del mundo de las rutinas de *hoofing*.

Al reflejar el gusto predominante de la época, la coreografía de Wayburn se creó sobre el ballet de precisión. Con esto como fondo de sus rutinas, podía desarrollar cualquier otro estilo de danza, desde los bailes de salón, claqué y ballet hasta el baile de comedias musicales para materializar su concepto y acuñar la frase *fancy dancing*, utilizada para describir una mezcla de posiciones de ballet, de claqué y *step*, lo cual, según afirmaba, casaba perfectamente en las rutinas para es-

«A las chicas más altas, bellas y glamurosas las llamaba *squab* ("pichón") y su importancia no radicaba tanto en el baile, sino en aparecer maravillosas en los trajes. "Melocotones" y "gallinitas" eran actuaciones de especialidad, mientras que los "ponis" eran literalmente los mulos de trabajo...».

pectáculo. Wayburn codificó patadas y movimientos e ideó los medios para que el escenario se dividiera en 24 zonas separadas, con direcciones de movimientos simples para que los bailarines se cruzaran entre sí. Esto le permitió establecer rutinas individuales. Así, los Institutos Ned Wayburn, junto con su *The Art of Stage Dancing*, de 19 volúmenes, permitieron a incontables estudiantes hacer del escenario su medio de vida, bien en los espectáculos de aquél, bien en los de sus contemporáneos.

La formación era rápida, brusca pero con sentido, siguiendo el trabajo del mentor, y ofrecía una base en un mundo que era duro e infaliblemente práctico. Wayburn y sus contemporáneos estaban en el negocio del espectáculo y no había tiempo para esconder la verdadera práctica de su profesión. Se necesitaban bailarines que pudieran acoplarse fácilmente a la compañía y que entendieran el mercado de las rutinas. Por consiguiente, no había lugar para las caras «feas» o para las técnicas individuales. Wayburn, Berkeley y Connelly se fijaban primero en el tipo de las bailarinas, y segundo, en sus habilidades para el baile. Wayburn incluso dividió a sus bailarinas en grupos, dando a cada uno de ellos un nombre idiosincrásico en función de sus diferentes habilidades. A las chicas más altas, bellas y glamurosas las llamaba *squab* («pichón») y su importancia no radicaba tanto en el baile, sino en aparecer maravillosas en los trajes. «Melocotones» y «gallinitas» eran actuaciones de especialidad, mientras que los «ponis» eran literalmente los mulos de trabajo, que aportaban en capacidad lo que carecían en belleza.

FLORENZ ZIEGFELD

Nacimiento: 21 de marzo de 1869
Fallecimiento: 22 de julio de 1932

Méritos: productor norteamericano y director de teatro que creó una forma americana de la revista francesa. Sus revistas epónimas le hicieron el empresario teatral más famoso del mundo.

Ziegfeld Follies: entre 1907 y 1932, actuaban anualmente en Nueva York. Basado en el Folies-Bergère, ofrecían espectáculo, comedia, grandiosidad escénica, y actuaciones de vodevil.

Chicas Ziegfeld: las revistas se vendían bajo el eslogan «glorificar a la chica americana», algunas de las cuales alcanzaron fama internacional, como Paulette Goddard y Marion Davies.

Estrellas Ziegfeld: protagonistas de las revistas, que incluían a Bert Williams, Will Rogers, W.C. Fields, Fanny Brice y Eddie Cantor.

Ziegfeld Theater: en 1927, un teatro diseñado para las actuaciones de Ziegfeld y que llevaba su nombre abrió en la 6.ª Avenida y la Calle 54. Acogió a las Follies de 1931 y la primera producción del musical *Show Boat*. Después de su muerte en 1932, el traspaso del teatro reflejó el declive de la revista. Se demolió en 1967 y en su lugar se construyó un cine.

Izquierda: las 16 bailarinas originales de la revista de Ziegfeld en trajes típicos de los años veinte, aunque la escalinata no es tan larga como sería posteriormente.

HARLEM

Origen: el poblado holandés de Nieuw Haarlem era un barrio residencial irlandés antes de convertirse en el epicentro de la emigración urbana negra e hispana.

Ubicación: Manhattan, Nueva York. Tradicionalmente, la Calle 125 es el corazón de Harlem.

Resurgir de Harlem: entre 1900 y 1930 Harlem se convirtió en el centro de la floreciente cultura afroamericana; escritores, como Claude Mackay, celebraron las vidas y méritos de los afroamericanos, y el público blanco acudía en masa al barrio para ver nuevos espectáculos.

Teatros: Lafayette, hogar de *Darktown Follies* y *Shuffle Along*, presentó a Josephine Baker, Florence Mills y Blake y Sissle. Lincoln, sede de *Running' Wild*, el espectáculo que introdujo el charlestón.

Salas de baile: el Savoy (también conocido como The Home of Happy Feet); lugar de nacimiento del *lindy* y centro de la evolución del sonido del *swing*. Músicos como Dizzy Gillespie y Count Basie.

Cabaret: Cotton Club, el lugar de los mejores espectáculos del momento, respaldado por la orquesta de Duke Ellington.

Sube la temperatura en Harlem

Mientras Wayburn y sus contemporáneos creaban el musical americano en el centro de Manhattan, los músicos negros comenzaban a hacer notar su presencia en los barrios de las afueras. En Harlem, en 1913, un teatro integrista llamado Lafayette había inaugurado *Darktown Follies*, un musical totalmente negro que forzaba las fronteras del baile de *jazz* en un escenario. *Darktown Follies* era la creación del polifacético John Leubrie Hill. Actor, productor y director de gran inspiración, Hill luchó para llevar su musical a Broadway con todo el ahínco del que tiene por misión semejante cruzada. Siendo un actor que había trabajado con Williams y Walker y que había dirigido su propio espectáculo *My Friend from Dixie*, en 1911, tenía experiencia previa, pero el hecho de que *Darktown Follies* tuviera tanto éxito en una época con tantos obstáculos es un testimonio de su carácter.

«El *Texas Tommy* era una clara señal de que se imponía el baile popular, sobre todo porque éste permitía a las parejas improvisar...»

Darktown Follies era la sencilla historia de un joven (interpretado por Leubrie Hill) que se une a malas compañías, lleva una mala vida y busca una vida mejor en los círculos de la alta sociedad de Washington DC antes de ser arrastrado a casa por su esposa.

Fue un hito por dos motivos. En primer lugar, rompió con el tabú de mostrar una escena de amor «negro» en el escenario. En segundo lugar, su baile era de una amplitud y originalidad nunca antes vista en los escenarios de Nueva York. El espectáculo terminaba con el siempre presente *cakewalk*, pero justo antes introducía el *Texas Tommy* y la gran sensación del espectáculo, el *circle dance*.

El *Texas Tommy* era uno de los muchos bailes llevados al norte por la inmigración negra. Se decía que había sido un bailarín llamado Johnny Peters quien lo trajo desde el sur, en 1911, interpretándolo en el cabaret negro de Lew Purcell en San Francisco. Peters acabó interpretando el *Texas Tommy* para el grupo de Al Jolson, con Mary Dewson como pareja de baile. Cuando Dewson cayó enferma, Ethel Williams la sustituyó, y Peters y Williams se hicieron un nombre bailando esta danza por todo Nueva York. Fichados por Leubrie Hill, fueron contratados para *Darktown Follies*, y Ethel Williams se convirtió en la estrella del espectáculo.

Tal y como Ethel Williams explicaba a los historiadores Marshall y Jean Stearns, el *Texas Tommy* tenía «dos pasos básicos: una patada y un salto —tres veces con cada pie—, y después añade lo que quieras, gira o deslízate». Precursor del *lindy hop* y del *jitterbug* de la siguiente década (*véanse* págs. 140-141), el *Texas Tommy* era una clara señal de que se imponía el baile popular, sobre todo porque éste permitía a las parejas improvisar pasos propios antes de volver a cogerse de las manos. De este modo, el *Texas Tommy* se adelantaba y definía las características del baile social del siglo xx: el abandono del baile en pareja en pro de la expresión individual.

Ethel Williams también destacó en la otra gran sensación del *Darktown Follies*: el *circle dance*. En el final del segundo acto, el *circle dance* consistía en una formación en la que toda la compañía serpenteaba alrededor del escenario y cantaba «At the Ball... That's All», compuesta, por cierto, por Leubrie Hill. Con las manos en las caderas de la persona que estaba delante, los bailarines se movían combinando pasos deambulantes y deslizantes; Ethel Williams causó sensación con su propia parodia de *ballin' the jack*, lo que hizo que Florenz Ziegfeld adquiriera el espectáculo entero para su propio Follies, pero a pesar de que Ethel Williams enseñó este baile en el centro de la ciudad, nunca recibieron, ni ella ni Lebrie Hill, distinción alguna por haberlo creado.

Página anterior: el teatro Lafayette, en el distrito neoyorkino de Harlem, fue escenario del revolucionario musical negro *Darktown Follies*, que causó sensación en 1913.

Superior: Stepin Fetchit había sido cantante y bailarín de vodevil y se convirtió en un actor de cine de éxito al interpretar lo que ahora se consideran papeles negros estereotipados de «tonto».

Izquierda: una versión de una noche en el Cotton Club con Bill «Bojangles» Robinson como estrella del cartel.

COTTON CLUB

Ubicación: Calle 142 con Lenox Avenue

Apodo: Aristócrata de Harlem

Méritos: el cabaret más notorio y famoso en la ciudad de Nueva York. Dotado de un público blanco y con algunos de los mejores espectáculos de *jazz* y baile en la época de la «prohibición».

Origen: inaugurado en 1923 como tapadera para los negocios ilegales del gángster Owney Madden. Dirigido por George «Big Frenchy» Demange, tuvo una política de sólo blancos muy estricta. Muchos de los números eran afroamericanos, pero todas las revistas eran escritas por un talento blanco.

Talento: músicos como Duke Ellington y Cab Calloway. Lena Horne comenzó su carrera en el Cotton Club. Y Ethel Waters era intérprete frecuente. Sus espectáculos de baile incluyeron a los Nicholas Brothers, Coles y Atkins, Bill Robinson, Four Step Brothers y «Snake Hips» Tucker.

Película: la leyenda se revivió en una película de 1984, *El Cotton Club*, dirigida por Francis Ford Coppola, con Richard Gere y Gregory Hines como actores.

«*Shuffle Along* se estrenó el 21 de mayo de 1921 [...] y puso finalmente al *jazz* en su lugar.»

Darktown Follies fue testigo del primer público que se desplazaba hacia las afueras de la ciudad intrigados por lo que Harlem tenía que ofrecer. Se decía que Irene Castle había aprendido el *Texas Tommy* de Ethel Williams. De todas maneras, fue en 1921 cuando otro espectáculo siguió los pasos de *Darktown Follies*. *Shuffle Along* se estrenó el 21 de mayo de 1921 en el teatro de la Calle 63 y puso finalmente al *jazz* en su lugar.

Con un guión escrito por Flournoy Miller y Aubrey Lyles (1883-1932), escritores y artistas de considerable reputación, y música compuesta por el veterano equipo compositor de Noble Sissle (1889-1975) y Eubie Blake (1883-1983), *Shuffle Along* nació con buen pedigrí. Sin embargo, tuvo muchas dificultades para llegar a escena, pero una vez allí hizo las delicias del público por todo el país durante muchos años. Se volvió a estrenar dos veces más, en 1932 y 1952, y su longevidad prueba que su baile se adelantaba a su tiempo.

El guión era simple: la elección del alcalde de una pequeña ciudad se ve complicada por las presiones de las esposas de los candidatos. *Shuffle Along* convirtió en estrellas a un reparto anónimo. Miller y Lyles tomaron las riendas, creando una pieza central para el espectáculo de 20 minutos de *dance fight* (baile de lucha). Los *dance fights* eran un número fijo en el vodevil. Encontró en Charlie Davis y en Tommy Woods dos grandes pioneros en el desarrollo del claqué, y contó con dos excéntricos bailarines, como Bob Williams y Ulysses S. Thompson, pero fue su esposa Florence Mills (1895-1927) quien le arrebató el espectáculo.

Shuffle Along convirtió a Florence Mills en una estrella, y durante el resurgir de Harlem brilló con fulgor. Hermosa, vivaz y con habilidades cómicas, lo abandonó para protagonizar *Plantation Revue* (1922), *Dixie to Broadway* (1924) y la temporada de 1926 de *Blackbirds*. A pesar de su enorme fama, rehusaba reconocer su propio éxito al declarar a un reportero: «tengo mi propio estilo a la hora de cantar y bailar, y resulta que es popular».

De todo el talento anónimo que *Shuffle Along* lanzó sobre un público confiado, ninguno fue tan sensacional como el de la joven

Superior: efervescente pero modesta, Florence Mills se convirtió en una estrella debido a sus apariciones en *Shuffle Along*; más tarde participó en un mayor número de musicales.

Izquierda: el exitoso equipo de color formado por Eubie Blake (al piano) y Noble Sissle, que escribieron el musical *Shuffle Along*.

JOSEPHINE BAKER

Nacimiento: 3 de junio de 1906

Fallecimiento: 12 de abril de 1975

Infancia: nacida en St. Louis, Missouri. Sobrevive a una dura infancia y a dos matrimonios antes de unirse al cuerpo de baile de *Shuffle Along* a la edad de 15 años.

Nueva York: protagonista de *Shuffle Along* y *Chocolate Dandies* de Blake y Sissle. A pesar de su éxito precoz, nunca volvió a ser apreciada en Estados Unidos como lo fue en el resto del mundo.

París: llega a París con *La Revue Nègre* en 1925. En 1926 era la artista principal del Folies-Bergère. Incluso abrió su propio local, Chez Josephine.

Premios: Caballero de Legión de Honor y Rosette de la Resistencia por su trabajo en Francia durante la guerra.

Clave del éxito: la mezcla de baile, canto, vestuario fastuoso y habilidad para sorprender la colocaron en el corazón de *le jazz hot* de París. Se convirtió en un símbolo internacional y contó con admiradores como Ernest Hemingway y la princesa Grace de Mónaco.

Josephine Baker (1906-1975). Con apenas 16 años, ya había hecho pruebas de audiciones para un espectáculo el año anterior, pero fue rechazada cuando los productores averiguaron su edad; era miembro de un cuerpo de baile, un puesto que había popularizado Ethel Williams una generación antes. Ya sea porque era incapaz de bailar las coreografías estipuladas o porque decidió hacerse un nombre propio, Baker sustituyó la coreografía original por su propia e inimitable mezcla de parodia e improvisación. Cualquiera que fueran las razones, la cosa funcionó, y en pocos años ya ganaba la increíble suma de 125 dólares a la semana en el cuerpo de baile de *Chocolate Dandies* de Blake y Sissle.

La ambición de Josephine Baker y su confianza surgieron de la cruda realidad de su infancia, marcada por la pobreza. Con tres hermanos, nació en St. Louis, Missouri, hija ilegítima de una madre negra y un padre español. Fue criada por su madre y su padrastro negro; la claridad del color de su piel puso al principio trabas a su carrera dentro del fuerte segregado mundo americano de las variedades. Esto así como la espeluznante experiencia de presenciar la destrucción de su pueblo natal por parte de delincuentes blancos provocaron en ella su propia cruzada en la lucha por los derechos civiles en su vida futura.

Superior: la legendaria Josephine Baker aparece aquí en escena como un pájaro enjaulado; su mayor éxito lo alcanzó en el Folies-Bergère en París, en los años veinte.

Página siguiente, izquierda: la popularidad de Baker en Europa no se vio restringida al cabaret de París como queda reflejado en este cartel holandés de su película, de 1935, *Princess Tam Tam*.

Página siguiente, derecha: encuentro cara a cara con un elefante, en 1927; a pesar de su popularidad en París y el resto de Europa, Baker no fue muy reconocida en su propio país.

El verdadero punto de inflexión en la carrera de Baker fue su llegada a París con *La Revue Nègre* en 1925. En un París sumido en *le jazz hot*, Baker llegó para encarnar el espíritu de la tierra de la que provenía. Con una mezcla de baile excéntrico, canción idiosincrásica de *jazz* y luciendo un vestuario increíble, fue un ciclón en la ciudad. París le recompensó y, a pesar de las dificultades de la gira, se quedó en Europa durante el resto de su vida.

En 1926 era la estrella principal del Folies-Bergère: fue famosa su aparición en escena con un racimo de plátanos como única vestimenta. Su éxito, de todas maneras, no radicaba únicamente en el efecto chocante de sus interpretaciones o en su personalidad arrolladora. Incorporaba en un continente emocionado y aterrorizado por los nuevos sonidos y bailes del *jazz* de América la experiencia auténtica, el producto genuino. De hecho, representa el eslabón perdido en la historia de la danza afroamericana en su paso por el mundo. Josephine Baker fue la gran exportadora de la danza; cuando bailó el charlestón, Europa la siguió. Cuando Europa tuvo noticia del *black bottom*, se lo cedió a Baker. Se convirtió en una leyenda, y su estrellato le brindó a una niña de pasado difícil la oportunidad de ser una de las mayores figuras europeas de la época.

«Josephine Baker fue la gran exportadora de la danza; cuando bailó el charlestón, Europa la siguió. Cuando Europa tuvo noticia del *black bottom*, se lo cedió a Baker.»

A pesar de su éxito, incluido el ser Caballero de la Legión de Honor en su adoptada Francia, en Estados Unidos nunca fueron realmente reconocidos sus méritos. En una aparición en el Ziegfeld Follies de 1936 tuvo poca aclamación, y sus posteriores visitas fueron igualmente conocidas por su lucha por los derechos civiles como por la calidad de su interpretación. En realidad, su personal estilo era quizá más adecuado para los cabarets íntimos de Europa; pero fue después de su muerte cuando el Variety Club Foundation de Nueva York le rindió homenaje como uno de sus mejores productos llevados al extranjero.

El placer del charlestón

Para el público europeo, *La Revue Nègre*, que había lanzado a Baker a la escena internacional, era un claro ejemplo de lo que acontecía en Nueva York después de *Shuffle Along*. El musical negro estaba de moda, y Josephine Baker era sólo una, quizá la más brillante de las estrellas de la década. *The Plantation Revue, Pat and Take* (con música de Perry Bradford), *Strut Miss Lizzy* y *Liza* fueron los espectáculos que surgieron de las fértiles semillas de *Shuffle Along*. El espectáculo de baile también cambió tras este período para acabar siendo más enrevesado y desafiante. Fue como si se hubiese trazado una línea directa entre el desarrollo musical del *jazz* y la evolución del baile, y bailarines de claqué y percusionistas ahondaban en sus estilos en busca de ritmos más dinámicos y complicados.

El espectáculo de mayor éxito de este grupo fue *Runnin' Wild*. Diseñado por las dos estrellas de *Shuffle Along*, Flournoy Miller y Aubrey Lyles, *Runnin' Wild* se jactaba de contar con un reparto excepcional. Tommy Woods y George Stamper ofrecían claqué acrobático y baile excéntrico, respectivamente, mientras Adelaide Hall cantaba. La importancia del espectáculo, de todas formas, no se basaba en el elenco sino en su coreografía, ya que este musical supuso el lanzamiento del charlestón.

Tal fue el impacto que produjo el charlestón que mucha gente se atribuía el mérito de ser su creador, aunque, como muchas otras danzas de la época, su nacimiento estaba ligado a la historia de la cultura afroamericana. Una edición de 1866 de *Harper's Weekly* contiene una imagen de un baile muy similar al charlestón, mientras que los historiadores sitúan sus raíces en los bailarines ashanti de África. En efecto, su nombre sugiere un origen, e incluso algo más, en el estado sureño de Carolina del Sur.

La llegada del charlestón a Broadway está también envuelta en el mito. Una versión cuenta cómo Sissle y Blake presentaron un niño

«Tal fue el impacto que produjo el charlestón que mucha gente se atribuía el mérito de ser su creador, aunque, como muchas otras danzas de la época, su nacimiento estaba ligado a la historia de la cultura afroamericana.»

Izquierda: una deliciosa fotografía publicitaria de Josephine Baker de la revista *Paris qui Remue*, cuando estaba en la cima de su popularidad.

Inferior: el charlestón fue el baile de los años veinte; todo el mundo lo practicaba, ya fuera en fiestas privadas, en salas de bailes o encima de un coche.

negro de la calle a Ned Wayburn en 1923. La historia relata que el niño bailaba una antigua manera del charlestón y que Wayburn lo convirtió en un charlestón para el Ziegfeld Follies en el mismo año. Durante años, esta historia se mezclaba con otra fábula explicada por Flournoy Miller acerca de la creación del baile. Miller contaba que había visto a tres niños bailando para ganarse unas monedas en la calle del Lincoln Theater durante los ensayos de *Runnin' Wild*. El grupo lo lideraba un chico llamado Russell Brown, que más tarde sería uno de los Three Browns, un grupo de claqué acrobático, pero que entonces ya actuaba bajo el apodo de «Charlestón». Los chicos improvisaban percusión con cubos de basura y recipientes de cocina y se retaban los unos a los otros de un modo que sobrevive todavía hoy en el baile *b-boy* del Bronx (*véase* pág. 236). Impresionado, Miller se llevó a los muchachos a los ensayos y transformó esos pasos en coreografías. Los chicos no triunfaron en el escenario, pero su número, en el que un ballet de chicos, los Dancing Redcaps, bailaban el charlestón a ritmo de una canción de James P. Johnson del mismo nombre, fue un éxito rotundo.

Runnin' Wild asentó el creciente gusto por el charlestón en las salas de baile de Europa y América. Hacia la mitad de la década, la locura por este baile lo había absorbido todo, y durante un corto período de tiempo no se bailó otra cosa que no fuera el charlestón. En 1925, *Variety Magazine* publicó: «en el Pickwick Club de Boston las vibraciones del charlestón eran tan fuertes que los bailarines provocaron un colapso en el local en el que fallecieron cincuenta personas». El éxito de este baile en Gran Bretaña fue inmenso. Incluso el príncipe de Gales fue un claro exponente y defensor, a pesar de que el periódico *Daily Mail* lo denunciara como «reminiscencia de orgías negras», una objeción completamente racista.

«Los chicos improvisaban percusión con cubos de basura y recipientes de cocina y se retaban los unos a los otros de un modo que sobrevive todavía hoy en el baile *b-boy* del Bronx.»

Superior izquierda: en los inicios de su carrera, la estrella de Hollywood Joan Crawford era conocida por sus piernas, y el charlestón las mostró con gran efecto.

Derecha: una bailarina de una de las «comedias» del director Mack Sennett, el cual, a menudo, mostraba el baile excéntrico que parecía querer representar la exuberancia de la juventud.

Superior: el charlestón fue incluso portada de la revista _Life_ en 1926, aunque hubo cierta crítica al diseño.

Izquierda: ¡puede resultar peligroso, pero es divertido! Unas chicas bailan el charlestón en 1926, al parecer en el techo del hotel Sherman, en Chicago.

El fervor duró poco tiempo, ya que hacia 1927 había sido relevado por el _black bottom_ (véanse págs. 62-63), pero su importancia y longevidad en el recuerdo popular se deben a distintos factores. En primer lugar, el charlestón marcaba otro paso hacia el abandono del baile en pareja y a favor de la expresión individual. El baile era igual de popular entre los hombres que entre las mujeres y surgió una opción de hacer «cortes», donde un bailarín podía cambiar de pareja a mitad de baile. En segundo lugar, la popularidad de los concursos de charlestón significaba que la línea que separaba al artista de escena del aficionado de la sala de baile había desaparecido. Muchos de los mayores exponentes del charlestón nunca dejaron la pista de baile, aunque numerosas fulgurantes carreras comenzaron con estos pasos. Ginger Rogers (véanse págs. 128-133) y Joan Crawford iniciaron su carrera como estrellas del charlestón.

Finalmente, la falta de desplazamiento lateral del charlestón lo convertía en un baile fácil de filmar. Por eso, a pesar de su breve e histérica existencia, hay muchas grabaciones que confirman el lugar del charlestón como símbolo de la era del _jazz_. Su velocidad reflejaba a la perfección el espíritu de esa generación, que con sabiduría huía del recuerdo de una guerra mundial y que desconocía la siguiente. Aunque muchos pasos del charlestón fueron integrados en el _lindy hop_ (véase pág. 140) y su calidad se encuentra también en

Los años locos

Derecha: el empresario George White deseaba realmente impactar en su revista de 1926 *Scandals*; aquí le vemos cómo enseña a las estrellas a bailar el *black bottom*.

Inferior: George White supuestamente haciendo pruebas a algunas de las 75 chicas que debían aparecer en una película de 1933 basada en sus espectáculos.

el *mashed potato* (véase pág. 193), la forma pura de la danza estará por siempre congelada en un tiempo, unida a bailarinas que sacudían sus rodillas y daban patadas con sus pies en el corazón de los años veinte.

El productor de *Runnin' Wild* fue George White (1890-1968). En 1926, White produjo otro espectáculo, *Scandals,* con Ann Pennington bailando el *black bottom*. Otra vez una danza del sur –esta vez de Nashville– causaba sensación, y otra vez el público se volvió loco por ella. Durante los primeros años, el *black bottom* rivalizó con el charlestón en popularidad. Aunque en las salas de baile esta danza consistía en poco más que en unos cuantos saltitos y un choque con el trasero, al *black bottom* le encontramos su rastro a partir de un

baile antecesor bastante más intrincado, el *Jacksonville rounders dance*. Se decía que Perry Bradford la había transformado en el *black bottom* para su «Original Black Bottom Dance» de 1919. Bradford sabía, como todos, que en un mundo de baile social no hay nada nuevo bajo el sol.

White había visto con toda probabilidad el *black bottom* en un espectáculo de Harlem, en 1924, llamado *Dinah*, pero lo editó y revendió a un público más amplio. Esto significó que, en el espacio de pocos años, White había producido dos espectáculos que habían lanzado los bailes líderes de la década.

El charlestón y el *black bottom* son el mejor exponente de los bailes que van y vienen de la sala de baile al escenario. Los bailarines eran cada vez más competentes y los coreógrafos más osados. A medida que el maravilloso ambiente de los años veinte empezó a chocar con la cruda realidad de la década siguiente, al público se le ofrecía un virtuosismo en escenarios y pantallas que no podían hallar en su habitual salón de baile. En este momento, los dos entornos empiezan una vida por separado, cada uno pendiente del otro pero no inseparables.

«Aunque en las salas de baile esta danza consistía en poco más que en unos cuantos saltitos y un choque con el trasero, al *black bottom* le encontramos su rastro a partir de un baile antecesor bastante más intrincado.»

Superior: el *black bottom* ocupaba su lugar en la pista de baile, al igual que el charlestón. Aquí, Edith Wilson le rinde homenaje.

Ritmos latinoamericanos

Estados Unidos no fue el único país donde fraguaron nuevos estilos de baile a causa de las diferencias entre las danzas de los esclavos africanos y la cultura dominante de sus dueños del Nuevo Mundo. En Centro y Sudamérica tuvo lugar la misma reacción. De todas maneras, en Sudamérica, la cultura dominante en la que se importaba a los esclavos africanos no era la del norte o del centro de Europa, sino la de la Península Ibérica. La mejor ilustración de este fenómeno de fusión africanolatina fue la habanera, un baile popular del siglo XIX nacido directamente del choque afrocubano. Una adaptación cubana de lo que fuera ya una versión española de un baile francés del siglo XVIII conocido como *contredanse* (contradanza), la habanera se convirtió en el baile que dominó el fin de siglo en Sudamérica y hoy sobrevive en la ópera *Carmen* de Georges Bizet.

«En Argentina, la habanera se mezcló con la importación europea más llamativa, la polca, para producir un baile único de la región: la milonga.»

Inferior: en la capital cubana (La Habana) se originó la habanera, de la que toma su nombre.

Ritmos latinoamericanos

En realidad, la *contredanse* (contradanza) en sí fue una versión francesa de los bailes pastoriles ingleses, y, así dicho, es un valioso ejemplo del viejo refrán: «lo que va, vuelve». La habanera nació en La Habana, Cuba, la capital de la que toma su nombre. Se supone que se llevó a la isla desde Haití y de algún otro lugar de las Antillas por los campesinos franceses y se extendió por toda Sudamérica hasta llegar a España. En Cuba, esto ayudó a influenciar la ya extraordinaria fusión de estilos que emergieron de la isla cien años más tarde, pero antes la mayor influencia se hallaba en Argentina, sobre todo en la metrópolis de Buenos Aires. En Argentina, la habanera se mezcló con la importación europea más llamativa, la polca, para producir un baile único de la región: la milonga. También conocida como «habanera del hombre pobre», la milonga era un baile de la pampa, la extensa llanura cultivable del norte y centro de Argentina, y de los gauchos, los audaces vaqueros que recorrieron la pampa durante los siglos XVIII, XIX

y xx. Sin embargo, a diferencia de la cultura que celebraba, la milonga sobrevivió. La razón es simple: era la precursora del tango.

El nacimiento del tango

A principios del siglo xx, la ciudad de Buenos Aires experimentó un período de enormes adelantos. Su prosperidad económica, su rápida expansión industrial y el gran número de inmigrantes en sus calles, día a día, hizo que tuviera un parecido comparable a la ciudad de Nueva York. La mayoría de inmigrantes eran españoles e italianos que, como en Nueva York, encontraron alojamiento en «conventillos» (bloques de viviendas modestas) y «arrabales» (barrios), a menudo asentados en las afueras de la ciudad. Los arrabales producían un ambiente donde las viejas tradiciones de la pampa y la nueva cultura de los inmigrantes podían encontrarse y mezclarse, y en ese entorno fue donde apareció la cultura callejera de los compadritos, bandas callejeras de hombres jóvenes que imitaron los principios de los «compadritos» de la pampa, con demostraciones de orgullo macho. También presentaban una cierta propensión hacia la violencia. Lo más llamativo de su uniforme era un pañuelo blanco puesto en el cuello, un sombrero de ala ancha que se llevaba holgadamente por encima de un ojo, botas de tacón alto y un cuchillo colgado de la cadera; los dominios de los compadritos eran las zonas más sórdidas de la ciudad.

A pesar de sus aspiraciones y de sus deseos de expansión, Buenos Aires era todavía un puerto en esencia y poseía un número de burdeles más elevado de lo normal. Aquí, y en los bares de los arrabales, los compadritos se reunían para pavonearse, fanfarronear y bai-

LE TANGO.

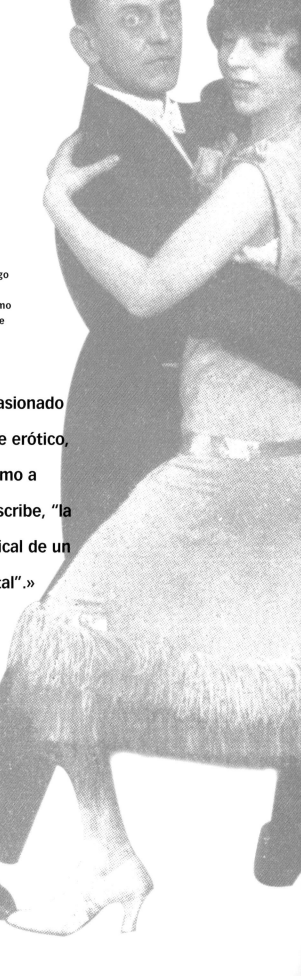

lar. Al principio, los compadritos bailaban la milonga, pero con el tiempo añadieron diferentes estilos que habían visto en otros lugares. Dentro de la comunidad africana de Buenos Aires, que era pequeña pero tremendamente unida, se vieron muchos bailes originarios de África, en especial una nueva versión del *candomble*, al que los afroargentinos llamaron tango. Aunque este baile no permitía que las parejas se tocasen, sólo que se insinuasen, a los compadritos les encantó e incorporaron parodias en la milonga.

Los orígenes de la palabra tango están abiertos a conjeturas. Podría proceder de los bailes afroargentinos –originariamente la palabra tango se refería a cualquier lugar donde los africanos se congregaban para bailar–, pero es probable que esta palabra ya fuera usada antes del cambio de siglo para describir la música indígena que se desarrollaba en los arrabales. (En 1886, el bandoneón, un acordeón con boto-

Inferior izquierda: los embriagadores ritmos sudamericanos del tango fueron adoptados con sorprendente entusiasmo por los compositores de los países germánicos de Europa central.

Bienvenida Tango
Werner L. Kunheim
Op. 24.

Verlag und Eigentum des Komponisten-Berlin. Leipzig Hug & Cº

«Orgulloso, apasionado e intensamente erótico, el tango es, como a menudo se describe, "la expresión vertical de un deseo horizontal".»

nes en lugar de llaves, había sido importado de Argentina y se había convertido en el acompañamiento esencial del tango.) Hay también una teoría que dice que la palabra «tango» proviene del verbo latino *tangere* (tocar), pero parece poco probable, y alguna otra teoría afirma que desciende del verbo francés *tánger* (balancearse, dar vueltas), pero ésta se refiere más a lo que sería el baile en Francia que a la procedencia de la palabra en sí.

En todo caso, el baile que se conoce como tango posee muchos de los distintivos del ambiente en el que se creó. Orgulloso, apasionado e intensamente erótico, el tango es, como a menudo se describe, «la expresión vertical de un deseo horizontal». Con los cuerpos juntos y apretados, un intenso contacto visual y la parte superior del cuerpo inmóvil, el tango no tiene nada de lo romántico e inocente del vals o de la frivolidad del *ragtime*. En cambio, en su coreografía oculta la lujuria del inmigrante solitario y la desapasionada sensualidad de la prostituta. Lujuria, violencia, sexo –por ello no resulta sorprendente que el tango haya sido asociado con la melancolía y la muerte.

Tangomanía

Es extraordinario que un baile que fue concebido en un burdel y rechazado por los ciudadanos ejemplares de su propio país haya sobrevivido, prosperado y además haya conquistado el mundo. El dominante delirio por el baile de su generación, su sórdida reputación y sus sugerencias de escándalo desempeñaron un importante papel a la hora de asegurar su fama. Hay un dicho popular en Argentina: «los habitantes de Buenos Aires son italianos, que piensan en español, creen que son ingleses y desearían ser franceses». Desde luego, el deseo de las clases altas era viajar a Europa, a Francia en particular, lo que fue el responsable de la difusión del tango en el extranjero. La juventud, los hombres jóvenes aristocráticos argentinos, que consideraban que visitar los burdeles era una parte tan importante en su educación como viajar a Europa, comenzaron a mostrar a sus anfitriones europeos el escandaloso baile que habían presenciado en sus visitas a las «enramadas», en Argentina. Desde estas demostraciones clandestinas, el tango se difundió como fuego salvaje cruzando las salas de baile de París.

Cuando el baile arrasó Europa, trajo consigo emoción y escándalo a partes iguales. En Londres, el tango fue interpretado por George Grossmith y Phyllis Dare en el musical del West End *The Sunshine Girl* (1912), lo que engendró una multitud de imitadores en la mejor tradición de teatro/sala de baile. El Savoy organizó veladas de tango, mientras *The Times* de Londres publicaba cartas de los airados padres. En 1914, en un baile ofrecido en honor del gran duque Miguel de Rusia, se interpretó un tango para la reina María. El posterior entusiasmo de

Superior: aunque sus connotaciones eróticas sugieran que el tango es un baile para la noche, también parece que fue aceptado en los bailes de los salones de té.

Ritmos latinoamericanos

la reina por el baile hizo desaparecer las hostilidades hacia esta moda en su propio país, a pesar de que había formado parte de la sociedad rusa desde que el zar pidiera a sus jóvenes sobrinos que le hicieran una demostración de baile, en 1911. En Alemania, una prohibición impuesta a los oficiales de uniforme de no poder bailar el tango casi lo hizo desaparecer de la alta sociedad; mientras, en Italia, el Papa Pío X condenaba oficialmente sus «movimientos bárbaros».

El centro de la tangomanía era, sin duda, París. Aquí la nueva moda afectó a todos los ámbitos: desde la alta costura hasta la cocina. La moda femenina evolucionó para acentuar los efectos visuales del baile y permitió mayor libertad de movimiento: blusas de tango con mangas anchas, por ejemplo, y vestidos con provocativas aberturas. Todo adorno en la cabeza o sombrero debía ser pequeño, debido a los rápidos giros que exigía el tango. Los trajes de noche de los hombres eran espectaculares y de línea depurada. En este período, la mejor innovación fueron los *thés tango* (tango a la hora del té), que eran convocados en cualquier lugar donde hubiese gente *chic*, amante de ver y ser vista, desde París a Nueva York. La tradición de bailar entre plato y plato en un restaurante de moda había comenzado en Viena, pero quizá porque el ambiente sosegado iba en contra de la provocativa naturaleza del baile, la idea desapareció. Desde París, el *thé dansant* (el baile del té) viajó hacia elegantes ciudades de la costa del Canal de la Mancha, como Le Touquet y Deauville, donde llamó la atención de los turistas del extranjero.

Respetabilidad

La tangomanía tuvo un brusco final en 1914. El inicio de la primera guerra mundial dejaba poco tiempo para los bailes de recreo, y la moda desapareció. Sin embargo, no lo hizo por completo y tras la guerra regresó a los cafés y las salas de baile de París, aunque al igual que la sociedad, la música también había cambiado. El tango de la posguerra era menos rebelde, una versión más estandarizada de la original. Los pasos puede que fueran más provocativos, pero la música en sí había perdido la fuerza de su ritmo. Irónicamente, mientras el tango se alejaba más y más de sus orígenes sudamericanos –en 1920, la sociedad de profesores de baile lo había refinado–, el mito que rodeaba a sus orígenes se volvía aún más celebre. Los quioscos se llenaron de bailarines vestidos con trajes nacionales, y fue en este entorno donde la imagen más emblemática del tango –Rodolfo Valentino en la película de 1921 *Los cuatro jinetes del apocalipsis*– se coló en la conciencia pública.

Un dato curioso es que a medida que en Europa la pasión por el tango se reducía, por fin era aceptado como parte integrante de la

> **«El tango de la posguerra era menos rebelde, una versión más estandarizada de la original. Los pasos puede que fueran más provocativos, pero la música en sí había perdido la fuerza de su ritmo.»**

Izquierda: Carlos Gardel, la estrella internacional de muchas películas sudamericanas, retomó el interés por el tango en su país de origen.

vida argentina. Cuando el tango salió de los arrabales treinta años antes, la sociedad de Buenos Aires lo había desdeñado, pero pronto cambió de idea al ver el éxito de este baile en Europa. Mientras el resto del mundo empezaba a descubrir nuevas modas en el baile, Argentina llevó el tango a su corazón y comenzó a transformarlo en un arte refinado (y a menudo, una herramienta efectiva de expresión política). El centro de este movimiento fue Carlos Gardel (1887-1935), una estrella de cine y cabaret de Sudamérica, cuya vida reflejó el viaje del tango desde los arrabales a la alta sociedad. Murió en circunstancias trágicas en un accidente aéreo, pero sus películas, su música y su carisma han sobrevivido hasta nuestros días en toda Latinoamérica.

Las películas de Gardel son el más claro ejemplo de las expresiones del tango en el celuloide; en repetidas ocasiones, el baile había sido un motivo popular en sus películas. Algunos aspectos del tango influyeron en la primera película que Fred Astaire y Ginger Rogers protagonizaron juntos en 1933, *Flying Down to Rio* (véase pág.130). El ho-

menaje a Rodolfo Valentino de Ken Russell, *Valentino*, de 1977, incluye un tango bailado por las dos figuras de ballet más grandes de nuestro tiempo, Anthony Dowell y Rudolf Nureyev; por otra parte, *El último tango en París*, de 1972, de Bernardo Bertolucci, nos mostraba la conexión metafórica entre el sexo y la muerte en el baile. De hecho, el uso constante del tango en novelas, películas y obras de teatro lo ha mantenido presente en la cultura mundial, culminando a finales del siglo xx en espectáculos como *Tango argentino* y *Forever Tango,* cuyo éxito comercial ha confirmado el gusto popular por el tango que se prevé que continúe incluso en el siglo xxi.

La enorme popularidad del tango antes de la primera guerra mundial significó que cualquier estilo de baile que pudiese ser descrito como erótico y con un ritmo sudamericano tenía posibilidades de llegar a las salas de baile de Europa. Un ejemplo fue el *maxixe* brasileño, una danza enérgica y física caracterizada por los movimientos descendentes del cuerpo. Como siempre, la exuberancia original del baile en su ejecución fue modificada y amansada al llegar a manos de la sociedad burguesa: no obstante, fue bastante popular entre los jóvenes en los años anteriores a la primera guerra mundial.

Por desgracia, la popularidad del *maxixe* no duró mucho. Como dependía, en cierta manera, del tango, cuando la tangomanía se extinguió, también se redujo el interés por sus derivados, entre ellos el *maxixe*. De todas formas, éste era sólo un baile de coqueteo y flirteo en las salas de baile brasileñas. El *maxixe* era la carta de presentación que anunciaba la llegada de la samba.

«Cada *orixa* tiene su propio ritmo de tambor identificable, y su estilo de baile personifica a un dios: los movimientos ondulantes de los hombros corresponden al dios del mar, por ejemplo, o las patadas al dios de la guerra. Uno de estos dioses, el *caboclo*, tiene un estilo conocido como samba.»

La samba

La esclavitud desempeñó un papel tan importante en la historia de Brasil como en cualquier otra parte del Nuevo Mundo. Brasil se convirtió, en 1888, en el último país que abolió su práctica y para esa fecha se habían importado de tres a cuatro millones de esclavos. Sin embargo, la enorme cantidad de africanos que trabajaban las grandes tierras del país, en particular en el noreste, implicaba la existencia de un miedo constante a las sublevaciones entre los colonos. La respuesta de los portugueses frente a esta amenaza fue distinta a la actitud adoptada por Estados Unidos en esta misma situación: en Estados Unidos, la cultura africana estaba reprimida y ahogada, pero en Brasil podían expresarse, aunque de forma limitada, y de este modo se integraron en la cultura cristiana con relativa facilidad. En efecto, esto produjo que los rituales africanos fueran sustituidos por celebraciones cristianas y que las divinidades yoruba fueran reemplazadas por los santos cristianos. Sin embargo, en otros aspectos, las tradiciones africanas sobrevivieron.

En la región noreste de Bahía, un ritual de baile, *el candomble*, ha perdurado hasta nuestros días. Se trata de un ritual africano en el que mientras bailan piden a los espíritus divinos que les «posean». Conocidas como *orixas*, las divinidades tienen características y personalidades individuales, y las mujeres que representan el *candomble* creen que son poseídas por los espíritus durante la ceremonia. Cada *orixa* tiene su propio ritmo de tambor identificable, y su estilo de baile personifica a un dios: los movimientos ondulantes de los hombros corresponden al dios del mar, por ejemplo, o las patadas al dios de la guerra. Uno de estos dioses, el *caboclo*, tiene un estilo conocido como samba.

La samba se convirtió en la cara profana del ritual *candomble*. En el período de la abolición de los esclavos, al final del siglo XIX, el *candomble* y la samba se extendieron por todo el país. Con el tiempo, el estilo exuberante llegó a ser una expresión física de la identidad brasileña y una importante fuente de orgullo nacional.

Una de las razones fue el papel que desempeñó en el carnaval, y en especial en el carnaval de Río de Janeiro. La samba no es el único baile característico del carnaval (en la ciudad de Recife, la *capoeira* juega un papel central), sino que en la celebración de Río de Janeiro son los sambistas que actúan allí los reconocidos internacionalmen-

Inferior: música de *La vraie samba*, aparentemente escrita por genuinos compositores brasileños, pero publicada en Francia; Europa ha disfrutado a lo largo del tiempo de los bailes latinoamericanos, y todavía lo hacen hoy en día.

te. (Recientemente la *capoeira* ha emigrado a Estados Unidos, donde forma parte del baile de *house* y de *hip-hop*.) En sí mismo, el carnaval brasileño es un producto de una cultura híbrida. Parcialmente es una manifestación contemporánea de los festivales medievales cristianos que marcaban el inicio de la cuaresma con fiestas subversivas y antiautoritarias; por otro lado, descienden de la tradición de las coronaciones africanas. Por tanto, hoy en día el carnaval es una forma de articulación del orgullo nacional y de la mejora de las relaciones entre razas y religiones.

«Los desfiles de las escuelas de samba son una viva expresión de la historia y de la cultura de Brasil, en las que combinan alegoría y pastiche en un mosaico de esperanzas y aspiraciones nacionales.»

La samba se introdujo en el carnaval a principios del siglo XX, conforme se dirigía hacia el sur desde sus orígenes; apareció en primer lugar en las calles, hacia 1917. En un principio, las autoridades desaprobaron las *escolas de samba* al sentirse amenazados por sus orígenes raciales y al percibir un potencial vínculo con el desorden público. Sin embargo, en 1935 las autoridades cedieron y las *escolas de samba* se convirtieron en un elemento vital y central del festival. El objetivo de cada una de estas escuelas es conseguir el primer lugar en el concurso de samba que se celebra durante el carnaval. Las escuelas, que pueden llegar a estar formadas por miles de personas, pasan una buena parte del año en la construcción de carrozas exóticas y en el ensayo de rutinas y canciones de samba que presentan durante el espectáculo de cuatro días de duración. El corazón del concurso de la samba está en el *sambadrome*: una larga extensión pavimentada flanqueada por enormes terrazas con una capacidad para acoger hasta setenta mil espectadores. Es aquí (en el *sambadrome*) donde los jueces evalúan y puntúan y, por consiguiente, donde tienen lugar las mejores actuaciones de los sambistas. Los desfiles de las escuelas de samba son una viva expresión de la historia y de la cultura de Brasil, en las que combinan alegría y pastiche en un mosaico de esperanzas y aspiraciones nacionales. Bailarines vestidos como personajes de la historia brasileña comparten escena con imitadores de las leyendas del cine, y las parodias de políticos locales salen a la calle junto a reinas y reyes del carnaval. En la comunidad homosexual, en concreto, un personaje destaca como realmente digno de imitación: la sensación brasileña Carmen Miranda.

Izquierda: una competición de baile en México, donde la animada actuación a menudo disfraza la pobreza en la que viven los participantes en su vida cotidiana.

Carmen Miranda

Cantante, bailarina y actriz, Carmen Miranda (1909-1955) es responsable, en gran medida, de la oleada de popularidad de la samba durante los años cuarenta. La cantante brasileña, nacida en Portugal, se convirtió en la encarnación del nuevo ritmo conforme se alejaba de sus costas nativas y se dirigía a Europa y América como una auténtica sensación de la danza.

Ya en 1928, Carmen Miranda se había asegurado un contrato de grabación con la RCA, y se hallaba en el camino de convertirse en una auténtica estrella en Brasil. Los diez años siguientes combinó sus actuaciones con apariciones en algunas películas latinas, entre las que figuran *Alo, Alo Brasil* y *Estudiantes*. En 1939 viajó a Estados Unidos. La samba se había introducido en este país con la exposición mundial de 1939, y empezaba a adquirir popularidad, por lo que Carmen Miranda llegó en el momento justo para explotar su atractivo. Su aparición en la revista de Broadway *The Streets of Paris*, en la que cantó «South American Way», causó sensación; a consecuencia de ello, le contrató la Twentieth Century Fox.

Durante la segunda guerra mundial, Carmen Miranda protagonizó una serie de musicales llenos de colorido que vendieron, a un público en guerra, una imagen de la vida latina divertida y frívola. Con películas como *Down Argentine Way* (1940), *Weekend in Havana* (1941), *The Gang's All Here* (1943) y *Copacabana* (1947), así como con canciones bien conocidas como «I, Yi, Yi, Yi (Like You Very Much)», «Chica Chica Boom Chic » y «The Lady With the Tutti Frutti Hat», era, en 1945, la actriz mejor pagada de Estados Unidos. Sus trajes en estas películas (vestidos extravagantes y sombreros llenos de frutas) eran una versión de los estilos de vestimenta de las tenderas de Bahía. El tocado de plátanos de Miranda es un símbolo algo particular de los orígenes de la samba.

> **«Durante la segunda guerra mundial, Carmen Miranda protagonizó una serie de musicales llenos de colorido que vendieron, a un público en guerra, una imagen de la vida latina divertida y frívola.»**

Sin embargo, el atractivo de Carmen Miranda duró poco, ya que a finales de los cuarenta volvía al circuito del cabaret y las grabaciones. En realidad, ella nunca consiguió asumirlo, y cuando murió a causa de un infarto, durante una actuación en directo en 1955, aún se la identificaba en la imaginación popular como la «chica del tocado de frutas» («*lady with the tutti frutti hat*».)

La relación de Brasil con su máxima estrella internacional de Hollywood siempre fue algo ambigua. Tras su muerte, fue reconocida como la estrella internacional que había dado a conocer la cultura brasileña al mundo entero, y durante cierto tiempo se declaró luto nacional. Su imagen como personificación de la colorida cultura de la samba también le acarreó la desgracia de ser acusada de haber creado un cliché y de haberse «vendido»: en 1939, optó por no regresar a

Página anterior: la irrefrenable Carmen Miranda en una fotografía promocional de su carrera en el cine, que comenzó en los años treinta, en Brasil, y continuó en los cuarenta, en Estados Unidos.

Izquierda: puede que fuera famosa por sus sombreros extravagantes, pero Carmen Miranda tenía también una impresionante colección de zapatos.

Brasil tras las acusaciones de haberse «americanizado». De hecho, al contrario que Bill Robinson (*véanse* págs. 99-101), que había recibido ataques similares como consecuencia de su éxito, la imagen popular de Carmen Miranda tenía más que ver con los prejuicios de la industria del espectáculo a mediados de siglo XX.

La popularidad de Carmen Miranda supuso una oleada de popularidad para la samba en Estados Unidos y Europa durante los años cuarenta y principios de los cincuenta. La versión de salón de la samba era un suavizado baile en pareja que tenía sus raíces en el *maxixe* (*véase* pág. 72) de unos treinta años antes. Éste era el baile que incluso la princesa Margarita de la familia real británica bailaba a principios de los cincuenta. Sin embargo, a finales de la década, empezaba a surgir una nueva versión de la samba.

Inferior: puede que Carmen Miranda fuera criticada, y lo fue, por distorsionar la verdad acerca de la cultura brasileña, pero, sin embargo, dotó al baile nacional de un atractivo internacional.

CARMEN MIRANDA

Nacimiento: 9 de febrero de 1909

Fallecimiento: 5 de agosto de 1955

Nombre real: Maria do Carmo Miranda da Cunha

Apodo: la sensación brasileña

Inicios de su carrera: nacida en Portugal, emigró a Río de Janeiro a una edad temprana. Se labró una fulgurante carrera como cantante y actriz en Brasil antes de viajar a Estados Unidos, en 1939.

Hollywood: durante los años cuarenta fue una de las mayores estrellas de cine. Entre sus películas están *Down Argentine Way*, *Weekend in Havana*, *Springtime in the Rockies* y *Nancy Goes to Rio*.

Canciones: «South American Way», «I, Yi,Yi,Yi,Yi (I Like You Very Much)», «Chica Chica Boom Chic» y «The Lady With the Tutti Frutti Hat».

Clave del éxito: personalidad extravagante, vestía trajes «frutales» de marca, basados en el vestuario de las tenderas de las fruterías de Bahía, y ofrecía sensualidad y frivolidad al público europeo y americano.

Superior: el saxo tenor Stan Getz y el guitarrista Charlie Byrd colaboraron en un álbum de 1962 que fue un pilar en la difusión de la *bossa nova*, «Jazz Samba».

Derecha: el guitarrista brasileño Laurindo Almeida editó dos influyentes álbumes de *jazz* latino con su quinteto, en 1954, acompañado del flautista americano Bud Shank.

«... la *bossa nova* requería los mismos movimientos y pasos que la samba. Otra vez nos encontramos ante un caso de popularidad muy difundida pero de corta vida.»

Bossa nova

En América, la samba había entrado en la órbita del los *new cool jazz sounds* (nuevos sonidos del jazz) de los años cincuenta. El trabajo pionero de Dizzy Gillespie (1917-1993), Machito (1912-1984), Mario Bauza y otros se alimentó de la cultura de la samba de Río y su entorno. El resultado fue la *bossa nova*.

En portugués, *bossa nova* significa literalmente nueva tendencia, y este término describe con claridad el nuevo sonido. La música se media en un compás $2/4$ sincopado en contraposición al $4/4$ original, y la instrumentación era simple. El registro vocal era más extenso, y aumentó la importancia de la improvisación. Quizá la *bossa nova* más conocida sea «The Girl of Ipanema», compuesta por Stan Getz en 1963. En términos de baile, la diferencia no era tan grande: la *bossa nova* requería los mismos movimientos y pasos que la samba. Otra vez nos encontramos ante un caso de popularidad muy difundida pero de corta vida. Los sonidos del *jazz* que habían aportado importancia a la samba evolucionaban a un ritmo frenético, y los músicos pronto buscaron algo diferente. La *bossa nova* era tan sólo uno de los innumerables sonidos resultante de la fusión *bebop*/latino, y no fue tampoco el más duradero. Finalmente, el sonido, el baile y la cultura de *cu-bop* evolucionarían hacia la salsa contemporánea, aunque para comprenderla debemos regresar a Cuba y a los orígenes de la rumba.

La rumba

Los orígenes de la rumba están bastante relacionados con los de la samba. Ambas habían nacido de la tradición africana traslada al Nuevo Mundo y ambas reclaman sus antecedentes en las danzas de las tribus bantúes y congolesas del complejo Congo-Angola en el centro occidental de África (hoy en día, este territorio está formado por Angola, República Democrática del Congo y Congo). Rumba es una palabra española que describe un festival colectivo: originariamente hacía referencia a la celebración de reuniones de los esclavos y africanos libres de Cuba, a mediados del siglo XIX. A medida que estas reuniones evolucionaron y, en el despertar de la abolición, se filtraron a lo largo del país, los estilos de baile de estas reuniones adoptaron el mismo nombre. «Rumba» es hoy un término genérico. Se refiere a las muchas danzas folclóricas que existen en Cuba y en las Antillas, además de los bailes de salón que se han difundido por todo el mundo. En

«... la rumba se transformó en una alegoría del acto sexual. El hombre se mueve como un depredador sexual..., mientras que la mujer responde con coquetos movimientos a la defensiva.»

Izquierda: la partitura de una rumba publicada en Nueva York, en 1936, titulada *Pobre Pedro*, una portada muy adecuada.

Cuba existen tantas formas de rumba como provincias y comunidades. En las zonas rurales de la isla se desarrolló una versión en solitario de la danza, mientras que en La Habana y otros núcleos urbanos se convirtió en un vibrante baile en pareja. Todas las rumbas folclóricas indígenas comparten la misma sensualidad, movimiento vigoroso y acompañamiento rítmico insistente. Como el tango, la rumba se transformó en una alegoría del acto sexual. El hombre se mueve como un depredador sexual..., mientras que la mujer responde con coquetos movimientos a la defensiva. Por este motivo, en la rígida estructura social que había conseguido Cuba antes de la segunda guerra mundial, las diferentes formas de rumba se bailaban en los distintos grupos sociales, y la danza se volvía menos explícita a medida que los bailarines elevaban su estatus social. La clase media bailó una versión, conocida como el son, más lenta y menos sugestiva, mientras que la clase alta bailó el danzón, que era aún más lenta: el movimiento de cadera se redujo a la mínima expresión. El son más comedido

Inferior: Xavier Cugat, aquí junto a su orquesta y la cantante Abbe Lane, fue el responsable de popularizar la rumba y otras danzas latinoamericanas en Estados Unidos.

fue el que se introdujo en Estados Unidos y en Europa, en el período de entreguerras, y fue este estilo el que se daría a conocer internacionalmente como la rumba.

En la Cuba contemporánea, la rumba desempeña un papel primordial en la identidad posrrevolucionaria. De todas maneras, muchas de esas danzas folclóricas nativas mantienen muy poco parecido con la internacionalmente reconocida rumba cubana.

Como en la historia de la samba, fue a Estados Unidos a quien primero conquistó la rumba. Se presentó de manera oficial en Estados Unidos, en 1936, en la exposición mundial de Chicago, pero ya había dejado sentir su presencia desde hacía algún tiempo. En 1923, los músicos de rumba y los bailarines eran conocidos en Nueva York gracias al director de orquesta Emil Coleman, y en 1925, un club latino llamado El Chico abrió sus puertas en Greenwich Village. En 1935, George Raft y Carole Lombard protagonizaron la película *Rumba*, que mostraba el estilo mientras se hallaba en los confines del trazado tradicional. Hay poca diferencia en los conceptos de *Rumba* y *Dirty Dancing*, aunque se rodaran con cincuenta años de diferencia.

Una de las orquestas cubanas de baile que lideraron la locura por la rumba a principios de los años treinta fue la de don Modesto Aspiazu, que contaba entre sus atracciones con una joven bailarina cubana llamada Alicia Parla. Las sensuales demostraciones de rumba de la joven Parla –no tenía ni 20 años– causaron sensación. Además de convertirse en líder del nuevo estilo, fue una estrella en la sociedad de Nueva York, que llegó a contar entre sus amigos a personalidades como Ernest Hemingway y el columnista de prensa rosa Walter Winchell, quien se refería a ella como: «esa maravillosa aleta dorsal de La Habana». En Montecarlo, durante una gira por Europa, dejó tan entusiasmado al príncipe de Gales (el futuro Eduardo VIII) que éste pidió

«Hay poca diferencia en los conceptos de *Rumba* y *Dirty Dancing*, aunque se rodaran con cincuenta años de diferencia.»

que le diera unas clases particulares. Su aprobación incidió mucho en la popularidad del estilo en Europa, aunque la rumba realmente no cuajó en Gran Bretaña hasta después de la segunda guerra mundial. (De hecho, el éxito de la rumba en el Reino Unido tuvo que ver más con las demostraciones del estilo realizadas por los conocidos profesores Pierre y Lavelle, cuya labor de estandarización del baile les supuso el reconocimiento de la rumba cubana, en 1955.) El reinado de Parla fue corto, y cuando cumplió 20 años se retiró a Cuba donde permaneció hasta el inicio de la revolución, momento en el que marchó a Miami. Su carrera nunca se reavivó.

Xavier Cugat

La persona que más hizo por la popularidad de la rumba y, de hecho, por toda la música latina fue Xavier Cugat (1900-1990); músico español de nacimiento, su familia emigró a Cuba cuando él tenía 5 años. Aunque fue educado en la música clásica, se dio cuenta a una edad temprana que se sentía más atraído por la música popular que por la clásica. Más tarde afirmaría: «prefiero tocar 'Chiquita Banana' y tener mi propia piscina que interpretar a Bach y morirme de hambre». Cuando la tangomanía sacudía Nueva York, hacia 1910, Cugat estaba en Nueva York tocando con un grupo de tango llamado los Gigolos. La banda se disolvió en el despertar del declive del tango, pero para en-

Superior: Cugat, aquí fotografiado de nuevo con Abbe Lane, disfrutó de una popularidad que duró 40 años.

Izquierda: unas bailarinas practican la danza latinoamericana de moda en el Copacabana, cuya existencia le debe algo a la influencia de Xavier Cugat.

«... la orquesta de Cugat
llevó a los escenarios las
típicas americanas rojas,
y él sorprendía a su público
con algún comentario
ingenioso acerca del
espectáculo mientras
sus bailarines hacían
una demostración de
la rumba y otros estilos
latinoamericanos...»

Izquierda: los bailes
latinoamericanos tenían
una fuerte carga sexual que
pudo con los americanos
más comedidos, como estos
bailarines en Tropicana, en
los años treinta.

Página siguiente: Xavier
Cugat y Abbe Lane, marido
y mujer durante un tiempo,
encabezan una conga
en uno de los muchos
musicales que realizaron
para la MGM en los años
cuarenta.

tonces Cugat ya se había dado cuenta del atractivo comercial de la música latina en Estados Unidos; se mudó a Los Ángeles, y allí reunió de nuevo a su banda y obtuvo algún éxito en el emergente negocio de películas musicales como *In Gay Madrid* (1930). El verdadero éxito de Xavier Cugat coincidió con la llegada de la rumba a finales de los años veinte. Hacia 1930, Cugat y su Orquesta Latinoamericana tocaban en el club Coconut Grove en Los Ángeles. Su espectáculo consiguió tanto éxito que en poco tiempo le invitaron a Nueva York donde su orquesta fue la residente en el recién remodelado Waldorf Astoria. Desde ese momento difundió el sonido latinoamericano por toda la ciudad, el país y el mundo.

La mezcla que hacía Cugat de sonido latino, melodías nuevas y su extrovertida presencia escénica –la orquesta de Cugat llevó a los escenarios las típicas americanas rojas, y él sorprendía a su público con algún comentario ingenioso acerca del espectáculo mientras sus bailarines hacían una demostración de la rumba y otros estilos latinoa-

mericanos– hizo que el hombre y su orquesta estuviesen en el ojo del huracán durante los siguientes cuarenta años. A pesar de que su primer éxito vino de la mano de la rumba, se preocupó mucho por los cambios en el gusto del público, y su orquesta creó las bandas sonoras de muchos estilos latinos como la conga, el cha-cha-chá y el mambo. Más tarde incluso creó música para el *twist* (*véanse* págs. 189-199), pero es la rumba con lo que siempre estará relacionado.

Cugat poseía un carácter extravagante dentro y fuera del escenario: «saltaba de flor en flor» tanto en su vida personal como con su banda. Marido de varias esposas y coleccionista de hermosas artistas para sus espectáculos –le ofreció a Rita Hayworth uno de sus primeros papeles–, la fuerza de su personalidad hizo que algunos infravaloraran sus méritos musicales. De todas formas, es con toda probabilidad el músico más influyente en el desarrollo de la música latina en Estados Unidos, en el siglo XX, y sin su labor, músicos como Pérez Prado probablemente no hubiesen surgido nunca.

Ritmos latinoamericanos

mos cubanos y de *swing* americano. De todas maneras, esta teoría subestima la capacidad de los estilos musicales para cruzar las fronteras internacionales, y tradicionalmente los orígenes del mambo se relacionan más con el músico cubano Pérez Prado, que había recibido la influencia del *jazz* norteamericano mucho antes de establecerse en Estados Unidos.

Pérez Prado (1916-1989) tal vez no sea el padre indiscutible del mambo –Arsenio Rodríguez y Orestes López comparten parte del mérito de su creación–, pero sí fue, sin lugar a dudas, el «rey» del género hasta su muerte. Nacido en Cuba, inició su educación musical en la tradición clásica, igual que Xavier Cugat. Sin embargo, su formación como pianista clásico no le impidió ejercer su carrera como músico popular, y hacia 1947 ya había actuado como pianista y llevado a cabo una labor como arreglista en numerosas bandas, en La Habana y sus alrededores. No obstante, en 1947 dejó Cuba y se estableció en México, país que en ese momento había acogido a una gran cantidad de exiliados cubanos. Una de las razones de su exilio fue el incremento de la tensión racial en Cuba inmediatamente después de la guerra –Prado era descendiente de africanos–, aunque se ha sugerido también que su innovadora combinación del *jazz* norteamericano con la tradicional música cubana no fue bien recibida por la institución musical de ese país. Cualquiera que sea la razón, la pérdida de Cuba fue la ganancia de México, y en los tres años siguientes Prado elaboró y perfeccionó el estilo musical que le dio fama. Junto con el cantante y compatriota cubano Beny Moré, Prado publicó una cantidad tal de grabaciones de mambo que aseguraron su reputación; empezaba a ser un impacto en Estados Unidos, sobre todo con la grabación, en 1949, del «Mambo n.º 5». En 1951, la revista americana *Newsweek* hizo un reportaje sobre la moda del baile en México y Sudamérica, y Prado se aventuró a continuar su carrera también en el norte.

Pérez Prado

Xavier Cugat mostró hasta qué punto habían llegado a ser compatibles la música de Estados Unidos y la latina, en particular en Nueva York. Durante dos décadas, las de los años treinta y cuarenta, una considerable población latina vivía en la zona que era conocida como el Harlem hispano; muchos de esos nuevos residentes habían emigrado de la Cuba de Batista. En esa zona, los músicos cubanos entraron en contacto directo con otros emigrantes latinos, sobre todo de Puerto Rico, así como con la ya dominante comunidad afroamericana, con su rico e influyente legado musical. De hecho, ésta es una de las teorías acerca de la evolución del mambo, con su marca registrada de mezcla de rit-

El mambo

El término «mambo» probablemente procede del dialecto nanigo de Cuba y, aunque no tiene un significado específico, podría haber evolucionado en las salas de baile de Cuba a partir de la frase *abrecuto y guiri mambo* (abre tus ojos y escucha) que se usaba en los concursos de canción cubana. Sin duda, Orestes López gritaría a los músicos de su banda, cuando alguno de ellos ejecutaba un solo, ¡mil veces mambo!

Si, por un lado, la música nació de la fusión de los ritmos afrocubanos y del *swing* norteamericano –Prado decía que él usaba muchos de los ritmos originales del campo cubano, como los ritmos de los cantos de trabajo o los reclamos de los pájaros–, el baile, por otro

«El término "mambo" probablemente procede del dialecto nanigo de Cuba y, aunque no tiene un significado específico, podría haber evolucionado en las salas de baile de Cuba a partir de la frase *abrecuto y guiri mambo* (abre tus ojos y escucha)...»

GRANDES ÉXITOS DEL MAMBO

«Abaniquito», Orquesta de Tito Puente (1949). La primera grabación de un mambo americano. Ayudó a su lanzamiento entre el público americano y cimentó la carrera de Puente. Apareció en el álbum *Mamborama*.

«Cherry Pink and Apple Blossom White», Pérez Prado (1955). El mayor éxito de Prado. Llegó a ser el primero en la lista de éxitos americanos y permaneció en ese puesto durante diez semanas. También bailado por Jane Russell en la película *Underwater*.

«Mambo n.º 5», Pérez Prado (1949). Uno de los primeros y más grandes éxitos del llamado «rey del mambo». Impulsó la introducción del mambo en las emisoras hispanas y su entrada en las corrientes mayoritarias. Fue recuperado, con gran éxito, por Lou Bega, en 1999.

«Papa Loves Mambo», Perry Como (1954). Grabaciones como ésta y como «Mambo italiano», de Rosemary Clooney, demostraron que la mayoría de los cantantes americanos se habían contagiado del virus del mambo.

«Rock and Roll», Celia Cruz (1956). Grabado por la moderna «reina de la salsa», pone de manifiesto los estrechos vínculos entre estos dos estilos emergentes de los años cincuenta.

Izquierda: al mambo le siguió el cha-cha-chá, aquí bailado por el mismo Prado; requería menos contacto físico y permitía, por tanto, una mayor libertad individual de movimientos.

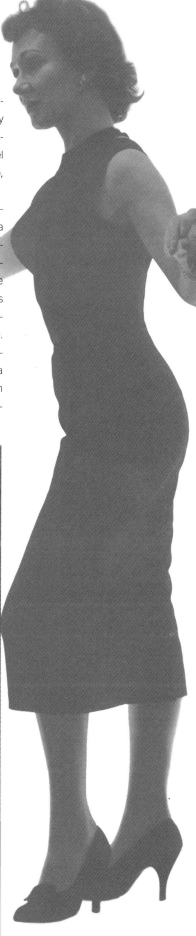

lado, era una versión más jazzística del son y del danzón. El desenfadado ritmo del mambo y sus relativamente fáciles pasos lo convirtieron en el baile ideal para el público norteamericano, ávido de diversión, sumido como estaba en el momento más álgido de la guerra fría. La música de Prado marcó la pauta, mientras Estados Unidos, sobre todo Nueva York, enloquecía con el mambo. Hacia 1954, incluso los actores cien por cien americanos, como Perry Como («Papa loves mambo») y Rosemary Clooney («Mambo italiano»), contribuían a la fama del nuevo baile con sus canciones.

Quizá Harlem fuera la incubadora desde la cual creció el mambo por todo Nueva York, pero el indudable «templo del mambo» fue la sala de baile Palladium de Broadway. Puede que el Park Plaza de Harlem fuese más auténtico, pero el Palladium se erigía como testimonio del atractivo mestizaje cultural del mambo. En los concursos de mambo de los miércoles por la noche del Palladium, se daban cita algunos de los mejores bailarines latinos del momento para demostrar sus habilidades. Bailarines como Killer Joe Piro, Louie Maquina y los Mambo Aces mostraban cuán expresivo e individualista podía ser el nuevo estilo. Un bailarín, Pete «el cubano», llegó a ser conocido como el «príncipe del Palladium», y todavía hoy es requerido como profesor e intérprete de salsa. Grandes estrellas como Marlon Brando, Bob Hope y Lena Horne acudían al Palladium para disfrutar del baile y de la música, muy a menudo interpretada por las mejores orquestas latinas del momento, como las de Tito Puente, Tito Rodríguez y José Curbelo, que actuaban regularmente en el Palladium.

A medida que se extendía por los salones de baile de todo el mundo, el mambo perdió algo de su brillo, y como consecuencia de esa trayectoria dio lugar a diferentes estilos. El más conocido es el repetitivo cha-cha-chá, del que se dice que adquirió ese nombre por imitación del ruido que hacían las zapatillas cubanas al arañar el suelo de las pistas. Con este característico nombre –que a veces variaba, pues no siempre era el mismo número de «chas»–, el cha-cha-chá se convirtió en la danza latina de moda, después de los pasos del mambo. Con un ritmo más rápido que el mambo, el cha-cha-chá, con su combinación de pasos, sus arrastres y su balanceo de caderas dejaba poco espacio para el contacto físico, lo cual encajó perfectamente en la demanda del público, que prefería un baile más individual, que evolucionaría hasta llegar al *rock and roll* (*véanse* págs. 183-188).

Derecha: la a veces rígida formalidad de los salones de baile aceptó los estilos de baile latinos, como el mambo, con niveles variables de éxito.

«Con un ritmo más rápido que el mambo, el cha-cha-chá, con su combinación de pasos, sus arrastres y su balanceo de caderas dejaba poco espacio para el contacto físico, lo cual encajó perfectamente en la demanda del público, que prefería un baile más individual, que evolucionaría hasta llegar al *rock and roll*.»

Superior: como muchos bailes latinos, el merengue ha repetido su popularidad durante muchos años, más recientemente en versiones que han incorporado influencias diversas, como la de la «punta» nicaragüense o la de la «lambada» brasileña.

El merengue

Otro baile procedente de la «cazuela» latinoamericana fue el merengue. Se trata de la danza nacional de la República Dominicana, y su característica más destacada, el bailar cojeando de un pie, tiene que ver con leyendas de su país de origen, donde el baile era conocido desde principios del siglo XIX. Se dice que un valiente general, al volver a su pueblo después de una guerra revolucionaria, sólo era capaz de bailar arrastrando su pierna derecha, herida, en los bailes que festejaron por su regreso. Sin respeto alguno, los habitantes del pueblo le imitaron, y nació el nuevo baile. Otra historia cuenta que el baile imitaba los pasos de los esclavos que cortaban caña de azúcar, los cuales trabajaban en la isla con un pie encadenado al otro. Sea cual sea la verdad, ambas historias reflejan hasta qué punto eran estrechos los vínculos entre la isla y su baile. De todas maneras, nada de esto era especialmente importante para los ávidos bailarines americanos, que se precipitaron sobre el merengue, hacia la mitad de la década de los cincuenta, impacientes por apropiarse de un estilo latino.

El renacer de la salsa

Junto con la *bossa nova*, el gusto por el baile latino perdió espacio en el panorama musical cuando la invasión del ritmo británico barrió el mundo, a mediados de los sesenta. El *rock* se llevó todo por delante, y hacia el final de la década de los sesenta el negocio de la música latina entró en un serio declive. El baile latino, sin duda, desempeñó un papel vital en el desarrollo de la música disco, así como en la evolución del *hustle* (*véanse* págs. 206-208), pero de lo que estaba realmente necesitado este tipo de música era de un cambio de imagen a gran escala que pudiera relanzarlo en el mercado internacional. Y esto es, en efecto, lo que la salsa viene a ser: un total resurgir de la música de baile latinoamericana.

El resurgir de la música latina de baile estuvo inevitablemente relacionado con el crecimiento de las comunidades hispanas en el seno de las ciudades más importantes de Estados Unidos. Cubanos, portorriqueños y dominicanos eran sólo algunos ejemplos de estas variedades de grupos de hispanos que se movían en las comunidades latinas, en una misma ciudad, por ejemplo Nueva York, y esta mezcla cultural tuvo un claro impacto en los estilos musicales que surgían de estas comuni-

«En una tentativa de resituarse en el mercado, la salsa dejó atrás su tradicional estilo de los años setenta, en el que predominaba el ritmo y con secciones de metal muy penetrantes, y lo sustituyó por uno más suave, más melódico...»

Derecha: en la década de los setenta, artistas como Celia Cruz, aquí en una fotografía de 1984, contribuyeron a popularizar el sonido de la salsa y su baile.

dades. De hecho, sería erróneo referirse a la música latina de baile de los años sesenta como un derivado sólo de la música cubana. Junto a las innovaciones cubanas de, por ejemplo, Pérez Prado y Machito, se hallaban portorriqueños como Tito Rodríguez y Tito Puente; y fue un dominicano, el exitoso director de banda Johnny Pacheco, quien con mucho acierto, en 1964, vio la necesidad de promocionar los espectáculos de los nuevos bailes latinos a la luz del ambiente musical del momento. Fundó una discográfica independiente, Fania Records, que, al mismo tiempo que hacía renacer el baile latino, se convirtió en un factor vital de la reafirmación del orgullo y de la identidad latinos. Bajo el título encubridor de «salsa», la música de baile de origen cubano adquiría un nombre nuevo y pegadizo, libre de la rigidez de esa asociación histórica a una sola nación.

Al principio, el negocio de Pacheco era pequeño –él mismo distribuía los discos que llevaba en el maletero de su coche–, pero en 1967, con la ayuda del abogado italoamericano Jerry Masucci, la compañía fue más agresiva, con lo cual la salsa fue una especie de estrategia de márquéting que sacó a flote las ventas de música latina.

Durante toda la década de los setenta, Fania Records fomentó el trabajo de muchas de las estrellas de la salsa. Famosos como Héctor Lavoe, Ismael Miranda, Willie Colon, Celia Cruz y Rubén Blades grabaron para Fania y ayudaron a fijar el vibrante sonido de la salsa. Es más, la salsa se había extendido mucho más allá de la ciudad de Nueva York y de sus países de origen; Venezuela y Colombia habían establecido también tradiciones muy enraizadas de salsa, y ambas tan influyentes como la de Nueva York.

Superior: la salsa tiene muchísimo éxito hoy en día y va más allá de las divisiones entre culturas y naciones, incluso más allá de las divisiones entre las mismas variantes de bailes latinoamericanos.

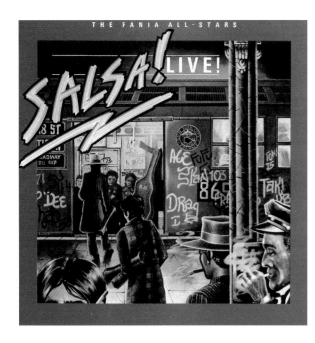

Superior: un álbum grabado en directo titulado simplemente *Salsa!*, del grupo Fania All Stars, del sello discográfico Fania de Nueva York.

Derecha: uno de los reyes de la salsa de nuestros días, Ricky Martin, una estrella internacional que ha construido su carrera sobre la ola de popularidad de la música latinoamericana.

Hacia finales de los setenta, la primera etapa de popularidad de la salsa empezó a desvanecerse. El resurgir del merengue y el atractivo que tenía el *hip-hop*, sobre todo dentro de la comunidad portorriqueña de Nueva York, significó el declive de la salsa. En una tentativa de resituarse en el mercado, la salsa dejó atrás su tradicional estilo de los años setenta, en el que predominaba el ritmo y con secciones de metal muy penetrantes, y lo sustituyó por uno más suave, más melódico, conocido como el estilo de salsa romántica. Puso su énfasis en los temas de amor, románticos, y no en la identidad de la comunidad o en las acciones políticas, por lo que, el nuevo estilo de salsa, para los puristas, era como una versión *light*; pero la salsa romántica hizo mucho por mantener vivo el género, y la aparición de intérpretes como Eddie Santiago y Luis Enrique tuvo gran importancia en el inicio de los cimientos de lo que sería la gran moda de la salsa en los noventa, que vivió actuaciones como las de Ricky Martin y Rickey Inglesia.

A finales del siglo XX, la salsa llevó los bailes latinos a la cima de la popularidad hasta tal punto que este fenómeno no tiene parangón en

«La salsa de hoy es una amalgama de los estilos de baile cubanos más importantes del siglo.»

ninguna otra moda del siglo XX, ni siquiera en la década de los cincuenta. Los principales locales de salsa, como el Copacabana de Nueva York, el Salsa Palladium de Miami y el Bar Tiempo de Londres son símbolos del fenómeno que ha llevado el baile latino más allá de sus raíces hispanas y por todo el mundo. Hoy en día, la salsa tiene un importante papel en el panorama del baile, no sólo en España o en Estados Unidos, sino incluso en países tan lejanos culturalmente como Holanda, Suecia o Japón. El enorme éxito de películas como *Dirty Dancing* (1987), *La Luna* y *Dance with Me* confirma cómo se ha extendido el gusto por este estilo en concreto.

La salsa de hoy es una amalgama de los estilos de baile cubanos más importantes del siglo. Todos los rasgos característicos de los movimientos de baile, como la rumba, el mambo, el cha-cha-chá y la guaracha, la claridad de su estilo y la posibilidad de dar variación a la forma de interpretarlos son, quizá, los principales atractivos de este baile para una cultura dominada solamente por los tipos de baile de las discotecas. De hecho, es el único tipo de baile que se lleva a cabo en pareja. Por esta razón, se convierte en un medio popular de alterne entre la gente, y ésta puede ser una de las principales causas de su imperecedero atractivo. De todas maneras, la raíz de su éxito puede también encontrarse en la habilidad de la música latina para reinventarse a sí misma de manera constante sin traicionar su ritmo.

Superior: el baile en pareja sigue existiendo en Latinoamérica como evidencia esta escena de un salón de baile un sábado por la noche en el noreste de Brasil.

Espectáculo y sonido: el claqué

Durante los treinta primeros años del siglo XX, ningún tipo de baile fue más popular que el claqué. Los creadores y estilistas más grandes que emprendieron esa amalgama de las gigas del Viejo Mundo y los bailes tribales africanos para convertirlos en una celebración del arte individualista y del ritmo parecían encarnar el dinamismo de una nación en vías de expansión. El hecho de que fuera un arte masivamente popular pudo a menudo oscurecer su alto nivel artístico, pero, sin embargo, y esto sólo se ha podido contrastar hace poco a la luz del resurgir del claqué, las habilidades y la historia de esos pioneros del claqué fueron muy valoradas. Igual que el *jazz*, el claqué es un producto de la adaptación que hizo el Nuevo Mundo de los estilos de baile del Viejo. En algún momento del lejano pasado, en los tiempos de la colonización americana, los pasos de baile europeos, como las gigas irlandesas y las danzas con zuecos de Lancashire, se mezclaron con las exaltadas y circulares danzas que los esclavos trajeron consigo de África. Durara lo que durara el proceso y se desarrollara de la manera que fuere, hacia mediados del siglo XIX la forma híbrida había encontrado su lugar en las carpas de los espectáculos de los juglares.

Espectáculo y sonido: el claqué

Con el paso del tiempo, la giga irlandesa desapareció del panorama de las principales tendencias en Estados Unidos, aunque sobrevivió en las comunidades irlandesas, tanto las estadounidenses como las de Gran Bretaña y, por supuesto, en la propia Irlanda, desde donde procedía, para irrumpir en un mundo abierto al fenómeno del *Riverdance* (*véanse* págs. 117-119). La palabra giga pasó a ser la única usada de manera habitual para describir los pasos de baile afroamericano. Tanto de Jim Crow como de Henry «Juba» Lane se decía que bailaban gigas. Las danzas de zuecos también sobrevivían en los espectáculos de los juglares que incorporaban muchos bailarines de este tipo a principios del siglo XX. El estilo más original y el que marcaría el nacimiento de algo nuevo fue el que se bailaba con zapatos más suaves.

«El zapato suave ponía su énfasis en la gracia y la elegancia y permitía una posición más relajada de la parte alta del cuerpo.»

Superior: en los espectáculos de juglares se presentaba un tipo de baile con zuecos que apenas se reconocía como perteneciente al grupo de formas originales procedentes de Lancashire.

De los zuecos a los zapatos de claqué

La diferencia más evidente entre el baile de zuecos y el de zapatos suaves era que el primero se bailaba con zapatos de suela de madera (zuecos) y el segundo con zapatos de piel (suaves), aunque había otras diferencias. El zapato suave ponía su énfasis en la gracia y la elegancia y permitía una posición más relajada de la parte alta del cuerpo, a la vez que los golpes de pie eran más claros y limpios. (Sólo hay que pensar en la posición del cuerpo de los bailarines del moderno *Riverdance* para ver cuán rígido y controlado estaba el tronco al realizar los pasos de baile en el viejo estilo.) En otras palabras, el zapato suave permitía una expresión individual de la propia personalidad.

El baile con zapato suave fue la evolución de una de las danzas más populares de la época de los juglares, la esencia de Virginia, que consistía en mover el cuerpo hacia adelante por el escenario, mantener las piernas rectas y desplazarse con la sola participación de las puntas de los pies. Según la opinión de un testigo de la época, parecía que el bailarín era empujado por el escenario montado en unos «patines de hielo» (de hecho, el *moonwalk* que hizo famoso Michael Jackson en los años ochenta guarda parecido con la esencia de Virginia).

El máximo exponente del baile con zapato suave fue George Primrose, cuyos admiradores coincidían con los de Harland Dixon, Eddie Rector y Bill Robinson (*véanse* págs. 99-101). Hubo otros bailarines de esta especialidad, pero ninguno pudo igualar la precisión, la facilidad y el garbo de Primrose. Con su claridad en el toque de pies, su estilo despreocupado y su habilidad para aferrarse a un estilo propio de pasos (se decía que ensayaba siempre en privado, para que nadie pudiera robar sus ideas originales), Primrose puede ser considerado el padre del claqué moderno.

Sin embargo, a pesar de que su influencia fue tan importante, la manera de bailar de Primrose no puede denominarse, *sensu estricto*, claqué. Para empezar, sus pasos carecían de la más importante innovación del siglo xx: el ritmo sincopado. La síncopa no emergió hasta la llegada del *buck and wing*, la amalgama americana entre la danza de los zuecos y la de los zapatos suaves. El *buck and wing* fue, en efecto, precursor de lo que llegaría a ser el moderno ritmo de claqué, hasta el punto de que Ruby Keeler, la mayor sensación del mundo del espectáculo de claqué en los años treinta, siempre se refería a sí misma como a una bailarina de *buck*.

Superior: una de las mejores bailarinas de películas de claqué, **Ruby Keeler**, en una escena de *Calle 42*, con **Warner Baxter** y, a la derecha, **Ginger Rogers**.

nosotros es como un mapa virtual del paisaje de la primera historia del claqué. Cuando tenía 6 años, ya había atravesado todo su país haciendo el papel de *pick* o «negrito» –igual que lo hicieron Eddie Rector y Bill Robinson– y adquiriendo experiencia en su profesión en un espectáculo de vodevil conocido como *Cosie Smith and Her Six Piccaninnies*. No tardó mucho tiempo en tomar una decisión respecto a qué oficio dedicarse, y a los 12 años buscaba la manera de abrirse camino y llevar a cabo una carrera independiente. Su carrera hacia el triunfo implicaba participar en los concursos de *buck and wing*, muy populares en esa época.

El claqué, como la mayoría de bailes originarios de América, evolucionó a través de los concursos. Los concursos «Cuttin'» en las esquinas de las calles, en los que los bailarines trataban de superar a los intérpretes que les habían precedido, eran terreno abonado para la formación de los artistas, a la par que para ellos significaban también un trampolín a los escenarios. En 1928 tuvo lugar un concurso de *buck* para intérpretes de Broadway en cuya tribuna de ganadores se contaron grandes talentos: Fred Astaire, Jack Donahue y Bill Robinson. Los concursos de baile no eran, pues, cosa de broma.

Willie Covan ganó el concurso más importante de *buck* de su época: el que se celebraba en el espectáculo juglaresco *Old Kentucky*. Ése fue su trampolín al éxito y después, como bailarín reconocido, creó nuevas y sorprendentes variaciones del *buck and wing*, como el vals rítmico con pasos de zuecos. Al igual que muchos de los admiradores de George Primrose, Covan experimentó con el elegante baile con zapato suave y, al mismo tiempo, anticipó el auge del claqué acrobático, que dio a conocer con su creación «alrededor del mundo sin manos».

Las habilidades de Willie Covan y sus innovaciones recibieron el reconocimiento que merecían en toda una serie de actuaciones que llegaron a ser famosas en el mundo entero. En 1917, fundó el grupo Four Covans con el que dio la vuelta al mundo en el transcurso de unos pocos años. Su asociación con Leonard Ruffin fue la clave del fenomenal éxito de *Shuffle Along* (*véase* pág. 55). En la época de la segregación racial, pocos espectáculos pasaban del vodevil negro TOBA a los salones de espectáculos para blancos. Sólo tres intérpretes llegaron a ser primeras figuras en el Palace Theater de Nueva York. Uno de ellos era Bert Williams, el otro Bill Robinson y los terceros la pareja Covan y Ruffin: prueba de su irresistible talento.

Ya mayor, ante la insistencia de Eleanor Powell (*véanse* págs. 104-107), Willie Covan pasó a ser el principal instructor de baile de los estudios MGM, en la época de apogeo de las películas musicales. Mientras ocupó este cargó, transmitió sus habilidades, su gracia y sus innovaciones a algunas de las mejores estrellas del musical de Hollywood, como Mickey Rooney y Ann Miller (*véanse* págs. 107-109).

Superior: cartel publicitario de *Born Happy*, uno de los muchos espectáculos de Broadway que tenía como protagonista a Bill Robinson.

El *buck and wing*, en realidad, era una mezcla de los pasos de baile antiguos en un todo homogéneo. Los bailarines por lo general calzaban grandes zapatos, al estilo de los zuecos con suela de madera, y el baile se basaba casi por completo en el movimiento de los pies. La palabra *wing* hace referencia al sonido de los pies en este baile (éstos realizan un «aleteo»): un pie se balancea hacia afuera y el tobillo gira, para permitir un número diverso de golpeteos. De nuevo es Ruby Keeler quien lo ejemplifica mejor. En los números de ballet de *Calle 42* cientos de chicas lanzan estrepitosos *wings* en frenéticos pasos, sin moverse del mismo sitio agitando los brazos como las astas de un molino de viento.

El hombre que realmente superó los límites del *buck and wing* fue Willie Covan. Nacido en 1897, Covan realizó una larga carrera que para

Bojangles: el gran improvisador

Con la evolución del zapato suave, el *wing* y las herramientas omnipresentes en el arte del claqué, el ritmo de los pasos, en definitiva, todos los elementos estaban preparados para sacar su máximo partido en las películas musicales. Entre 1900 y 1930, el claqué fue la forma más popular en los espectáculos de baile, y su lenguaje, su técnica y sus posibilidades formales cambiaron y evolucionaron a un ritmo realmente sorprendente. Cada espectáculo era diferente, buscaban la innovación que lo distinguiera y lo elevara a la fama, pero quizá podemos encontrar la síntesis de todas estas habilidades, encanto y petulancia de la época en una sola personalidad: la de Bill «Bojangles» Robinson (1878-1949).

Hacia el final de su carrera, la fama de Robinson había alcanzado cotas que antes hubieran sido inconcebibles para un bailarín negro. Robinson era algo más que un bailarín, era un auténtico símbolo de su época, y un millón y medio de personas ocuparon masivamente las calles de Harlem y Brooklyn cuando murió, en 1949. Todavía hoy, su funeral sigue siendo el más grande que se ha celebrado en la ciudad de Nueva York. En un reportaje posterior a la muerte de Robinson, Ed Sullivan, presentador de un programa televisivo de variedades, dijo: «a pesar de la suavidad del sonido de sus zapatos, ningún intérprete, y prácticamente ningún otro americano, ha llegado nunca al corazón de esta ciudad, de esta nación, con tanto impacto como "Bojangles"». Incluso antes de calar como símbolo en la conciencia nacional, hacia la mitad de la época del claqué, Robinson era un buen artista, pero no se

Inferior: Bill «Bojangles» Robinson en una escena de la película *Stormy Weather* de la Twentieth Century Fox; esta película fue considerada por la crítica como una muestra del talento negro.

«... podemos encontrar la síntesis de todas estas habilidades, encanto y petulancia de la época en una sola personalidad: la de Bill "Bojangles" Robinson (1878-1949).»

quedó en eso y tuvo la perseverancia para ir más allá, con toda la capacidad de sus otros talentos (no sólo como bailarín).

Bojangles nació en Richmond, Virginia, en el corazón del sur segregacionista. (Años más tarde intentó volver a su ciudad natal con su exitosa *Bill Robinson Revue*, pero le fue imposible, ya que era tal la presión psicológica que la zona ejercía entre los miembros de su compañía que el resto de actores amenazaron con dimitir antes que ir con él.) Sus padres murieron siendo él todavía un niño, y el joven «Bo» fue educado por su abuela, Bedila Robinson. Ésta no quería que siguiera la carrera de actor –pensaba que era poco digna– pero el muchacho estaba firmemente resuelto y siguió adelante para lograr su sueño. Como en el caso de muchos de sus contemporáneos, su primera experiencia fue como *pick* o «negrito» (en el espectáculo de Cosie Smith); contaba con el apoyo de

Mayme Remington. También él ganó el concurso de *buck Old Kentucky* y tuvo un corto papel en el espectáculo *The South Before the War*.

Había empezado a triunfar cuando se unió a George Cooper, y ambos recorrieron su tierra y otras más lejanas durante un tiempo. Cooper enseñaba a su compañero muchos de los aspectos del negocio del espectáculo; Cooper y su primera mujer, Fannie Clay, tuvieron una considerable influencia en el desarrollo personal de Bojangles.

Sin embargo, fue con sus interpretaciones en solitario cuando consiguió gradualmente afianzar su reputación hasta ser uno de los pocos artistas negros que participaban en los circuitos de vodevil blancos. Pero en 1928, año en el que fue contratado para actuar en el espectáculo de Broadway *Blackbirds*, los críticos de Nueva York se dieron por fin cuenta de su talento único. Fue en *Blackbirds* donde él presentó por primera

BILL «BOJANGLES» ROBINSON

Nacimiento: 25 de mayo de 1878

Fallecimiento: 25 de noviembre de 1949

Nombre real: Luther Robinson

Apodo: Bojangles, The Major of Harlem

Teatro: trabajó principalmente en vodevil antes de convertirse en una estrella de Broadway en los años cuarenta. Algunas de sus actuaciones más conocidas fueron *Blackbirds of 1928, Brown Buddies* (1930), *Blackbirds of 1933* y *Hot Mikado* (1939).

Películas: a partir de 1930 participó en 14 películas. Fue sobre todo conocido por su colaboración con Shirley Temple, con la que rodó cuatro películas: *El pequeño coronel* (1935), *Una pequeña rebelde* (1935), *Rebecca of Sunnybrook Farm* (1938) y *Just Around the Corner* (1938).

Clave del éxito: una combinación de encanto, habilidad y talento hizo de él una gran estrella del baile. Muy conocido por su número del baile de los peldaños, su precisión y brillantez en los pasos hicieron de su estilo algo legendario. A él se debe en gran parte la introducción del uso de las puntas de los pies en los pasos.

Frase predilecta: «*todo es* copesetic».

Hecho destacado: Bill Robinson batió el récord mundial en la carrera de 100 yardas (91,4 metros) marcha atrás.

vez en Nueva York su personalísimo «baile de los peldaños», un número de quince minutos que consistía en luminosos y airosos pasos de claqué ejecutados golpeando con impresionante precisión en los peldaños de un tramo de escalera. Junto con la canción «Doin' the New Low Down», el baile de los peldaños fue un gran éxito en Nueva York y selló definitivamente su reputación. Nunca bajó de ese pedestal.

En el fenómeno Robinson convergieron una serie de factores clave. No era tanto un innovador como alguien que supo afinar y perfeccionar los pasos existentes hasta límites antes inimaginables, que dieron a la interpretación del claqué una precisión y un brillo que no habían tenido hasta entonces. No eran sólo sus pasos, sino todo su cuerpo el que parecía suspendido en el aire. Junto a todo esto, se encontraba la absoluta fuerza de su personalidad. Una mezcla de canción, acción, baile y frescura conseguían que sus actuaciones fueran completamente *copesetic* (una palabra inventada por él que quería decir «mejor que bien»); además, estaba respaldado por un gran instinto de autopromoción que le fue de gran ayuda a lo largo de toda su carrera. De hecho, tras su muerte se creó un club *copesetic*, en el que se reunían los mejores intérpretes de claqué para bailar en su memoria.

La reputación de Robinson descansa sobre todo en la calidad de sus actuaciones en directo. Adicto al trabajo, bailó durante mucho más tiempo que la mayoría de sus contemporáneos, que se vieron forzados a dejarlo; y su nombre siempre estará relacionado con espectáculos como *Blackbirds of 1928, Brown Buddies* (1930) y *The Hot Mikado* (1939). Su trabajo en el cine fue mucho más limitado y a menudo reducido a interpretar estereotipos raciales, muy especialmente en sus colaboraciones con Shirley Temple (*véanse* págs. 127-128); las acusaciones por parte de la comunidad negra de ser un «tío Tom» le dolieron profundamente y las rechazó de manera contundente.

Durante muchos años, Robinson fue muy admirado en el mundo del claqué, aunque sin ser considerado un talento único. Sin embargo, como en el caso de muchas otras figuras afroamericanas de la época, su leyenda ha sido revalorizada. En 1995 *Bring in Da Noise, Bring in Da Funk* de Savion Glover (*véase* pág. 115) incluía una controvertida representación de Robinson. El mismo año, el Congreso de Estados Unidos planeaba establecer un día nacional del claqué para cimentar su renacimiento, y eligió como fecha el 25 de mayo, cumpleaños de Robinson.

El Hoofer's Club

La comunidad dedicada al claqué constituía un mundo herméticamente cerrado que se alimentaba de chismorreos y especulaciones. El claqué procedía directamente de la calle, y los pasos nuevos así

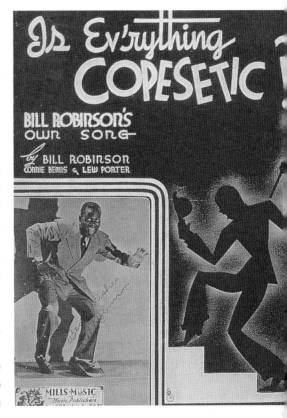

Superior: portada de la partitura de la conocida canción de Bill Robinson «¿Is Everything *Copesetic*?», con una referencia gráfica a su famoso número de los peldaños.

«El claqué procedía directamente de la calle, y los pasos nuevos así como todas las innovaciones eran el resultado de sacar punta a todo aquello que podía ser visto y robado a otros bailarines.»

como todas las innovaciones eran el resultado de sacar punta a todo aquello que podía ser visto y robado a otros bailarines. El centro de ese continuo proceso de cambio y evolución fue una habitación en el barrio neoyorkino de Harlem. Aparentemente, la habitación era sólo el cuarto de atrás del Club Comedia, un salón de apuestas adyacente al teatro Lafayette, en la Calle 131, pero en todo el mundo del claqué era conocido por el nombre de Hoofer's Club.

Lonnie Hicks puso en marcha el club; los bailarines le gustaban y causaban la admiración suficiente como para cederles esta trastienda para sus ensayos. Lonnie ganaba su dinero con las apuestas, y por tanto la trastienda, que fue amueblada con poco más que un piano estropeado y algunos bancos, era un espacio libre que él no necesitaba. Abierto las 24 horas del día, el club también proporcionaba algo del muy necesitado calor y refugio en los negros días de la Depresión. Entre las paredes del Hoofer's Club se creaban, perfeccionaban y aprendían los pasos de baile; se podían contar historias e intercambiar informaciones. Aquí, Bojangles no era el rey, aunque era muy admirado, y muchos nombres que nunca tuvieron su oportunidad dentro de las corrientes dominantes fueron reconocidos como grandes innovadores y estilistas.

Maestro entre todos ellos fue King «Rastus» Brown. Prácticamente desconocido dentro de los circuitos regulares del vodevil, en los cuales su falta de técnica como cómico era un obstáculo para un intérprete negro como él, fue, sin embargo, bien considerado por aquellos que veían en él a un maestro del claqué. Como pasa con todas las leyendas, la frontera entre la verdad y la fantasía es confusa, aunque un hecho es indiscutible: Brown aportó al claqué muchas de las innovaciones atribuidas a Bill Robinson, pero él carecía de la fuerza y la personalidad de éste para promocionarlas. (Brown siempre se proclamó el creador del baile de los peldaños de Robinson, aunque probablemente en el origen de este número estaba la participación de ambos.) La reputación de Brown en el mundo del claqué fue enorme; actuaba regularmente en el Hoofer's Club, donde dejó una huella imborrable y traspasó a las jóvenes generaciones algunos de sus efectos. Willie Covan, Eubie Blake, Prince Spencer y John Barton fueron algunos de los pocos bailarines que reconocieron el genio y la influencia de King «Rastus» Brown. Pero luego, durante los 30 años de su apogeo, casi todas las figuras más destacadas del claqué cruzaron las puertas del Hoofer's Club. Algunos, como Eddie Rector y Toots Davis, eran ya reconocidos maestros. Otros, como John Bubbles, lo utilizaron para acabar de perfeccionarse y saltaron de sus puertas hacia el estrellato.

Eddie Rector y Toots Davis se habían hecho un nombre en el espectáculo de Harlem *Darktown Follies* (*véanse* págs. 53-55). Rector in-

«John Bubbles aportó dos novedades al mundo del claqué: ralentizó los ritmos y recogió el tacón. De hecho, él volvió a las raíces de la interpretación del claqué al incorporar elementos de la danza con zuecos de Lancashire.»

fluyó en el desarrollo del estilo de claqué suave y fácil que después sería conocido como el estilo con «clase», mientras que Davis, que era un bailarín más acrobático, se centró en el otro extremo del estilo del claqué, el baile acrobático o relampagueante. En *Darktown Follies* descubrieron juntos dos de los pasos más famosos e instantáneamente reconocibles de todo el repertorio: más allá y a través de las trincheras. Estos primeros pasos al estilo relampagueante anticiparon los estilos más tardíos, como los de los Nicholas Brothers y los de los Berry Brothers, pero el joven John «Bubbles» Sublett, que observó y aprendió de Davis y Rector en el Hoofer's Club, prefirió encaminar su arte en otra dirección.

Punta y tacón

John William «Bubbles» Sublett (1902-1986) nació en Louisville, Kentucky, y cuando tenía 10 años ya se había parapetado al lado de Ford Lee «Buck» Washington (1903-1955), que fue su pareja durante la mayor parte de su carrera. Al principio, en sus actuaciones no bailaban: Bubbles cantaba acompañado por Buck. Sin embargo, Bubbles sentía

el impulso de bailar y se organizó para aprender. Sus primeras tentativas toparon con la burla, pero más tarde se ganó la admiración de sus colegas.

John Bubbles aportó dos novedades al mundo del claqué: ralentizó los ritmos y recogió el tacón. De hecho, él volvió a las raíces de la interpretación del claqué al incorporar elementos de la danza con zuecos de Lancashire. Estaba muy influenciado por el excéntrico modo de bailar de Harland Dixon, al que había visto bailar cuando era un niño. Se dio cuenta de que podía aumentar el número de golpes rítmicos si incorporaba el tacón en sus números. Esto, sumado al hecho de ralentizar el *tempo*, le permitió disponer de más tiempo para llenar la música con pasos adicionales y con ritmos más complejos. Esta combinación pasó a ser conocida bajo el nombre de claqué rítmico, estilo con el que el claqué trascendió su época.

Buck y Bubbles actuaban permanentemente en los circuitos de variedades de Nueva York. En su presentación, en los años treinta, fueron protagonistas principales en el Ziegfeld Follies y, al mismo tiempo, actuaban en la parte alta de la ciudad, en el teatro Lafayette. Su comi-

Superior: Buck y Bubbles se cuentan entre los más grandes intérpretes de vodevil de los años treinta, y ambos fueron protagonistas en el Ziegfeld Follies y en el teatro Lafayette.

«Para los bailarines de claqué blancos como Ruby Keeler, George Murphy y Buddy y Vilma Ebsen surgió una oportunidad que les fue negada a sus competidores negros: Hollywood.»

cidad y su talento artístico estuvieron por encima de las divisiones culturales de la época. Quizá porque era más famoso, Bubbles fue arrebatado del mundo del vodevil para crear «Sportin' Life» en la revolucionaria ópera de Gershwin *Porgy y Bess* (1935).

El claqué irrumpe en el cine

A mediados de los años veinte, ningún espectáculo parecía ya completo sin, al menos, un número de claqué, o un claqué artístico, preferiblemente ambos. Para los bailarines de claqué blancos, como Ruby Keeler, George Murphy y Buddy y Vilma Ebsen surgió una oportunidad que les fue negada a sus competidores negros: Hollywood.

Un ejemplo revelador de esta dura realidad en las empresas cinematográficas de aquel tiempo se puede encontrar en la precoz carrera de Eleanor Powell (1910-1982), una de las mejores bailarinas femeninas de claqué de su generación. La trayectoria de su carrera artística fue muy pronto interrumpida por el mismo Louis B. Mayer. Con la apariencia de una destacada muchacha, Mayer consideró muy buena la primera actuación de la Powell en la pantalla en *George White's 1935 Scandals*, pero anunció que podría prescindir de ella porque era «de color». Alguien, en la sala de montaje, le corrigió (ella más tarde admitió que habían exagerado su maquillaje), y se salvó una de las mejores carreras de danza de la historia. En todo caso, supone una reveladora acusación de los prejuicios de su tiempo.

Una tímida muchacha, Eleanor Powell había encontrado una emotiva salida para sí misma en el baile, y se convirtió en una profesional a la edad de 12 años. Ella, sin embargo, se inició en el claqué justo después de su presentación en Broadway, en 1928. Cuando se dio cuenta de la necesidad de incluir el claqué en su repertorio, se matriculó en la escuela de baile de Jack Donahue, pero irónicamente, a ella, al

principio, le pareció un estilo difícil. Por suerte, Donahue vio algo en ella y se mantuvo tenaz.

Powell siempre insistía en que ella bailaba como un hombre –cerca del suelo–, y ello lo atribuía a las enseñanzas de Donahue. Lo primero que él hizo –dijo ella– fue «sentarse en el suelo frente a mí y coger mis tobillos, al tiempo que me explicaba que el claqué se baila con los pies y no con todo el cuerpo. En la siguiente lección, apareció con una especie de cinturón militar y dos sacos de arena. Colgó los sacos a cada lado del cinturón y me quedé clavada en el suelo». Sus métodos podían resultar un poco excéntricos, pero los resultados eran excepcionales. Eleanor Powell se formó en Broadway y, luego, se transformó en una estrella de Hollywood.

Powell se encontró a sí misma en la MGM justo cuando el estudio acababa de concretar sus credenciales musicales. Sus películas incluyen *El gran Ziegfeld* (1936), *Rosalie* (1937) y *Ship Ahoy* (1942), y en *Ho-*

nolulu (1938) bailó en homenaje a Bill Robinson. (Fred Astaire rindió su particular homenaje a Bojangles en la película de 1936 *Swing Time*.) Muy influenciada por la fama del estilo Berkeley, estos musicales estaban normalmente ideados para lucir las habilidades de la Powell en el baile, y se representaron tantas veces que llegaron a eclipsar otras ofertas de la competencia. En *Nacida para bailar*, 1936, por ejemplo, Powell bailó «Swinging the Jinx Away» de Cole Porter sobre la cubierta de un barco de guerra, con cañones adornados (con lunas de metal), impecables armas, canciones marineras y un cuerpo de baile tras ella. La necesidad de estos deslumbrantes efectos supuso que Powell, siempre su propia coreógrafa, realizara menos películas que sus contemporáneos durante sus siete años de contrato con la MGM. No obstante, ella hizo de presentadora en una serie de espacios (entre bastidores) musicales que compartían el título de *Broadway Melody*; y fue en la *Broadway Melody* de 1940 cuando la MGM, finalmente, la contrató como compañera, dado que sus habilidades y encantos podían equipararse, de Fred Astaire.

El impacto de Fred Astaire en la historia del baile del siglo xx fue uno de los más célebres. Más que un simple bailarín de claqué, Astaire fue un ave impaciente por conseguir un estilo, un efecto que pudiera ser incorporado a lo ya tradicional y ofrecer algo nuevo al público. El origen de la genialidad de Astaire fue que no puso barreras entre las diferentes formas de baile: claqué, ballet, bailes de salón; todo se podía aprovechar y, por esta razón, fue catalogado, en algunos círculos, como un bailarín excéntrico. Astaire admitió que cada número de baile comunicaba una historia.

En 1940, Astaire había quedado libre de su asociación con Ginger Rogers y se ocupó de ampliar su propio estilo. Su unión con Eleanor Powell no fue, quizá, lo que tenía en mente para sí mismo, y reconoció que ella era una artista de cierta categoría por sí sola y que no podría amoldarse a su voluntad. Ambos estaban acostumbrados a ser la fuerza creativa dominante, y sus intentos fueron formales e insulsos. El resultado de su trabajo careció de la chispa que habían conseguido Astaire y Rogers con su brillante combinación, pero el baile Powell y Astaire de «Begin the Beguine», de Cole Porter, en *Broadway Melody*, en 1940, es una de las escenas de cine más memorables.

El matrimonio y la maternidad supusieron para la carrera de Powell una retirada temprana (aunque hizo breves reapariciones como estrella de cabaret a mediados de los años sesenta). Su natural sucesora fue Ann Miller (nacida en 1919) que compartió su mismo agente

«El origen de la genialidad de Astaire fue que no puso barreras entre las diferentes formas de baile: claqué, ballet, bailes de salón; todo se podía aprovechar y, por esta razón, fue catalogado, en algunos círculos, como un bailarín excéntrico.»

Superior: Fred Astaire era, sin duda, el bailarín más consumado de su generación y diseñó diversas formas de baile para complementar sus habilidades creativas.

Izquierda: Powell, compañera aquí de Fred Astaire, en una clásica representación de «Begin the Beguine» de Cole Porter en *Broadway Melody*, en 1940.

Derecha: la flamante Ann Miller estaba destinada a representar papeles secundarios, pero sus números de claqué garantizaban el espectáculo.

y, por algún tiempo, trabajó a su sombra. Miller era una propuesta completamente distinta a Eleanor Powell. Su franca pisada era la verdadera antítesis de la gracia y del romanticismo de Powell y, por este motivo, nunca llegó a ser una bailarina destacada. Su pragmática personalidad siempre le llevó a papeles secundarios poco románticos, con algunos bailes de claqué destacados; sus compañeros de reparto se encargaban de los papeles que requerían un mayor romanticismo. Fred Astaire y Ginger Rogers bailaban con la mirada llena de amor, pero Ann Miller bailaba como si tuviera que convencer a su pretendiente de su valor. El resultado era sólido, fascinante y exaltado.

En un interesante cambio en su habitual carrera en Hollywood, Ann Miller fue a Los Ángeles cuando todavía era muy joven y, a excepción de algunas apariciones en Nueva York, en 1939, reapareció en Broadway sólo después de que su carrera en Hollywood hubiera llegado a la cima. Nacida en Houston, Texas, su verdadero nombre era Lucy Ann Collier, pero sus padres decidieron llamarla Ann Miller cuando descubrieron sus habilidades. A los 11 años ya trabajaba en clubes

nocturnos de California e hizo su presentación en el celuloide en *New Faces*, en 1937, para la RKO, con 14 años.

Incluso a esta edad, su arrollador estilo a la hora de bailar claqué, que llegó a ser su rasgo distintivo, ya había logrado hacerse un nombre, aunque tuvo que realizar un viaje a Broadway, en 1939, antes de que la RKO llegara a ser plenamente consciente de su talento y saber lo que tenían, con ella, en sus manos. En ese año, Miller apareció en *George White's Scandals*, y su éxito le permitió volver a la RKO con la reputación asegurada y un contrato considerablemente mejor. Antes de irse a Nueva York, algunas de sus actuaciones habían sido incluidas en espectáculos no estrictamente musicales, incluyendo algunos clásicos de su repertorio, en especial *Stage Door* (1937) y *Room Service* (1938) con los hermanos Marx, pero volvió a Broadway como estrella de baile.

Durante su carrera cinematográfica, Ann Miller trabajó para la mayoría de los estudios de Hollywood, pero el trabajo que realizó para la MGM, la productora de musicales más famosa, fue lo más conocido.

ANN MILLER

Nacimiento: 12 de abril de 1923

Nombre real: Lucy Ann Collier

Inicios de su carrera: conoció a Bill Robinson cuando tenía 10 años. Éste le animó, y empezó a bailar profesionalmente a los 11 años.

Primera película: *New Faces,* en 1937, para la RKO.

Películas: *Stage Door* (1937), *Easter Parade* (1948), *On The Town* (1949), *Small Town Girl* (1953) y *Kiss Me Kate* (1953).

Musicales: irónicamente, Ann Miller se aseguró su reputación como bailarina de gran categoría después de su presentación en Broadway con *George White's Scandals* en 1939. Realizó otros espectáculos, incluido *Sugar Babies,* en el que aparecía a la edad de 66 años, en 1989.

Clave del éxito: con una vibrante personalidad y un descarado encanto, Ann Miller poseía un ágil y vigoroso estilo cuando bailaba claqué. Su especialidad era su repiqueteo en los pasos.

Hecho destacado: se le reconoció oficialmente como la bailarina de claqué más rápida en el mundo (su récord era de quinientos golpes por minuto).

Izquierda: Miller, vestida para una rutina latinoamericana, en una imagen archivada en Broadway antes de que la industria del cine reconociera su talento como bailarina.

«Miller era una propuesta completamente distinta a Eleanor Powell. Su franca pisada era la verdadera antítesis de la gracia y del romanticismo de Powell...»

Con ellos hizo *On The Town* (1949), en el que su «Prehistoric Man» fue uno de sus mejores fragmentos. En *Kiss Me Kate* (1953) bailó al lado de Bobby Van, Tommy Rall y el joven Bob Fosse (*véanse* págs. 176-179) y creó, por lo menos, dos sensacionales números: «Too Damn Hot» y «From this Moment On», junto a Hermes Pan. Quizá su actuación magistral fue «I've Gotta Hear That Beat» en *Small Town Girl* (1953) para la MGM. En estas actuaciones convergen algunos aspectos de la historia de la danza del siglo XX: fue dirigida por Busby Berke-

ley (*véanse* págs. 123-126), bailada por Ann Miller, y la coreografía corrió a cargo de Willie Covan. Juntos pusieron de moda uno de los claqués más dinámicos, visuales y fantásticos jamás llevados a la pantalla.

Junto a las mejores estrellas de la pantalla como Astaire, Miller, Powell y Kelly, Hollywood también se atrevió en los mejores cabarets y teatros con algunas actuaciones del circuito del claqué. Aunque suponía algún prejuicio –algunas de estas actuaciones jamás podrían ser representadas como partes principales de un musical–, sus dotes supusieron que se hallaban a disposición de papeles secundarios. De esta manera, el asombroso parecido de los Four Step Brothers y los Berry Brothers podía ayudar en sus ingresos si aparecían en las películas. Los Four Step Brothers, por ejemplo, actuaron en *Greenwich Village* (1944) y los Berry Brothers lo hicieron en *You're My Everything* (1949), mientras que los Nicholas Brothers, cuya mezcla de ballet y claqué rítmico, elaborado por ellos mismos, les convirtió en el más conocido de los equipos de hermanos de su época, también aparecieron en numerosas películas. La sensacional *Stormy Weather* (1943) es, quizá, el mejor logro de sus inquietos talentos.

Los Nicholas Brothers y los Berry Brothers fueron dos ejemplos de lo que de forma no académica se conoció como actuaciones relám-

Inferior: los semiacrobáticos movimientos de los Nicholas Brothers, aquí en *Sun Valley Serenade*, en 1941, fueron un nuevo enfoque del claqué tradicional.

NICHOLAS BROTHERS

Harold Nicholas
Nacimiento: 27 de marzo de 1921

Fayard Nicholas
Nacimiento: 20 de octubre de 1914

Méritos: una de las actuaciones de claqué más innovadoras y populares en el siglo xx. Su capacidad para mezclar *jazz*, ballet y acrobacia en sus coreografías les permitió alcanzar nuevas cotas en el baile.

Origen: hijos de músicos profesionales, comenzaron a bailar como los Nicholas Kids, en 1930.

Actuaciones: tan buenas como regulares fueron sus apariciones en el Cotton Club durante los años treinta; sus representaciones incluyen su participación en *Blackbirds* de 1936, Ziegfeld Follies y *Babes in Arms* (1937).

Primera película: *Pie, Pie Blackbird* (1932) con Eubie Blake.

Hollywood: Sam Goldwyn les descubrió en el Cotton Club. Más de cincuenta actuaciones en películas, entre las que se incluyen: *Kid Millions* (1934), *Sun Valley Serenade* (1941), *Stormy Weather* (1941) y *El pirata* (1948).

Premios: el Kennedy Center Honor por su contribución a la cultura americana, y el American Black Lifetime Achievement Award.

Hecho destacado: los Nicholas Brothers fueron los primeros artistas de claqué que perfeccionaron la técnica de abrir totalmente la piernas en el aire.

pago. Atléticos y acrobáticos, sus actuaciones transmitían tanto efectos físicos como habilidades de claqué. Sus rivales en el mundo del claqué eran actuaciones con «clase», que recalcaban la elegancia y la gracia, la facilidad y el estilo, en lugar de abrir totalmente las piernas en el aire y dar saltos. Lo mejor de sus actuaciones era la precisión en la danza de equipo de Honi Coles y Cholly Atkins. Su número característico, que era su eterno favorito, el *soft-shoe*, lo llevaban a cabo con pasos tan lentos, inimaginables para Primrose y sus contemporáneos. De todas maneras, a mediados de los años cincuenta, Coles y Atkins eran los últimos de una agonizante raza. El claqué, hasta entonces producto principal del régimen musical, pasó de moda.

Numerosas razones explican este descenso de la popularidad. Para empezar, la música de *jazz*, que había sido una inspiración para los inicios del claqué en los años veinte, se movía en otra dirección. Sólo los muy dotados –o aquellos extremadamente perseverantes– podían encontrar una vía de llevar el claqué al *bebop*. En segundo lugar, el *jazz*, por sí mismo, hasta entonces atracción principal de la cultura popular, fue desplazado por los nuevos recién llegados, el *rock and roll* y el *rhythm and blues*, ninguno de los cuales guardaban relación con el arte del claqué. Finalmente, el resurgir de la danza clásica en las coreografías de los escenarios y pantallas sorprendió a la vernácula tradición del espectáculo de claqué. Los destacados coreógra-

«Al principio de los sesenta, muchos de los grandes bailarines de claqué eran ya mayores o buscaban un empleo alternativo.»

darse cuenta de que los espectáculos de Blake y Noble presentaban siempre una vigorizante mezcla de música y claqué, los productores de *Eubie* pensaron que también ellos debían introducir el claqué en el corazón de su espectáculo. Ello fue posible gracias a la coreografía de Henry LeTang, Billy Wilson y al virtuosismo de Gregory Hines, protegido de LeTang y estrella del espectáculo.

La carrera de Gregory Hines se ubica en el núcleo del resurgir del claqué. Nació en 1946, y apenas había cumplido 30 años cuando protagonizó *Eubie;* es uno de los pocos bailarines cuya carrera participó tanto de los gloriosos años cincuenta como de la época del intrépido resurgir del claqué. Hines ya bailaba antes de cumplir 3 años; aprendió, junto con su hermano mayor, Maurice, bajo la supervisión de Henry LeTang. Cuando tenía 5 años, él y Maurice ya habían realizado giras profesionales. Conocidos como los Hines Kids, seguían una larga tradición de grupos juveniles de claqué, y llegaron a actuar de forma permanente en los entonces muy lucrativos circuitos de variedades y teatro. Más tarde se unieron a su padre, que era percusionista, y formaron el grupo conocido como Hines, Hines and Dad. Sin embargo, dado el sintomático cambio en el ambiente de la

Izquierda: los Nicholas Brothers participaron como estrellas invitadas en numerosas películas, como *Down Argentine Way* (1940), que también protagonizaron Betty Grable y Carmen Miranda.

Inferior: Gregory Hines, cuya carrera como solista llevó de nuevo el claqué al cine, en películas como *Tap* (1988).

fos de Broadway, como Agnes de Mille (*véanse* págs. 157-158) y George Balanchine (*véanse* págs. 154-156), no crearon coreografías de claqué. (Coles y Atkins, más tarde, revelaron que cuando trabajaron para Agnes de Mille en la producción de Broadway *Los caballeros las prefieren rubias,* de Mille les permitió llevar a cabo sus propias creaciones y se autoproclamó autora de las coreografías; una historia en la que De Mille, más tarde, tuvo la valentía de desmentir el falso protagonismo.) Al principio de los sesenta, muchos de los grandes bailarines de claqué eran ya mayores o buscaban un empleo alternativo. A pesar de ello, y aunque alguno guardó silencio durante más de una década, el claqué renació de nuevo una generación más tarde.

El resurgir del claqué

En 1978, un nuevo musical se abrió camino en Nueva York; éste pretendía comunicar a las nuevas generaciones la herencia del claqué del pasado. *Eubie* recreaba la vida y el trabajo de Eubie Blake (1883-1983), quien, junto con Noble Sissle, había sido una de las principales estrellas del resurgir de Harlem en los años veinte (*véase* pág. 55). El trabajo de Blake, sobre todo en *Shuffle Along* (1921), combinó siempre la música y el claqué, y *Eubie,* en la onda de otro musical (*Ain't Misbehavin'*) en homenaje a una gran figura del *jazz*, Fats Waller, ofrecía un viaje en el tiempo a través de los mejores días de la era del *jazz*. Al

industria del espectáculo, Hines dejó atrás su vuelta al claqué y reinvirtió su talento en nuevas formas musicales (fundó la banda de *jazz/rock* Severance).

No obstante, esos primeros años de carrera supusieron para Hines entrar en contacto directo con algunas de las más grandes figuras de la edad de oro del claqué. A lo largo de sus viajes, los Hine Kids conocieron el trabajo de los Nicholas Brothers, Honi Coles, Bunny Briggs, Teddy Hale, Jimmy Slide y Baby Lawrence.

Muchos de estos personajes eran estrellas reconocidas en los circuitos del *swing* y les contaron historias acerca de Bojangles, John Bubbles y otras figuras legendarias de los primeros tiempos del claqué. Cuando Gregory Hines volvió a Nueva York, y a bailar, era un gran conocedor de la tradición del claqué.

Después del rodaje de *Eubie*, Gregory Hines se convirtió en un personaje permanente en las carteleras de Broadway. En 1981 protagonizó *Sophisticated Ladies*, un musical en homenaje a Duke Ellington, por el que fue nominado a los Tony por tercera vez, en menos de tres años (las otras nominaciones fueron por *Eubie* y *Comin' Uptown*). Tras lograr la fama como cantante, buen actor y consumado bailarín, Hines dio el inevitable paso al mundo del cine, protagonizando a menudo papeles dramáticos. Algunas de estas películas le dieron la oportunidad de mostrar todo su talento, por lo que, durante los años ochenta y noventa, alternó su vida entre los números de claqué y el cine, en diversas ocasiones. En 1984 protagonizó la película de Francis Ford Coppola *El Cotton Club*, una recreación espectacular de la historia de este club de Harlem en el que muchos de los mentores de Hines habían iniciado sus carreras. Al año siguiente, bailó con Mikhail Baryshnikov, una estrella del ballet soviético, en *White Nights*. Después, en 1988, hizo ambas cosas al mismo tiempo, cine y claqué, cuando protagonizó la película *Tap*. Filmada en las ciudades de Nueva York y Los Ángeles, *Tap*, llena a rebosar de números de claqué, era innovadora por su imaginativo uso del claqué junto a los contemporáneos estilos musicales del *rock* y del *funk*. *Tap* narra la historia de un bailarín de claqué, de segunda generación, y de un ladrón de joyas en libertad condicional; esta película permitió a Hines actuar y bailar al lado de Sammy Davis Junior y del joven Savion Glover (*véanse* págs. 116-117), por no mencionar a otras leyendas del claqué, como Harold Nicholas y Bunny Briggs.

Tap es un muy buen ejemplo de que todo estaba a punto para el resurgir del claqué: una nueva interpretación del arte del bailarín de claqué, inspirada por un profundo respeto a los bailarines del pasado. En este renacimiento, Gregory Hines fue el mejor embajador: combinó la promoción del claqué con sus compromisos como can-

«Después del rodaje de *Eubie*, Gregory Hines se convirtió en un personaje permanente en las carteleras de Broadway. En 1981 protagonizó *Sophisticated Ladies*, un musical en homenaje a Duke Ellington, por el que fue nominado a los Tony por tercera vez...»

Superior: La carrera Gregory Hines como solista fue muy variada, pero se le conoce, sobre todo, por haber inspirado el resurgir del claqué al vincularlo a los estilos *pop* contemporáneos.

Izquierda: Maurice Hines (izquierda) se une a su hermano Gregory en *Sophisticated Ladies*, en el Lunt Fontanne Theatre, en 1982.

«La búsqueda de nuevas técnicas en el mundo del *jazz* moderno dio a Bufalino renovada determinación a fin de conseguir para el claqué el respeto como arte que ella creía que le correspondía.»

tante y actor. En 1989 ganó un Emmy por su película para la televisión *Tap Dance in America*. No obstante, tal y como mostraron algunos de los trabajos documentales acerca de Hines, la visión actual del claqué difiere de la que se tenía en los años cuarenta y cincuenta. El claqué, hoy en día, es concebido no sólo como un espectáculo vigoroso y emocionante, sino también como una forma de arte con pleno derecho. Y la figura más importante en este viaje del claqué, desde los espectáculos a las salas de concierto, fue Brenda Bufalino.

Bufalino es otra bailarina cuya carrera atravesó los oscuros días del declive del claqué. Nacida en 1937, Bufalino empezó su carrera trabajando en una compañía de teatro tradicional de claqué (integra-

da por blancas) conocida como las Strickland Sisters. A los 15 años ya conocía el *jazz* de Charlie Parker y Dizzy Gillespie y supo que quería incorporar esos ritmos nuevos a su baile. A mediados de los años cincuenta, unió sus fuerzas con el influyente profesor de claqué Stanley Brown y llegó a ser de las pocas bailarinas de claqué –los otros fueron «Baby» Lawrence, Bunny Briggs y Jimmy Slyde– capaces de sobrevivir en el complejo mundo del *bebop*. La búsqueda de nuevas técnicas en el mundo del *jazz* moderno dio a Bufalino renovada determinación a fin de conseguir para el claqué el respeto como arte que ella creía que le correspondía. (La idea del claqué trasladado a un ambiente de concierto no era totalmente nueva. Paul Draper había perseguido la idea de un claqué clásico en los años cuarenta y cincuenta, antes de que su carrera fuera prematuramente interrumpida por las investigaciones del senador Joseph McCarthy sobre las «actividades antiamericanas».)

A principios de los setenta, Bufalino desempeñaba un papel cada vez más importante en el resurgir del claqué y de su reconocimiento. En 1973 contribuyó de manera decisiva en reunir a los miembros supervivientes del «copesetic club» para que se dedicaran a enseñar e interpretar claqué. Entre ellos estaba Honi Coles, del Coles and Atkins Class Act. En 1978 –el mismo año en que Gregory Hines causaba furor en Broadway con *Eubie*–, Bufalino y Coles presentaron en varias salas de concierto de Nueva York un ciclo de veladas enteras dedicadas al claqué. Además, Bufalino colaboró para reunir y ordenar documentación importante sobre la vida y el trabajo de muchos de los grandes del claqué en el muy encomiable trabajo *Great Feats of Feet*. Cada vez más se volvieron a enseñar las maneras de Coles, Jimmy Slyde y Chuck Green –ellos volvieron a sus extrañas y personales actuacio-

Superior izquierda: la compleja estructura rítmica del *jazz* moderno fue un fértil territorio para el desarrollo innovador del claqué de Brenda Bufalino.

nes–, y las técnicas del pasado comenzaron a penetrar en las nuevas generaciones.

Las actuaciones en concierto dieron el pasaje a Bufalino para viajar al mundo elitista de la Orquesta Americana de Claqué (ATDO, American Tap Dance Orchestra), donde empezó a trabajar en 1986, al lado de Tony Waag y Honi Coles. La ATDO –que como cualquier orquesta estable estaba integrada por un grupo de bailarines, todos ellos responsables de diferentes sonidos y ritmos que se unían en un todo armonioso– también permitió a Bufalino interesarse por la coreografía. En una forma de baile dominada por el intérprete solista, el concepto

de coreografía de grupo era relativamente nuevo, y el estilo de la ATDO de Bufalino, del Jazz Tap Ensemble (dirigido por Lynn Dally), del Chicago Human Rhythm Project (Lane Alexander) y del National Tap Ensemble, persiguieron su desarrollo con tenacidad y éxito.

Sin embargo, faltaba algo para que el claqué resurgiera totalmente y se estableciera como una parte omnipresente de la cultura contemporánea: un maestro indiscutible que perteneciera a las nuevas generaciones. Savion Glover parecía encajar en ese reto. No sólo igualaba a los maestros del pasado, sino que incluso los superaba. A principios del siglo XXI, incluso Gregory Hines está de acuerdo en afirmar que Sa-

Superior: los intérpretes de *Bring in Da Noise, Bring in Da Funk,* liderados por Savion Glover, de 21 años, uno de los bailarines de claqué de nueva generación que causó furor entre el moderno público de Broadway.

Bring in Da Noise, Bring in Da Funk [...] tomó las riendas de los estilos musicales afroamericanos, creó rutinas espectaculares y satíricas y rindió tributo a la cultura negra y al arte del claqué.»

vion Glover es «posiblemente el mejor bailarin de claqué que ha existido.»

Savion Glover nació en 1974, en Newark, Nueva Jersey, y cuando era todavía muy joven su madre se dio cuenta de que tenía un sentido del ritmo especial, fuera de lo común. Por ello le matriculó en una escuela de danza en la que estudió *jazz* y ballet. Cuando tenía sólo 7 años presenció una exhibición de claqué rítmico de Chuck Green y Lon Chaney, y quedó tan impresionado que comenzó a estudiar claqué. Al cabo de poco tiempo se convirtió en una vocación, y cinco años más tarde, cuando tenía sólo 12, apareció en Broadway en un espectáculo, *The Tap Dance Kid*. Sus siguientes apariciones tuvieron lugar en *Jelly's Last Jam* junto a Gregory Hines, y *Black and Blue*. A la edad de 21 años llegó a ser la persona más joven en toda la historia de Broadway que recibió una nominación para el premio Tony.

El director de *Jelly's Last Jam* fue George Wolfe, un experimentado director musical, que reconoció en Glover una nueva personificación del antiguo talento. Inspirándose en el nuevo prodigio, Wolfe decidió crear un espectáculo que pudiera conmemorar las luchas y la herencia de la historia afroamericana. El resultado fue *Bring in Da Noise, Bring in Da Funk*, que se inauguró en noviembre de 1995 en el Public Theater de Nueva York. Fue un gran éxito comercial, y también recibió una crítica excelente. *Bring in Da Noise, Bring in Da Funk* dejó claro que Savion Glover era la nueva estrella del claqué.

Bring in Da Noise, Bring in Da Funk, editado en un libro del poeta Reg E. Gaines, con la dirección de Wolfe y la coreografía de Glover, tomó las riendas de los estilos musicales afroamericanos, creó ruti-

nas espectaculares y satíricas y rindió tributo a la cultura negra y al arte del claqué. Era, al mismo tiempo, un entretenimiento musical, una historia social y una investigación artística, todo ello conducido por el fenomenal talento de la joven estrella del espectáculo. Efectivamente, el mismo Glover declara que tiene tanta necesidad de educar e innovar como de entretener. Como él mismo afirmó: «mi misión es divertir a todo el mundo... que sepan que el claqué no está gastado ni es una forma artística deslavada... es algo nuevo y puro. Y todavía pervive».

Superior: Glover fotografiado la última noche de *Bring in Da Noise, Bring in Da Funk*, un musical que cubrió una serie de cuestiones sociales a través de la danza afroamericana.

partes del planeta, allá donde la irlandesa diáspora se propagara, el baile irlandés enraizó y sobrevivió. En 1969 se consolidó el campeonato mundial de danza irlandesa (*Oireachtas Rince na Cruinne*), y durante los últimos años, bailarines de Estados Unidos, Canadá y Australia, así como los irlandeses, se han hecho con sus premios.

No obstante, fue una multimillonaria extravagancia televisiva la que transformó la danza irlandesa de ser una nota a pie de página de la historia de la danza social a convertirse en un espectáculo masivo, experto y global. En 1994, la República de Irlanda celebró el concurso de Eurovisión (una celebración europea anual de música) y, entusiasta, la compañía de televisión nacional RTE, con la intención de promover el país ante una audiencia televisiva paneuropea, llevó a cabo una celebración de la cultura nacional a través de los distintos estilos de danzas indígenas. Producido por Moya Doherty, que tuvo la idea del espectáculo, y con música de Bill Whelan, que contaba con experiencia en la mezcla de ritmos multiculturales con la tradicional música irlandesa, el resultado causó sensación y sobrepasó las expectativas del acontecimiento para el cual había sido programado.

Glover cuenta con una lista de títulos que pueden asegurarle un lugar entre los mejores incluso si dejara de bailar hoy mismo. Es la persona más joven en recibir la mención National Endowment for the Arts de coreografía. Bailó en homenaje a Gene Kelly en la entrega de los Oscars. Sus pies han bailado al compás en escenarios tan lejanos como el Moulin Rouge en París y en el Carnegie Hall en Manhattan. No obstante, él continúa dedicándose a enseñar y popularizar el claqué, comprometido con los orígenes de su historia y de su desarrollo.

Bring in Da Noise, Bring in Da Funk contaba originalmente con un subtítulo: «*A Tap/Rap Discourse of the Staying Power of the Beat*». «*The staying power of the beat*» quería ser una buena descripción de la capacidad de resistencia de los bailes de percusión durante todo el siglo. A mediados de los años noventa, después de décadas de lucha para sobrevivir en un ambiente hostil, el baile de percusión internacional comenzó a resurgir por todo el mundo. *Bring in Da Noise, Bring in Da Funk* fue la mayor influencia en este desarrollo, pero en términos de éxito internacional y popularidad de masas no podía competir con algunos otros, sin olvidar el fenómeno que representó *Riverdance*.

Riverdance

Durante el siglo xx, el viejo precursor del moderno claqué, la giga irlandesa, no murió completamente. No sólo en Irlanda, sino en todas

Superior: el que *Bring in Da Noise, Bring in Da Funk* fuera una gran influencia y generara un número de imitaciones respetables fue debido, principalmente, a su estrella, Savion Glover.

Derecha: basados en la percusión y el estilo del claqué, los musicales *Riverdance* y *Lord of the Dance* fueron elaborados con el estilo irlandés de Michael Flatley, nacido en Chicago.

Superior: Flatley, famoso en todo el mundo por *Riverdance*, se sintió frustrado por su falta de influencia dentro de la compañía, y la dejó para crear otro espectáculo rival: *Lord of the Dance*.

Inmediatamente la mayoría de productores se dieron cuenta de que habían creado algo más que un simple paquete industrial basado en la tradición. Una de las claves de su éxito fueron los bailarines que Doherty escogió para protagonizar el espectáculo. Uno de ellos fue Jean Butler, un campeón de danza irlandesa-americana por derecho propio. Otro fue Michael Flatley. Como se llegaría a evidenciar, Flatley poseía un instinto natural para la publicidad unido a sus habilidades

para la danza y, a finales del siglo, había llegado a ser la primera estrella internacional (quizá la única) del baile irlandés. Michael Flatley creció en una familia de clase trabajadora de los alrededores de Chicago; era el segundo hijo de una numerosa familia. Los Flatley estaban orgullosos de su descendencia irlandesa, lo que incluía la competitiva danza de ese país; con sólo 17 años, Michael llegó a ser el primer americano que ganó el campeonato mundial de danza irlandesa. Al

«Como se llegaría a evidenciar, Flatley poseía un instinto natural para la publicidad unido a sus habilidades para la danza y, a finales del siglo, había llegado a ser la primera estrella internacional (quizá la única) del baile irlandés.»

sucesor *Feet of Flames*) resultaron igualmente lucrativos y condujeron a Flatley por locales más propios de bandas de *rock* que de baile de música tradicional irlandesa. El mismo Flatley es recibido en los escenarios más como una estrella del *pop* que como un bailarín de escenario.

A finales de siglo, el extravagante claqué llegó a ser un importante negocio. Espectáculos como *Stomp*, *Blast* y *Tap Dogs* eran más frecuentes en conciertos de *pop* que en teatros. El trabajo es enérgico, atrevido y atlético, y aun faltando las habilidades y la sutileza de las grandes actuaciones de claqué del pasado (o del actual trabajo de Savion Glover), representa, de alguna manera, con su gran intensidad, algo de la velocidad, del peligro y del sentimiento de la vida en la era posindustrial.

Inferior: *Stomp*, aquí en el Roundhouse de Londres; quizá no fuera sutil, pero ciertamente fue una evolución llena de emoción del claqué moderno.

comienzo de los años noventa, cuando ya estaba acostumbrado a las giras con la orquesta irlandesa *Chieftains*, fue reconocido por Doherty, quien le llevó hasta Dublín para bailar para la entonces presidenta de Irlanda, Mary Robinson. Esto le condujo directamente a su implicación en el número *Riverdance* para Eurovisión. El carisma de Flatley era irresistible. Cuando llegó a ser evidente que el concepto *Riverdance* podía convertirse en un acontecimiento teatral a gran escala, Flatley fue sin duda el escogido como estrella, además de principal coreógrafo del espectáculo.

Al igual que *Bring in Da Noise, Bring in Da Funk, Riverdance* es una historia de la cultura que se ha desarrollado y ha evolucionado a través del tiempo. El espectáculo explica la historia de Irlanda a través de la danza, desde el comienzo de las grandes migraciones del siglo XIX (el río del título hace referencia al río del tiempo). El candente espectáculo asentó la reputación que había obtenido en la televisión y llegó a alcanzar un gran éxito internacional, tanto en las audiencias de Gran Bretaña, Estados Unidos, Australia, Alemania, Canadá, como en su tierra nativa.

Conforme crecía el fenómeno *Riverdance*, así lo hacía la fama de Michael Flatley. Puesto que *Riverdance* era (en teoría, al menos) una producción en conjunto, sus productores y su dirección se encontraron en un proceso de enfrentamiento con la dominante personalidad de Flatley. Entre tanta acrimonia, Flatley abandonó *Riverdance* y creó un nuevo espectáculo, en el que él era la estrella indiscutible: *Lord of the Dance*. Con la utilización de las mismas técnicas y mezclando temas celtas con vigorosos claqués irlandeses, *Lord of the Dance* (y su

Bailar al margen de la Depresión

En 1929, el edificio de la esperanza, la prosperidad y la confianza en el futuro que América había construido durante la era del *jazz* se desmoronó. Con ello, se fue la idea de la simple *joie de vivre* del mundo de la danza. Entre 1929 y 1933, el producto interior bruto de Estados Unidos se redujo a la mitad, y hacia 1933 una tercera parte de la población económicamente activa estaba en paro. A raíz de la catástrofe económica en Estados Unidos y del amenazador espectro del fascismo en Europa, la danza se estancó para convertirse en una simple celebración de diversión y frivolidad. Al no celebrarse más fiestas, el público optó por reunirse para soñar con ellas.

Inferior: las películas musicales llegaron justo a tiempo para olvidar algunas penas producidas por la Depresión. La primera de ellas presentaba la música de Al Jolson.

Bailar al margen de la Depresión

«Los musicales, hasta entonces excluidos del celuloide a causa de las limitaciones del sonido, podían ahora introducirse en el mundo sincronizado.»

Por primera vez una película ofrecía una válvula de escape. El cine, que durante veinte años se había visto relegado por el vodevil y los circuitos musicales, finalmente pasó a ser el principal escaparate de la música y el baile. Los musicales, hasta entonces excluidos del celuloide a causa de las limitaciones del sonido, podían ahora introducirse en el mundo sincronizado. La expresión más famosa de la nueva tecnología –Al Jolson con *The Jazz Singer*, en 1927– anunciaba al mundo que el musical había llegado.

Las películas musicales que siguieron a esta innovación fueron auténticos desastres. La mayoría de los espectáculos de Broadway se llevaron a la pantalla con poca imaginación y menos comprensión del nuevo medio. Las actuaciones se filmaban exactamente tal como se representaban en el escenario, con cortes ocasionales para conseguir un sentido narrativo. Era necesario alguien que supiera armonizar a los bailarines y el nuevo medio. Un talento especial para llevarlo a cabo fue Busby Berkeley. Al igual que ocurrió con la mayoría de los directores de baile de la época, Berkeley apenas sabía bailar, pero compensó esta falta de habilidad en los pies con una extraordinaria visión.

Izquierda: el director y coreógrafo Busby Berkeley, en una muestra del estilo de sus películas, aparece enmarcado por algunas de las piernas de sus bailarinas.

Inferior: secuencia de los famosos plátanos en *The Gang's All Here* (1943), filmada en color, a diferencia de la mayoría de musicales de Berkeley; la protagonista es Carmen Miranda.

Chicas, chicas, chicas

William Berkeley Enos (1895-1976) poseía un auténtico pedigrí teatral: su padre, Francis Enos, era director de teatro, y su madre, Gertrude Berkeley, era actriz. El padre de Berkeley murió cuando él tenía tan sólo 8 años, y aunque permaneció muy unido a su madre durante el resto de su vida, ella pronto comprendió que una vida de giras, propia de una actriz, no era la adecuada para la educación de un muchacho. Se alistó en la academia militar de Nueva York y, sorprendentemente para un artista creativo, la armada desempeñó un papel decisivo en su futuro.

Poco después de graduarse, Berkeley se alistó y participó en la primera guerra mundial. Con el tiempo llegó a ser lugarteniente; en Francia tuvo bajo su responsabilidad a más de doscientos hombres. Una de sus principales obligaciones era enseñar y favorecer la instrucción militar, lo que le llevó a descubrir que tenía una especial habilidad y una disciplina de la que dejó evidencia en sus posteriores coreografías: en *Gold Diggers,* de 1937, por ejemplo, compuso una estampa de más de setenta muchachas vestidas como soldados, que marchaban con banderas y tambores.

Tras la guerra, Berkeley empleó una mezcla de la influencia de su madre y su propio trabajo duro y pesado, autoconvencido de que po-

Derecha: la carrera militar ofreció a Busby Berkeley la habilidad para coordinar rutinas de danza como precisas maniobras militares; aquí, en *Gold Diggers in Paris* (1939).

Página siguiente: vista de pájaro de las bailarinas en un número de la imagen final del caleidoscopio, que era el distintivo de las actuaciones de Berkeley.

«Aparte de la sensación de "bienestar" que se conseguía gracias a un centenar de pies bailando claqué o al sonido del piano, las historias "de bastidores" ofrecieron la posibilidad de disfrutar de una noche "feliz"...»

dría desarrollar su fama como coreógrafo en los escenarios de Nueva York. El éxito más grande de su carrera como coreógrafo llegó en 1927. En *Connecticut Yankee* aseguró su reputación, y al final de la década era lo suficientemente conocido como director de baile y maestro del espectáculo (alguien lo llamó para resucitar sus insulsos espectáculos) para que Samuel Goldwyn lo invitara a Hollywood.

Aunque llegó a la costa oeste en el momento en que los musicales de Hollywood se hundían, reconoció de inmediato las posibilidades que aquel medio le ofrecía. En su primera tarea, el musical *Whoopee* (1930), realizó algunos planos elevados que se convirtieron en su sello personal. En 1933, no obstante, en el momento más bajo de la Depresión, su estatus estaba ya perfectamente consolidado. Junto a la llegada de Franklin Roosevelt y la reforma económica, Berkeley ofreció al público el sueño de un mundo feliz y un triunfo colectivo en la quintaesencia de su producción: *Calle 42* y *Gold Diggers*, de 1933. Éstas fueron combinaciones únicas de tramas predecibles y coreografías muy extravagantes. Todo el material, en su conjunto, era extravagante

BUSBY BERKELEY

Nacimiento: 29 de noviembre de 1895

Fallecimiento: 14 de marzo de 1976

Nombre real: William Berkeley Enos

Inicios de su carrera: hijo de un director y de una actriz, contaba con un auténtico pedigrí teatral, pero fue su experiencia en el entrenamiento de soldados durante la primera guerra mundial la que le proporcionó el éxito en su posterior carrera profesional.

Musicales: se labró un nombre en la coreografía de *Connecticut Yankee* (1927) y trabajó en más de veinte musicales antes de ir a Hollywood.

Primera película: *Whoopee* (1930), para la que diseñó la coreografía.

Películas: sus películas más notables fueron los musicales de los años treinta: la serie *Gold Diggers* (1933-1939) y *Calle 42* (1933). Otros ejemplos son *Babes in Arms* (1939), *Strike Up the Band* (1940) y *For Me and My Gal* (1942).

Clave del éxito: durante el período de mejora de las penurias económicas, Berkeley ofreció extravagancias visuales junto a una innovadora técnica y a una imaginativa dirección.

Hecho destacado: como la mayoría de los directores de su generación, no tenía aptitud para la danza.

y enormemente popular, y Berkeley y sus colaboradores repitieron la misma fórmula durante toda la década.

La musical «de bastidores» era una provechosa estructura en la que crear un musical de Hollywood. En términos prácticos, proporcionaba una razón para la presencia de enormes rutinas de danza sin la trama. Además, la escena representaba una auténtica metáfora para una audiencia que se hallaba sumergida en la Depresión y soñaba con una salida. Aparte de la sensación de «bienestar» que se conseguía gracias a un centenar de pies bailando claqué o al sonido del piano, las historias «de bastidores» ofrecieron la posibilidad de disfrutar de una noche «feliz» a pesar de todas las desventajas económicas y sociales. En estas películas se descubren nuevos talentos entre las chicas de la noche a la mañana, compositores pobres crean grandes éxitos aunque todo se vuelva contra ellos y, en el último minuto, el amor verdadero triunfa por encima de todo. Era un espectáculo comer-cial, y convencía a la audiencia de que nunca debían cejar en los empe-ños. Además, y aparte del mensaje de las películas, todas las filmaciones de Berkeley ofrecían un vital ejemplo de grandes equipos que trabajaban en común para crear algo nuevo, audaz y con iniciativa.

Por increíble que parezca, todo ello lo consiguió un hombre sin preparación académica. Quizá por ello no resulta sorprendente que la ingenuidad de Berkeley no se viera reflejada en los pasos de baile de sus coreografías, sino en el ojo que las filmaba. Berkeley fue el primero en darse cuenta de que una cámara no era sólo un mero observador de la acción, sino que, en realidad, podía convertirse en un protagonista más del rodaje. Liberado de sus limitaciones estáticas, Berkeley permitió que la cámara –y su audiencia por extensión– volase de arriba hacia abajo y al centro de los gloriosos rodajes que él inventaba.

En sus mejores películas se creaba una tensión (nunca antes filmada con tanta frecuencia por ningún otro director) entre la acción

Bailar al margen de la Depresión

dramática y los números de baile. Por consiguiente, una elaborada escena de acción podía, con frecuencia, inducir a una intensa expresión del «surrealismo instintivo» de Berkeley, como lo describió el productor Arthur Freed. Juegos de palabras visuales, efectos especiales, estilos cinemáticos, danzas vernáculas y maniobras militares, todo reunido en un caleidoscopio de imágenes que encontraba su lugar no sólo en la historia de la danza popular, sino también, recientemente, en las escuelas cinematográficas.

A mediados de los años cuarenta, la estrella de Berkeley comenzó a apagarse. Bebía en exceso, contrajo numerosas deudas y perdió a su querida madre, todas éstas circunstancias que pasaron su factura: llegó un momento en el que tuvo que ser internado en una institución psiquiátrica. Él dirigió *Take Me Out to the Ball Game* (1949) con Frank Sinatra y Gene Kelly (*véanse* págs. 164-167) y en 1950 dirigió también algunos pases promocionales para Esther Williams (*véase* pág. 161), pero no volvió a tener nunca más la fuerza que había manifestado durante los años treinta. El mundo del cine había cambiado. Su profesión estaba entre la espada y la pared incluso en la flor de la vida, cuando, al tiempo que creaba sus películas de mayor éxito, Astaire y Rogers (*véanse* págs. 128-133) mostraban lo que se podía hacer con habilidad para la danza e historias más integradas. En contra del estilo cinemático de Berkeley, Astaire afirmó en una ocasión: «o baila la cámara o lo haré yo, pero ambos no podemos hacerlo a la vez». El éxito de Astaire demuestra que el público admiraba tanto el buen baile como una dirección creativa, y durante muchos años el trabajo de Berkeley permaneció en la memoria colectiva. No obstante, su reputación experimentó un giro positivo al final del siglo xx; su trabajo pionero en la

«Profundamente simpática o insoportablemente dulzona, en función del gusto, la pequeña Shirley Temple (nacida en 1928) conquistó el mundo durante la Depresión [...] bailaba claqué, y lo hacía bien.»

creación de películas basadas en los montajes y guiadas por la música sobreviven en los vibrantes vídeos musicales de la música mundial contemporánea.

Llega la dulzura

La mayoría de los personajes más grandes de la comedia musical fueron protagonistas en películas de Berkeley. Él lanzó al estrellato a figuras como Ginger Rogers y Ruby Keeler; y, en la dirección de los primeros musicales de la MGM colaboró con el joven Mickey Rooney y Judy Garland. En varias ocasiones, a lo largo de su carrera, trabajó con Gene Kelly, Frank Sinatra, Ann Miller y Eleanor Powell. A pesar de to-

Superior: Shirley Temple en *Stand Up And Cheer*, la película que la convirtió en estrella; su interpretación, cantos y bailes estaban perfectamente logrados.

SHIRLEY TEMPLE in

THE Littlest Rebel

WITH
JOHN BOLES
JACK HOLT
KAREN MORLEY
BILL ROBINSON

ASSOCIATE PRODUCER B. G. DeSYLVA
DIRECTED BY DAVID BUTLER
FROM THE PLAY BY EDWARD PEPLE
A FOX PICTURE

20th CENTURY FOX

dos estos ilustres nombres, no obstante, la más celebrada bailarina de claqué de los años treinta fue una pequeña niña de Santa Mónica, California: Shirley Temple.

Profundamente simpática o insoportablemente dulzona, en función del gusto, la pequeña Shirley Temple (nacida en 1928) conquistó el mundo durante la Depresión. Entre 1935 y 1938 –cuando contaba con tan sólo 10 años– ella fue la estrella más grande de Hollywood: resultó vencedora en una competición que incluía a Clark Gable, Bing Crosby y Fred Astaire. Protagonizó unas 24 películas entre 1934 y 1940, y sus grandes éxitos contribuyeron a la supervivencia de la Twentieth Century Fox. La mayoría de estas películas eran musicales, y la razón de su éxito residía en sus piernas. Shirley Temple podía haber tenido una sonrisa simpática y una personalidad dulce, pero bailaba claqué, y lo hacía bien.

Temple comenzó a bailar cuando, a la edad de 3 años, se convirtió en alumna en el estudio de baile de Ethel Meglin. Célebre en todo Hollywood por la excelente calidad de sus pequeñas bailarinas, Meglin contrataba a sus «pequeñas» a algunas empresas y no se sorprendió cuando Shirley bailó para la Fox, en 1934, en el musical *Stand Up and Cheer*. En apariencia era pequeñita, pero atraía a la audiencia, y la Fox se encargó de producir películas en las que ella resplandeciera.

La mayoría de las películas musicales de Temple empleaban un formato «de bastidores». Con títulos como *Curly Top*, *Dimples* y *Little*

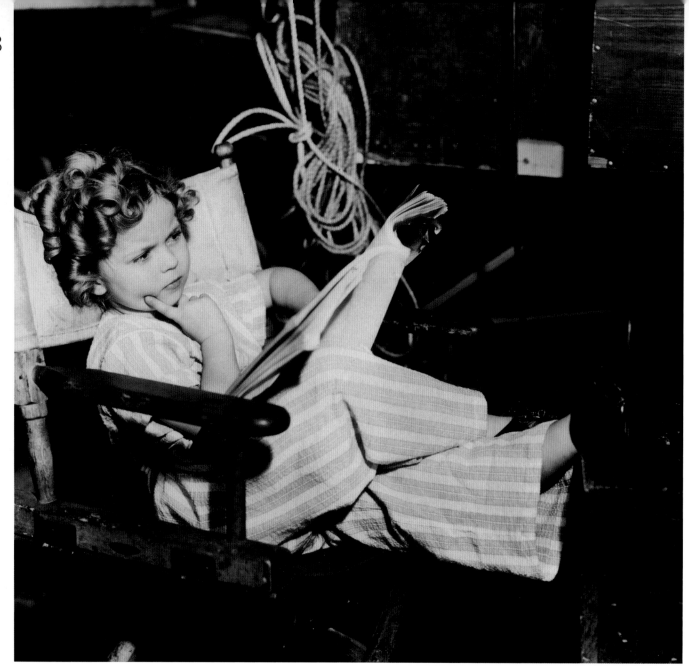

Superior: una pensativa Shirley Temple en una película de 1935; para algunos resultaba irresistiblemente simpática; para otros, iluminó una época oscura.

Miss Broadway, se aprovechaba su inocente encanto y, normalmente, se presentaba su juvenil alegría en un oscuro y a menudo malévolo mundo. Todo ello se conseguía, habitualmente, con una canción, una sonrisa y un baile de claqué.

Incluso más que otros grandes bailarines de su generación, Shirley Temple incitó a muchos otros a bailar. La matrícula en las escuelas de danza se había encarecido notablemente como consecuencia de los resultados de sus nuevas películas; ella, ciertamente, ofrecía a los padres preocupados un saludable modelo del inocente mundo que podía ser el de la danza. Pero aunque los padres de los suburbios nunca lo reconocieran, las habilidades para el baile de Temple estaban reforzadas por la calidad que sus compañeros de actuación le reportaban. Al lado de un «pequeño trozo de alegría» (remitiéndose al texto de una canción de John Boles), figuraban algunos de los grandes nombres del cla-

qué mundial. Buddy Ebsen, George Murphy y Bill Robinson bailaron con ella; Robinson, en particular, no sólo llegó a ser su pareja de baile, sino también su amigo y maestro. Ella le llamaba «tío Billy», y él la llamaba «cariño»; ella llegó a admitir que no habría podido encontrar mejor maestro.

Sombreros de copa y colas

Si Busby Berkeley y Shirley Temple ofrecieron dos visiones cinéfilas de cómo la música y el baile podían superar las penas de la Depresión, los musicales de «evasión» más conocidos y perdurables salieron de los nuevos estudios de la RKO. Dos bailarines de Broadway, Fred Astaire (1899-1987) y Ginger Rogers (1911-1995), fueron protagonistas de una serie de musicales que, con su característico estilo, actuación y canción, lograron lo que todavía nadie había hecho.

«Fred Astaire y Ginger Rogers [...] formaron una pareja de baile que fue muy conocida por su elegancia, y consiguieron reflejar una intimidad bailando ante las cámaras que, probablemente, no será nunca superada.»

A pesar del comentario del coreógrafo Le Roy Prinz («con el baile en el cine podemos satisfacer a las masas, no a las clases»), en 1930 Fred Astaire y Ginger Rogers dieron muestras de enorme clase y nivel. Entre 1933 y 1939 formaron una pareja de baile que fue muy conocida por su elegancia, y consiguieron reflejar una intimidad bailando ante las cámaras que, probablemente, no será nunca superada. Un crítico de baile, Arlene Croce, afirmó: «en sus películas, el baile se transforma en una especie de vínculo de intensa emoción entre un hombre y una mujer... Astaire tuvo algunas buenas parejas de baile, pero sin Rogers era un mundo con sol, pero sin luna».

Aunque ambos procedían de Hollywood, vía vodevil y Broadway, presentaban diferencias en sus estilos, que les convertían en una combinación única. Con su ocurrente personalidad y su título de «reina del charlestón», Rogers tenía algo de los aires de las chicas de los

Superior: originalmente Fred Astaire forjó su nombre junto a su hermana Adèle en montajes a ambos lados del Atlántico, pero finalmente él encontró su fuerte en el musical de cine.

Izquierda: la primera y más famosa pareja de baile en las películas de Astaire fue Ginger Rogers, que ya era una estrella gracias a sus apariciones en los musicales de Busby Berkeley.

> **«Esta mezcla de rumba y estilos brasileños causó tal sensación que la RKO consiguió salvarse económicamente en aquellos tiempos de enormes dificultades; a raíz de ello, ambos actores quedaron emparejados durante toda una década.»**

Superior: Astaire y Rogers, cuando todavía no eran estrellas, en su primera película juntos: *Flying Down to Rio* (1933), con la que lograron su famoso nombre como pareja.

Derecha: uno de los musicales más perdurables de Astaire y Rogers fue *Swing Time*, con coreografía de Hermes Pan.

años veinte; «Cigarrette me, big boy» fue una frase que ella pronunció en su presentación en la pantalla en *Young Man of Manhattan* (1930) y que se convirtió en todo un lema. Sus habilidades como bailarina siempre deberán estar consideradas por encima de su evidente falta de pretensión, tanto dentro como fuera de la pantalla. Una vez llegó a afirmar, de forma característica: «he hecho lo mismo que Fred, pero con tacones altos y hacia atrás». En efecto, Ginger Rogers es una especie de eslabón entre las chicas espectáculo reunidas en las extravagancias de Busby Berkeley y las especializadas danzas clásicas.

Astaire, por su parte, era el retrato de la despreocupación. Educado y elegante, su aspecto se parecía más al Vernon Castle (*véanse* págs. 34-35) de la generación anterior. Pero Astaire fue mucho más que un elegante bailarín de bailes de salón. Durante más de 25 años había trabajado en el teatro junto a su hermana Adèle, en actuaciones de danza. Buena parte de este tiempo bailó a su sombra, aprendiendo, observando y mejorando su estilo. Juntos se hicieron con diversidad de estilos de baile que ofrecieron al vodevil mundial; el ballet, los bailes de salón y el claqué fueron representados en sus actuaciones. Una historia nos cuenta que el mismo Ned Wayburn (*véanse* págs. 34-35) reconoció el talento del joven y le enseñó claqué. Sea cual fuera la verdad de la historia, una cosa es cierta: el nombre de Astaire comenzó a tener un lugar destacado en la publicidad de las escuelas de Wayburn.

La primera película que Astaire y Rogers realizaron juntos fue *Flying Down to Rio* (1933). Anunciada como una «gigantesca extravagancia musical», consiguió sacar provecho de los éxitos musicales de la Warner Brothers del mismo año: *Gold Diggers* y *Calle 42*. Una poco intensa imitación del atrevido estilo de Berkeley, la película obtuvo poco éxito de la crítica, excepto por una secuencia en la que Astaire y Rogers bailan el *carioca*. Esta mezcla de rumba y ritmos brasileños causó tal sensación que la RKO consiguió salvarse económicamente en aquellos tiempos de enormes dificultades; a raíz de ello, ambos actores quedaron emparejados durante toda una década (a pesar de sus continuas protestas). Las películas fueron muy populares y enormemente lucrativas: había nacido una leyenda.

FRED ASTAIRE

Nacimiento: 10 de mayo de 1899

Fallecimiento: 1987

Nombre real: Frederick Austerlitz

Musicales: Astaire debutó en Broadway con su hermana Adèle en 1917. Sus éxitos incluyeron *The Passing Show of 1918*, *Lady Be Good* (1924) y *Smiles* (1930).

Primera película: *Dancing Lady* (1933) en la que representó un pequeño papel con Joan Crawford.

Películas: *Flying down to Rio* (1933), *Top Hat* (1935), *Swing Time* (1936), *You'll never get rich* (1941), *The Sky's the Limit* (1943) y *Easter Parade* (1948).

Clave del éxito: con suma habilidad, Astaire improvisaba números de baile con un encantador estilo. En gran medida, su salto a la fama le vino por el emparejamiento con Ginger Rogers en diez de sus películas.

Premios: recibió un premio especial de la Academia en 1949 por su contribución al cine. También fue nominado al Oscar por la película *Towering Inferno* (1974).

Lo que se dijo sobre él: *«No sabe actuar. Ligeramente calvo. Es capaz de bailar un poco»* fue el veredicto de su primera prueba de pantalla en Hollywood.

El *carioca* carecía de los cambios repentinos de ritmo y de las espectaculares graduaciones que más adelante se relacionarían en el trabajo de ambos, pero llevaba la marca de las rutinas de Astaire y Rogers: la coreografía era responsabilidad de Astaire y Hermes Pan (1905-1990), el director asistente de danza en *Flying Down to Rio*, que se convirtió en colaborador de Astaire; fue filmada, casi por completo en plano largo y en una sola toma continuada, de modo que los espectadores pudieron observar el movimiento completo de los cuerpos de los bailarines; y, a pesar del escenario, Fred y Ginger alcanzaron en su baile tal grado de intimidad que resultaba realmente espontáneo.

En realidad, la espontaneidad de las rutinas era absolutamente ilusoria –se ensayaba durante semanas antes de filmar una secuencia– pero, en aquella época, todos los musicales de la RKO hacían referencia a la ilusión. La dura realidad económica de los años treinta no iba a estropear la fiesta a nadie. Astaire y Rogers hicieron juntos un total de

Izquierda: Astaire, aquí con su colaborador Hermes Pan, se tomaba su trabajo muy en serio; la facilidad con la que aparentemente ejecutaba su baile era el resultado de muchos meses de preparación.

«En realidad, la espontaneidad de las rutinas era absolutamente ilusoria –se ensayaba durante semanas antes de filmar una secuencia– pero, en aquella época, todos los musicales de la RKO hacían referencia a la ilusión.»

10 películas, de las cuales *Swing Time* (1936) y *Top Hat* (1935) son, probablemente, las más perdurables. Todas ellas coincidían en la trama: un chico conoce a una chica, está a punto de perderla y la recupera; cada escena va acompañada de un baile (coreografía de Astaire y Pan) y canciones escritas por los mejores autores del momento.

Aunque Astaire y Rogers aparecieron juntos en 1949 en la película *The Barkleys of Broadway* de la MGM (Rogers sustituía a Judy Garland como recurso de última hora), de hecho la pareja se separó en 1939. Su última película juntos para la RKO fue *The Story of Vernon and Irene Castle* (1939), pero incluso antes de que se rodara, Astaire había decidido dejar la RKO y seguir su carrera en solitario.

Rogers continuó su carrera como actriz, mientras que Astaire desarrolló su talento con otros compañeros y en otros proyectos. Llegó a presentarse como el bailarín de *jazz* del siglo. A pesar de todo, el público nunca olvidó a la eterna pareja, que aportó alegría a una «década deshonesta» y romanticismo a un mundo por aquel entonces embrutecido.

Superior: a pesar de que el elemento central de los musicales de Astaire y Rogers fuera su actuación individual, a menudo ésta se complementaba con un cuerpo de baile a gran escala, como se aprecia en esta imagen de *Top Hat*.

Izquierda: Astaire y Rogers en la rutina «Pick Yourself Up» de la película *Swing Time*, de 1936, una época en la que el éxito de su emparejamiento estaba en lo más alto.

Bailar hasta la extenuación

Existía un total contraste entre el sueño de Hollywood y la dura realidad de la Depresión económica que se dejaba sentir en los salones de baile estadounidenses. Los escenarios y las salas de baile, que mantuvieron una estrecha relación durante los felices días de la era del *jazz*, habían llegado a ser casi parientes lejanos. Fred Astaire y Ginger Rogers ejecutaban pasos que los bailarines estándar sólo podían soñar y en unas condiciones ambientales a las que únicamente ellos podían aspirar. Si Fred Astaire y Ginger Rogers bailaban por amor, miles de hombres y mujeres en Estados Unidos, y mucho más lejos, bailaban por dinero. Se había iniciado una era de maratones de baile.

Irónicamente, el primer maratón de danza, que llegaría a ser un fenómeno americano, apareció en Inglaterra, en 1923. Estados Unidos, no obstante, había adquirido el gusto por las pruebas de resistencia del público y reconocieron en los maratones de Inglaterra una receta para mezclar la danza con más entretenimientos prosaicos. Ese mismo año, el Audubon Ballroom en Nueva York organizó 27 horas de maratón, en las que se dijo que Alma Cummings, anfitriona de la celebración, consiguió rendir a seis parejas.

Para los pocos que podían permitírselo, la novedad de los maratones de danza desapareció pronto. Como acostumbraban a ser muy largos y las demandas cada vez más crecientes, éstos asumieron las características de un deporte con un público experto. El público pagaba para ver a los concursantes que no dejaban de bailar durante tanto tiempo como podían; los ganadores eran la última pareja que continuaba de pie hasta el final del maratón. Al igual que en el deporte, se establecieron unas reglas. A los concursantes se les permitía parar dos minutos para ir al baño y otros diez de reposo, cada hora (pero dormir estaba prohibido). Cada doce horas era obligatorio tomar una ducha. A pesar de estas aparentemente sanas y seguras precauciones, el énfasis se situaba más en la diversión que en la seguridad.

El público exigía proezas cada vez mayores, y más maratones. Cuando después de tres días la policía interfirió un maratón en el Roseland Ballroom, en la ciudad de Nueva York, las parejas finalistas fueron trasladadas a un camión de espera y de allí a un barco de espera. Tres millas mar adentro, lejos de los límites de la ciudad, el maratón continuó hasta que los bailarines estaban completamente mareados. El récord lo ostenta Pittsburg, Pennsylvania: el maratón duró 24 semanas y 5 días hasta que las autoridades locales le pusieron fin.

La mayoría de los destacados bailarines adquirieron buena notoriedad así como buenas recompensas económicas. Algunos se convirtieron en profesionales y las empresas locales se ofrecían para patrocinar a estos concursantes apasionadamente elegidos para ganar. MCs quiso ayudarles, y les ofreció apoyo; los espectadores volvían, día tras día, para disfrutar del acontecimiento que tenía ya características de «culebrón».

Sin embargo, el apoyo popular no podía esconder la naturaleza de explotación del acontecimiento. El coste era escaso y el sufrimiento

«El coste era escaso y el sufrimiento inmenso: un hombre murió después de bailar durante 48 días; y esporádicamente se formulaban quejas para que se prohibieran los maratones.»

inmenso: un hombre murió después de bailar durante 48 días; y esporádicamente se formulaban quejas para que se prohibieran los maratones. En 1933 llegaron a ser oficialmente ilegales, pero antes de que eso ocurriera un bailarín llamado George «Shorty» Snowden hizo historia en uno de estos maratones, en el Manhattan Casino de Nueva York.

En junio de 1928, en el Manhattan Casino se celebró un extraño y no segregacionista maratón de baile. Entre los participantes había un joven bailarín negro de Harlem: Shorty Snowden. El baile de Shorty causó una considerable sensación, y en poco tiempo los periodistas locales, incluido el joven Ed Sullivan, prestaron atención a sus habilidades. Snowden había tomado el relevo de pasos tediosos y repetitivos, ocasionalmente «tiraba» a su pareja y creaba pasos improvisados. Cuando la Fox Movietone News acudió al Casino para filmar el *break-away* (baile que rompe con las normas tradicionales), deseaba, por supuesto, entrevistar a su creador. A Shorty le preguntaron qué hacía con sus pies cuando bailaba el *break-away*. Él respondió: «el *lindy*». Había llegado la danza del *swing*.

Inferior: el fenómeno de los maratones de baile fue angustiosamente representado en una película de 1969, *They Shoot Horses, Don't They?*, protagonizada por Jane Fonda y Michael Sarrazin.

El *lindy* y el *jitterbug*

El que Snowden inventara el *lindy*, o no, es realmente una conjetura sin respuesta –Ray Bolger (*véase* pág. 42) siempre reivindicó que lo había hecho él en 1927–, pero Snowden supo presentar a un sorprendente mundo lo que se había desarrollado durante los últimos años en la enorme incubadora de la danza popular: Harlem. Este barrio al norte de Manhattan había marcado la pauta en el desarrollo de la danza durante el primer cuarto de siglo; ahora demostraba que las salas de baile ejercían tanta influencia como sus teatros y cabarets.

Inferior: el Savoy, en Harlem, fue uno de los centros de reunión más importantes en Nueva York para el desarrollo del baile en los años veinte y treinta.

El lugar de reunión de danza más importante en Harlem fue el Savoy. Había otras salas de baile en el distrito –la Alhambra y el New Star Casino, por ejemplo–, pero fue el Savoy el que desempeñó un papel fundamental en el desarrollo del *swing* (movimiento de ritmo rápido y marcado). Snowden fue una de las estrellas del Savoy e incluso intentó conseguir el patrocinio de su propietario, Charles Buchanan, antes de aparecer en el maratón del Manhattan Casino, en 1928. Buchanan, siempre sensible a la reputación de sus salas de baile, rehusó el ofrecimiento a pesar de que con los resultados del maratón a Snowden se le otorgó un abono de por vida en el Savoy. Buchanan también

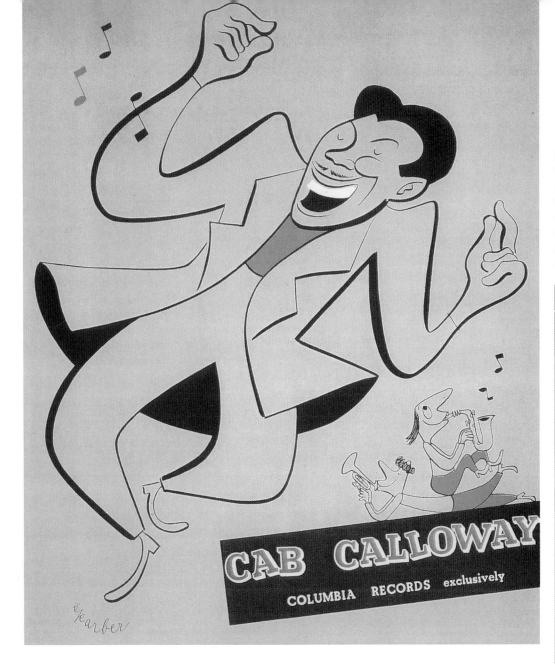

LA GRANDES ORQUESTAS DE BAILE

Benny Goodman «El rey del *swing*». El más famoso proveedor del sonido *swing* aprendió del trabajo de Fletcher Henderson y su orquesta. Su concierto en el Carnegie Hall de 1938 es todo un clásico.

Orquesta de Glenn Miller Llegó a ser una leyenda después de la desaparición de Miller durante la guerra. Fue la quintaesencia del sonido de la segunda guerra mundial. Sus éxitos incluyen: «Chattanooga Choo Choo», «In the Mood» y «Moonlight Serenade».

Louis Jordan y sus Tympani Five La más conocida de las pequeñas *jump bands* que llegó a ser popular después de la segunda guerra mundial. Sus éxitos incluyen: «Choo Choo Ch'Boogie», «Five Guys Named Mo» y «Caledonia». Precursores del *rhythm and blues* y del *rock and roll*.

Orquesta de Paul Whiteman «El rey del *jazz*». Pionero del sonido de las Big Bands. Puso los cimientos para la era del *swing* en el legendario concierto del Aeolian Hall de Nueva York, en 1924. Entre los músicos estaban: Bix Beiderbecke (trompetista) y Bing Crosby.

Orquesta de Tommy Dorsey «El caballero sentimental del *swing*». Especialmente capacitado para crear ambiente y componer baladas; influyente en el establecimiento de Frank Sinatra.

ayudó indirectamente al desarrollo del *lindy* al prohibir el charlestón (*veánse* págs. 59-61) en sus locales en aras del decoro; los bailarines más impacientes rompieron la prohibición y desarrollaron un charlestón impulsivo, que les permitió escapar de la penetrante mirada de los encargados del orden y que se convirtió en un elemento añadido al futuro *lindy*.

En este doble quiosco musical, el Savoy hizo el papel de anfitrión de la mayoría de las figuras destacadas del desarrollo del *swing* –Fletcher Henderson, Chick Webb, Cab Calloway, Don Redman, Dizzy Gillespie, Count Basie y Benny Goodman, todos actuaron en el Savoy en un momento u otro–, y cualquier noche dos bandas alternaban sus actuaciones, a menudo dando lugar a una amistosa rivalidad que reducía todavía más las fronteras de lo que se podía obtener con el nuevo sonido.

El gran jazzista Paul Whiteman (1890-1967) fue el primero en darse cuenta del gran potencial de una orquesta de *jazz*. Quizá porque no

«Harlem [...] había marcado la pauta en el desarrollo de la danza durante el primer cuarto de siglo; ahora demostraba que las salas de baile ejercían tanta influencia como sus teatros y cabarets.»

«El estricto código de vida de la banda callejera se trasladó a la pista de baile, y las reglas de comportamiento en el Savoy eran complicadas.»

contaba con las improvisadas habilidades de los pioneros del *jazz*, Whiteman comprendió que este tipo de música podía escribirse y orquestarse; su trabajo le llevó a ser conocido como el «rey del *jazz*» (él apareció en una película con este nombre, en 1930), pero no se dio cuenta de cómo sus ideas evolucionaban hacia el *swing*.

Swing es la forma perfecta de definir la diferencia de sonido entre las viejas bandas de *jazz* y las nuevas orquestas de baile. El ritmo tenía más ímpetu y, literalmente, *swung* (el movimiento del *swing*, en pasa-

do). El tradicional sonido del *jazz* llevó al *staccato*, danzas estilo arriba y abajo, lo que suponía una cierta pérdida de gracia con una abundante energía. El *swing* era un sonido más «horizontal». Estaba lleno de energía, pero daba a los bailarines un ímpetu más fluido. Los bailarines del Savoy experimentaron la transformación y bailaron de acuerdo a este cambio. Músicos y bailarines, en el Savoy, se inspiraban unos a otros. Cada vez que Dizzy Gillespie tocaba un nuevo sonido, los bailarines intentaban corresponderle con un paso, y viceversa. El Savoy era un laboratorio de *jazz*, y sus clientes estaban orgullosos de ello.

Los bailarines estrellas del Savoy, Snowden era uno de ellos, procedían de la calle. La mayoría pertenecían a bandas callejeras, que desempeñaron un papel importante en el desarrollo del *lindy* al igual que lo hicieron en el del *breakdance* cuarenta años más tarde (*veáse* pág. 236). El estricto código de vida de la banda callejera se trasladó a la pista de baile, y las reglas de comportamiento en el Savoy eran complicadas. El rincón nordeste del Savoy llegó a ser conocido como Cat's Corner. En esta zona se hacían concursos de bailes no oficiales; cada pareja rival intentaba excluir a los otros bailarines en una tentativa por superar lo que ya se hubiera representado. Esto era como un reino y, al principio, Shorty Snowden impuso su reglamento. Cualquier

Derecha: Paul Whiteman, pionero de la forma orquestal del *jazz*, sobre todo en su interpretación de la gran obra de George Gershwin, *Rapsodia en azul*, fue protagonista en la película *King of Jazz*.

Página siguiente: la falta de inhibición de los afroamericanos en comparación con sus compatriotas blancos aportó ímpetu al nuevo estilo de baile.

intento por robar los pasos que allí se veían, o para introducirse a la fuerza en la escena, podía merecer una buena patada al intruso –los miembros de la banda establecieron una fórmula para bailar el charlestón que les permitía pegar puntapiés a los no autorizados. Podía haberse extendido por todo el territorio, pero fue en el Cat's Corner donde el *lindy* alcanzó mayor popularidad.

El *lindy* o *lindy hop* fue una respuesta directa al sonido del *swing* que emanaba de los quioscos de música. El *lindy* tiene un paso básico, un paso doble sincopado, con una acentuada originalidad, que se repite antes de que los bailarines se separen y hagan un poco lo que quieran. Le debe algo, sobre todo, al *Texas Tommy*, que se había hecho famoso gracias a Florence Mills más de una década antes (*veáse* pág. 55) Al principio, las improvisaciones del *break-away* (separación de los bailari-

nes) se concentraban solamente en el trabajo de los pies, pero a mediados de los años treinta, cuando el *lindy* empezó a ganar aceptación entre el público, los *air-steps* (pasos al aire) hicieron su aparición.

Fue un joven bailarín llamado Al Minns el primero que desafió la autoridad del Cat's Corner al introducir los *air-steps*. Sin embargo, en un primer momento causaron la escisión dentro del movimiento. Shorty Snowden siempre lamentó la evolución de los *air-steps*. Estos movimientos, eventualmente, consiguieron enraizarse de manera tan firme en la imaginación del público que el *lindy* dio la vuelta al mundo.

Un antiguo vigilante, con dudosos contactos en los barrios bajos, Herbert White, comenzó a propagar la reputación del *lindy* fuera de las fronteras del Savoy y entre la conciencia pública. White organizó compañías de bailarines especializados en *lindy* con nombres como los Sa-

Inferior: el Savoy continuó fomentando los talentos de los bailarines locales; poco después, los grupos que allí se habían formado realizaban giras por el país para ofrecer demostraciones de *lindy hop*.

voy Hoppers y los Whitey's Lindy Hoppers. Estos grupos estaban formados, en gran medida, por bailarines del Savoy. Estas bandas aparecieron por todas partes en Estados Unidos y recibían, con frecuencia, una pequeña recompensa económica por sus esfuerzos. Herbert White era un hombre que sabía cómo sacar rendimiento de su dinero. Whitey's Lindy Hoppers apareció en el clásico de los hermanos Marx, *Un día en las carreras* (1937), mientras que otra banda de *lindy* causó sensación cuando apareció en el Radio City Music Hall, con lo que obtuvo inmediatamente un contrato redactado por una desconcertada y amenazada dirección de empresa.

La empresa de Radio City sólo ponía voz a una preocupación de los estadounidenses, mientras el *lindy* evolucionaba hasta convertirse en la corriente dominante. Respecto a lo que ahora era una moda respetada, los moralistas de la nación lamentaron la pérdida de dirección de la *jitterbugging youth* (adolescentes aficionados a los bailes rápidos); el *lindy* había adquirido una nueva reputación ya que barría todo lo que hallaba a su paso. El término *jitterbug* puede haber surgido de *jittery* (una forma de actuar, tener canguelo), o puede haber derivado del argot del *jazz*; pero sea cual sea su origen, nadie puede negar su atractivo puro. Atrevido, atlético y, por encima de todo, nuevo, el *jitterbug* consiguió ser más que una danza: una auténtica forma de pensar.

El *jitterbug* llegó hasta Europa bastante tarde –American GIs lo introdujo, junto con Betty Grable, Glenn Miller y el chicle–, pero no fue menos popular, y pronto las salas de baile europeas crearon un espacio para dar cabida a los *lindy hoppers*. Gran Bretaña, no obstante, era al tiempo la salvadora del más tradicional placer del baile.

«Atrevido, atlético y, por encima de todo, nuevo, el *jitterbug* consiguió ser, más que una danza: una auténtica forma de pensar.»

Derecha: Whitey's Hopping Maniacs, uno de los grupos de *lindy hop* que ayudó a popularizar esa danza, posan para la cámara en el Cotton Club.

Lento, lento...

El atlético y virtuoso *jitterbug* determinó la forma de baile social que se desarrollaría en el futuro. Rompió con todas las reglas de las salas de baile tradicionales al poner más énfasis no sólo en la improvisación, sino también en el baile por parejas, y fue pionero de los *air-steps*, que eran considerados como un anatema por los tradicionalistas y ostensiblemente peligrosos para la mayoría. Podía haber preparado el terreno para las danzas individuales de la era del *rock and roll*, pero no era del gusto de todos. Los profesores de baile británicos pronto reconocieron que el tradicional baile de salón se debía reagrupar y reorganizar frente a ese impostor juvenil del otro lado del Atlántico, por lo que decidieron actuar para rescatar su más sosegado atractivo.

En 1924 se creó el Ballroom Branch de la sociedad imperial de profesores de danza. En un mundo en el que las salas de baile estaban sumamente reguladas, se trata de una fecha decisiva porque marcó el comienzo de la estandarización de los pasos de baile de salón y el origen de lo que se conocería como el «estilo inglés». También marcó el momento en el que el baile de salón moderno, con un alto nivel de competición y su búsqueda de la perfección, dejó a un lado el mundo de la danza recreativa y cotidiana. Los bailes de salón sobrevivieron durante un largo período no porque intentaran competir con los estilos de danza salvajes que procedían del otro lado del Atlántico, sino porque estaban estrictamente definidos y codificados y, por ello, intentaron alcanzar la perfección dentro de un número de estilos especializados. El hecho de que los bailes de salón continuasen siendo populares hoy en día, incluso después de que las salas de baile dejaran de existir como tales, es una prueba evidente del éxito de su estrategia.

Durante los años veinte, en las conferencias de los profesores de danza se definían y codificaban las velocidades y los pasos de los cuatro principales géneros de bailes de salón: el vals, el *foxtrot*, el tango y el *quickstep* (*foxtrot* y charlestón rápido). El Ballroom Branch de la sociedad imperial definió más adelante las danzas estableciendo un nivel mínimo de actuación. Uno de los miembros del comité del Ballroom Branch, Victor Silvester (1900-1978), escribió en su clásico libro sobre los bailes de salón que «la formación del Ballroom Branch de la sociedad imperial había tenido tanta influencia en los bailes de salón como la tuvo la fundación de la Académie Royale de Luis XIV de Francia en el ballet».

Hasta su muerte, Silvester mantuvo la posición de reconocer la importancia de la estandarización de los pasos que se había introducido en 1924. Él representó una papel importante en el crecimiento y desa-

«Los bailes de salón sobrevivieron durante un largo período no porque intentaran competir con los estilos de danza salvajes que procedían del otro lado del Atlántico, sino porque estaban estrictamente definidos y codificados...»

Superior: las salas de baile públicas durante los años previos a la guerra eran, a veces, enormes, pero se llenaban a menudo ya que el baile por parejas era enormemente popular.

Página anterior: una sala de baile de salón en Inglaterra, hacia el año 1935, con clara alusión a la influencia de las películas de Fred Astaire y Ginger Rogers.

Bailar al margen de la Depresión

rrollo del baile de salón moderno durante los años cincuenta. Del mismo modo que fue profesor, historiador y administrador, Silvester fue también un importante director de orquesta. En los años de entre guerras reconoció que los bailarines británicos pedían más bandas de baile tradicionales así como bandas de *jazz* y de *swing* que llegaban de Estados Unidos. A partir de la necesidad de unas interpretaciones musicales de ritmo correcto para los bailes de salón, comenzó a interpretar y grabar música para llenar el vacío existente. Hasta su muerte, Victor Silvester y su orquesta vendieron más de 75 millones de copias de discos.

Silvester también promovió una cadena de estudios de danza que abrió con la colaboración de la Rank Organization, una compañía de espectáculos británica más conocida por su labor dentro del cine. La participación de Rank reflejaba un creciente interés por parte de la in-

dustria del espectáculo en las salas de baile; como consecuencia de ello, durante los años veinte y treinta la industria de las salas de baile siguió creciendo. A principios del siglo xx las salas de baile del país eran escasas, salvo en los centros turísticos costeros británicos, pero ahora, lo que había sido una excepción se convirtió en norma. El Palais de Danse en Hammersmith, Londres, fue quizá la sala de baile de salón más conocida en Gran Bretaña, aunque, en 1940, su preeminencia le fue disputada por el baile en la Royal Opera House, Covent Garden. Después de la guerra, el Covent Garden volvió a sus elevadas raíces artísticas, pero su breve período como «palacio de la danza» reflejó la enorme popularidad de los bailes de salón durante los oscuros días de la segunda guerra mundial.

Un empleado de la compañía que trabajaba como encargado del servicio de alimentación del Covent Garden en aquella época fue C. L.

Heimann. Él se dio cuenta del enorme potencial que suponía crear salas de baile locales en las poblaciones de las provincias, por lo que propuso a su compañía comprar y promover otras salas de baile. Con el tiempo, Heimann se convirtió en presidente del consejo, y su compañía, la Mecca Organization, se convirtió en sinónimo de baile social en toda Gran Bretaña.

En el marco de estas nuevas salas de baile, los bailarines, inquietos por las desenvueltas improvisaciones del *swing*, se relajaban en el ambiente de los estilos de bailes de salón más tradicionales: las parejas bailaban juntas, el hombre llevaba y conducía a su pareja, y se seguían las normas establecidas por el Ballroom Branch. Basado en un movimiento natural y con una estricta técnica codificada, el estilo inglés era relajado, sutil y digno, justo lo contrario del movimiento de caderas del *swing* y de los libres movimientos corporales de los bailarines de *lindy*. Personificado en el baile de Jack Buchanan (1891-1957), el principal bailarín de las películas británicas de la época, el estilo inglés ofrecía elegancia en lugar de poder, gracia en lugar de velocidad. Es un estilo en deuda con la imagen de su propia nación.

«... con una estricta técnica codificada, el estilo inglés era relajado, sutil y digno, justo lo contrario del movimiento de caderas del *swing* y de los libres movimientos corporales de los bailarines de *lindy*.»

Izquierda: el principal bailarín de películas en Gran Bretaña fue Jack Buchanan, cuyo estilo suave y elegante supuso un marcado contraste con la excesiva desenvoltura de los bailes importados de América.

Superior: Buchanan, en 1922, con Lily Elsie, que tuvo un papel estelar en la primera producción londinense de la opereta de vals, *La viuda alegre*, de Lehár, en 1907.

Con una normativa tan estricta para conseguir un espectáculo correcto y con tan sutiles criterios sobre corrección e incorrección, resultó inevitable que las salas de baile introdujesen un nivel de competición. De nuevo, el mundo del baile de salón volvió a la ciudad costera de Blackpool, donde, en 1931, se llevaron a cabo los primeros British Open Championships, en la Empress Ballroom de los Winter Gardens. Antes se habían realizado otras competiciones –el mismo Blackpool había sido la sede del festival de danza desde 1920–, pero los British Open Championships se mantuvieron como el acontecimiento de bailes de salón más importante hasta finales del siglo XX. Hasta mediados de los años sesenta, estos campeonatos fueron sobre todo un asunto nacional, pero desde ese momento, el regusto internacional del acontecimiento reflejó, cada vez más, un ascenso de la popularidad de la competición en los bailes de salón en todo el mundo.

Con los años, el ámbito de las danzas de competición se propagó y amplió. El baile latinoamericano y la danza de formación se han unido al quinteto estándar de bailes de salón: vals, tango, *foxtrot*, *quickstep* y vals vienés. De hecho, se puede afirmar que todas las danzas recreativas que han aparecido en un lugar u otro, a lo largo del siglo, han conseguido llegar a un nivel de competición; incluso los menos regulares y rebeldes estilos de baile se «domestican», estandarizan e interpretan en el competitivo mundo de la danza.

7284.
L.S. & P.

A finales del siglo XX y principios del XXI, sin embargo, la danza competitiva se ha alejado en gran medida de su origen social. Con su rígida disciplina, que exige horas de práctica y verdadero compromiso económico, el baile de salón moderno tiene más puntos en común con el deporte profesional que con la frivolidad de los clubes nocturnos. En la década de 1990, la International Dance Sport Federation, el organismo mundial que regula los bailes de salón, eliminó oficialmente las palabras «baile de salón» de su nombre. El estilo inglés se sitúa, todavía hoy, dentro de lo que se denominan bailes estándar, interpretados por estrellas de danza internacionales en las competiciones mundiales. Lo que se conoce como baile de salón moderno ha llegado a ser un deporte olímpico con todas las de la ley.

«Con su rígida disciplina, que exige horas de práctica y verdadero compromiso económico, el baile de salón moderno tiene más puntos en común con el deporte profesional que con la frivolidad de los clubes nocturnos.»

Página anterior: entrada y cúpula de los Winter Gardens, en Blackpool, uno de los primeros locales de bailes de salón de Gran Bretaña, donde se celebraron los primeros Open Championships.

Derecha: actualmente los bailes de salón se consideran casi como un deporte, al margen del baile de aficionados, pero todavía conservan una glamurosa imagen en el vestuario.

«Las aportaciones británicas a las nuevas tendencias de la década fueron el paso Lambeth y el *mock-cockney hokey-cokey*.»

El paso Lambeth

Inevitablemente, conforme empezaron a surgir las nuevas salas de baile en los suburbios de Gran Bretaña durante los años treinta, la mayoría de bailarines no fueron capaces de alcanzar el elevado nivel que les exigía la nueva reglamentación; pero ni así intentaron alcanzar el estilo atlético y corporal de los que bailaban el *lindy*. La mayoría eran felices pasando horas arrastrando los pies por las pistas de baile, bailando una aproximación al vals, al *foxtrot* o al tango. Estos predecibles programas de baile se disolvieron con la irrupción de danzas nuevas, las cuales demostraron ser tan populares en 1930 como en cualquier otro momento del siglo.

Las aportaciones británicas a las nuevas tendencias de la década fueron el paso Lambeth y el *mock-cockney hokey-cokey*. El paso Lambeth llegó del musical británico *Me and My Girl* (1937) y fue una divertida imitación de los viejos pasos de la costa. El *hokey-cokey* –o *hokey-pokey*, como era conocido en Estados Unidos– sobrevive hasta nuestros días, aunque limitado a las fiestas infantiles y celebraciones informales, pero fue una nueva moda entre los años treinta y cuarenta.

La conga, que sobrevive en todas partes, desde los lugares de veraneo junto al mar hasta las graderías de los estadios de deporte, fue otro de los productos de este período. Procedente de Cuba e inexplicablemente apodada tomando como referencia al Congo, la conga consiste en una hilera de bailarines, cada uno con sus manos colocadas sobre la cadera del bailarín de delante, que se desplazan en zigzag por la pista de baile y más allá; cada tres pasos se da una patada al aire y se emite un grito poco serio. Es divertido y alocado.

Por lo que respecta a la historia de la danza, sin embargo, la novedad más importante de este período fue el *big apple* («gran manzana»). Sin embargo, no se debe a su persistente atractivo o a su novedosa manera de ejecución. La gran manzana es importante porque fue el vehículo que lanzó la carrera de Arthur Murray, el hombre que enseñó a los estadounidenses –y al mundo– a bailar.

Seis lecciones fáciles

En 1937 Arthur Murray ya había creado un exitoso negocio de clases de baile, pero era continuamente zarandeado por el adverso clima econó-

Página anterior: la danza británica no carecía de sentido del humor; quizá su mejor muestra sea la del paso Lambeth, del musical *Me and My Girl*, y aquí el *hokey-cokey*.

Derecha: Arthur Murray y su pareja bailan el charlestón, hacia 1920, antes de que él emprendiera la misión de educar a las masas en los delicados pasos de los bailes de salón.

mico. Producto del *boom* de la danza de la era del *ragtime* (tiempo sincopado), Murray se había formado en Castle House, la escuela de danza de Irene y Vernon Castle (*véase* pág. 34), antes de convertirse en instructor en su escuela de verano en Massachusetts.

Murray poseía un entusiasta espíritu empresarial. Fue uno de los primeros en reconocer la popularidad de los bailes de salón y del enorme mercado implícito todavía sin explotar de la enseñanza de los bailes. También se dio cuenta del potencial que suponía poner anuncios en las revistas y fue el pionero en la concepción de la enseñanza de la danza por correspondencia. Según la leyenda, el cantante de ópera Enrico Caruso, discípulo de Murray, sugirió la idea de enviar las «huellas» de un determinado paso de baile por correo; así, cualquiera y en cualquier lugar podía aprender su método –las «huellas» de los pasos de baile se convirtieron en su marca registrada. Durante un tiempo, la empresa por correo funcionó bien, pero el creciente coste de los anuncios de las revistas y los altibajos de la Depresión supusieron que, a finales de los años treinta, su empresa quedase reducida a una escuela de baile de dos plantas en Nueva York.

En el verano de 1937, Murray leyó un artículo en el *New York Times* en el que se describía una novedosa danza que circulaba por Carolina del Norte. El reportaje era vago, tan sólo mencionaba que se había visto a los bailarines en un club nocturno llamado Big Apple (gran manzana). Murray, siempre ansioso por aprovechar cualquier oportunidad, envió a un profesor para investigar; a su regreso, le explicó que el baile consistía en un grupo de bailarines que formaban un círculo y seguían las indicaciones de un elegido jefe de grupo. Murray aprovechó la ocasión para promover el nuevo baile e incrementar su reputación. Los pasos que el líder indicaba durante el *big apple* se extraían, sin duda alguna, de las tendencias del momento, como el *shag* o el *Suzie Q*. Murray dio nuevos nombres a estos pasos: el *peel the apple* (pela la manzana) y el *cut the apple* (corta la manzana), y los llevó a publicidad.

«Según la leyenda, el cantante de ópera Enrico Caruso, discípulo de Murray, sugirió la idea de enviar las "huellas" de un determinado paso de baile por correo; así, cualquiera y en cualquier lugar podía aprender su método.»

Dado que la moda crecía, la cadena de hoteles Statler pidió a Murray que enviara profesores a sus hoteles para enseñar el baile, cosa que Murray hizo. Los profesores enviaban un porcentaje de lo que ganaban a Murray y se quedaban el resto; así comenzó el sistema de franquicia Arthur Murray. A finales del siglo xx había más de doscientos estudios de danza repartidos por todo el planeta, y Arthur Murray es todavía la figura más importante en relación a la enseñanza del baile en cualquier parte del mundo.

Arthur Murray hizo por los bailes de salón de Estados Unidos lo mismo que Victor Silvester había hecho por el movimiento en Gran Bretaña: eliminó el misticismo e hizo accesible la danza. Ambos hombres establecieron la base que permitió que los bailes de salón perduraran mucho después de que cambiara el clima social que los había promovido. Lo cierto es que la cultura que los creó sufrió su declive final a finales de los años cuarenta. La llegada del *bebop,* en esta misma época, marcó el comienzo del fin del sonido de las Big Bands, y la complejidad de las nuevas formas rítmicas y la ausencia de melodías lo convirtieron en un sonido difícil de bailar. Además, Estados Unidos, que durante mucho tiempo había sido el patrocinador de la creatividad en la danza, impuso una tasa federal del 20 % a los salones de baile del país; y los locales que anteriormente habían presentado una mezcla de espectáculo musical y danza eliminaron las pistas de baile y permitieron que los nuevos sonidos del *jazz* reinaran solos. La música de *jazz*, que se bailó durante mucho tiempo, se convirtió en algo pasivo. Ahora era un sonido para escuchar y digerir. Todo ello, junto a la llegada de la televisión, significó que, durante un breve período de tiempo, el mundo de la danza dejara descansar sus pies.

Superior: la escuela de **Arthur Murray en el Covent Garden de Londres, en 1955, donde se imparte una lección al comediante Max Wall.**

Página anterior: **Arthur Murray enseña nuevos pasos a algunos estudiantes en una de sus primeras escuelas, en los años veinte.**

Desde la Calle 42 hasta Sunset

Las melodías de Broadway

Los grandes de Hollywood

Regreso a Broadway

Boulevard

La evolución de la danza en el cine había hecho mucho más que simplemente obsequiar a las audiencias populares con sus extravagantes números. Los coreógrafos pioneros de la industria del cine, como Busby Berkeley o Fred Astaire y Hermes Pan, habían ofrecido al público un baile de una profesionalidad y a una escala anteriormente inimaginables. Fred Astaire y Ginger Rogers, en concreto, hicieron retroceder los límites de lo que era posible entre las formas musicales. La audiencia pedía incluso más sofisticación, y esto era una realidad tanto en el teatro como en cualquier otro ámbito. Al comienzo de los años cuarenta había desaparecido la danza como una diversión simple y placentera dentro de la comedia musical. La gente ya no «saltaba» de los teatros a las salas de baile para ensayar los últimos pasos, o acudía en multitud a Broadway para descubrir las últimas tendencias. En su lugar, los teatros se habían convertido en instrumentos para poder explicar historias.

Desde la Calle 42 hasta Sunset Boulevard

Las melodías de Broadway

La primera señal de la transformación radical que los espectáculos musicales estaban a punto de experimentar fue el musical *On Your Toes*, de Rodgers y Hart, producido en Broadway, en 1936. Rodgers y Hart habían vuelto a Broadway desde Hollywood un año antes; la trama estaba basada en una película musical originalmente montada por Fred Astaire, demasiado ocupado para llevarla a cabo (se trataba de un interesante giro en la tendencia existente hasta el momento: en los años cincuenta, Broadway se haría con el liderazgo y llevaría las ideas a Hollywood; *véase* pág. 171). En una sutil señal de cambio de dirección de los musicales de Broadway, George Balanchine fue acreditado en el programa como «coreógrafo» del espectáculo. La antigua expresión «director de baile» no parecía ya demasiado adecuada.

Balanchine (1904-1983) llevó al teatro musical el rigor y la disciplina del ballet clásico. Nacido en Rusia, se instruyó con la elite de la Russian Imperial Ballet School de San Petersburgo y bailó con algunos de los ba-

«George Balanchine fue acreditado en el programa como "coreógrafo" del espectáculo. La antigua expresión "director de baile" no parecía ya demasiado adecuada.»

Superior: Richard Rodgers y Lorenz Hart, creadores de *On Your Toes*, que llevaron la danza seria al público general al combinar el ballet con la danza del *jazz*.

Derecha: el bailarín ruso George Balanchine, formado en danza clásica y que se encargó de la coreografía de *On Your Toes*, en un ensayo junto a Tanaquil LeClerq y Francisco Moncoin.

llets más destacados de aquella época, entre ellos el de Serge Diaghilev. Emigró a Estados Unidos en 1933, y allí se estableció rápidamente como uno de los principales coreógrafos. Para *On Your Toes*, cuya acción se desarrolla entre los bastidores de una compañía de ballet, Balanchine trabajó tanto con los estilos clásicos de ballet como con las danzas populares, creando un buen número de coreografías notables –el número principal, por ejemplo, alternaba el claqué con el ballet clásico–, y en esta línea de fertilización cruzada, Balanchine usó los movimientos del ballet clásico en combinación con los pasos del baile de *jazz*, y omitió el atuendo característico del ballet.

El número que más atrajo la atención en la época fue «Asesinato en la 10.ª Avenida», bailado en la producción original de Broadway por Ray Bolger (*véase* pág. 43) y la primera bailarina Tamara Geva. Lejos de ser una pieza de baile aislada (el término lo connota, al margen del estilo; el ballet en los musicales no necesariamente se interpretaba al estilo del ballet clásico), como habían sido siempre los ballets en Broadway, «Asesinato en la 10.ª Avenida» está muy relacionado con el argumento de la producción y expresa un aspecto importante de la narración: el personaje se da cuenta en el transcurso del baile de que, cuando éste termine, va a ser asesinado, y, por tanto, aunque se siente exhausto, tiene que seguir bailando hasta que llegue alguien a ayudarle. Simple al principio, el baile se torna más frenético y desesperado, y el bailarín se siente cada vez más cansado y aterrorizado. Esta interrelación entre el argumento y el baile era común en el ballet, pero resultaba nueva y emocionante en el espectáculo popular. Sin embargo, era importante para Balanchine el resultar atractivo para esa nueva audiencia, y a fin de estar seguro de que, al tiempo que resultaba más innovador creaba un estilo de baile apropiado para el espectáculo popular, Balanchine trabajó con el bailarín de claqué Herbie Harper, y así inyectó autenticidad a su estilo de baile jazzístico.

Balanchine continuó trabajando en la coreografía de espectáculos populares durante varios años y aportando bailes a montajes de éxito tales como *Song of Norway* (1944) y *¿Dónde está Charley?* (1948), en los cuales también era protagonista Ray Bolger. Trabajó durante un breve espacio de tiempo en Hollywood, en *The Goldwyn Follies* (1938) y en la versión cinematográfica de *On Your Toes* (1939), pero pronto el ballet clásico acaparó toda su atención al convertirse en el director artístico del New York City Ballet.

Muchos historiadores de danza consideran *On Your Toes* como un punto decisivo en la historia del teatro musical, ya que dio un paso crucial hacia el musical integrado. «Asesinato en la 10.ª Avenida», probablemente, fue el primer número de baile partícipe en el argumento del espectáculo del que formaba parte; pero el espectáculo por exce-

«La coreografía de De Mille fue también notable por su expresividad: cada movimiento contribuía a perfilar mejor algún aspecto del personaje.»

Superior: el montaje de *Oklahoma*! en Londres después de la guerra, con bailes integrados en el argumento y un ballet de ensueño, revolucionó el concepto del musical.

Izquierda: el cartel de la primera producción de *Oklahoma*! ponía su énfasis en el baile, en uno de los musicales de más éxito de todos los tiempos.

lencia que transformó la naturaleza de la coreografía teatral fue *Oklahoma!* (1943).

Oklahoma! fue la primera comedia musical de la coreógrafa Agnes de Mille (*h.*1905-1993). Como Balanchine, Agnes de Mille procedía de la tradición clásica: entre otras, fue la creadora de *Rodeo,* aclamado como el primer ballet auténticamente americano. Con música de Rodgers y Hammerstein, ideó las secuencias de baile de *Oklahoma!* con un estilo propio del ballet que exigía mucha técnica. Su trabajo revolucionaría la comedia musical de manera definitiva.

Oklahoma! rompió esquemas. Para empezar, el cuerpo de baile no aparecía hasta 45 minutos después de haber empezado el primer acto, lo que lo alejaba del espíritu «chicas, chicas, chicas» de los musicales anteriores. Pero más importante todavía fue el hecho de que *Oklahoma!* fuese el primer musical realmente integrado. Cada canción, cada baile, contribuían al argumento y exigían del intérprete que hiciese hincapié en la caracterización de su personaje. El primer ejemplo de esto lo tenemos en la escena del sueño «Out of my Dreams», en el primer acto, en la que se comunica al público determinada información sobre un personaje que no es accesible para el resto de personajes. La coreografía de De Mille fue también notable por su expresividad: cada movimiento contribuía a perfilar mejor algún aspecto del personaje. Además, el baile parecía surgir de forma natural de los temas del argumento y de los personajes. Trabajó con los bailarines, les permitió interpretar sus papeles mediante el movimiento y con el uso del estilo per-

Superior: una escena de la producción original de *Oklahoma*! en Broadway, 1943.

sonal de cada uno para facilitar el proceso. Como consecuencia, la coreografía estaba muy vinculada a la personalidad de cada bailarín pero dificultaba a nuevos posibles intérpretes el hacerse con el papel.

Oklahoma! también introdujo una apariencia de mayor seriedad en el teatro musical. Había un protagonista «negativo», Jud Fry, que moría al final de la obra, en el escenario, al caer encima de su propio cuchillo después de haber amenazado de muerte a Curly, el héroe romántico. El éxito del espectáculo fue extraordinario. En los tres años que siguieron a la llegada de *Oklahoma!* a Broadway, más de la mitad de los musicales de Nueva York incluyeron números de ballet, y más de veinte tenían escenas que derivaban de aquella del sueño. Durante más de diez años *Oklahoma!* se representó dentro y fuera de Estados Unidos y batió récords de audiencia en todo el mundo. Inclu-

so se llevó al cine, pero de alguna manera la película carece de la energía y el ímpetu de la versión teatral original.

Agnes de Mille tuvo otros grandes éxitos en su haber. En *Carousel* (1945) trabajó con el mismo equipo de producción que en *Oklahoma!*, y acompañada por la impresionante partitura de Rodgers y Hammerstein llevó la integración entre baile y personajes todavía más lejos. Con *Brigadoon* (1947), cuyo escenario se sitúa en Escocia, su innovadora coreografía, que incluía bailes escoceses, silenció a los críticos en un momento en el que éstos se quejaban de sentirse cansados de la inclusión del ballet en el teatro musical. En este espectáculo, el baile también se usa con gran efectividad para seguir el argumento: un buen ejemplo es una escena de persecución que queda totalmente adaptada al baile.

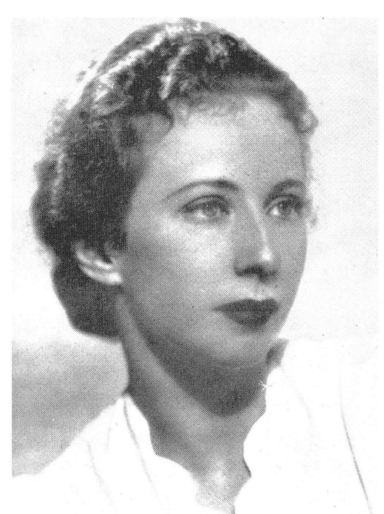

Sin embargo, para un determinado tipo de baile, *Oklahoma!* no supuso una buena noticia. Entre las consecuencias que trajo *Oklahoma!* vemos que el claqué dejó de ser la forma principal de baile en el teatro musical. Fue sustituido por una forma de baile expresivo, hecha a la medida de las necesidades del teatro musical y con la incorporación de elementos del *jazz*, del *folk*, de los bailes étnicos, de los bailes de salón, del ballet clásico y de otros muchos lenguajes de la danza. El nuevo estilo exigía intérpretes con una gran técnica, pero los coreógrafos de los años cuarenta y cincuenta pudieron aprovecharse del hecho de que el ballet clásico no era tan predominante como lo es ahora: las compañías de ballet tenían plantillas pequeñas y eran escasas, por lo que los bailarines virtuosos se sentían ansiosos por actuar en los escenarios de Broadway.

A medida que el movimiento de los musicales integrados seguía su curso en los años cuarenta, los argumentos de los espectáculos se volvieron más sofisticados. Aunque los musicales basados en situaciones cotidianas seguían siendo populares entre el público, muchos espectáculos se basaban en historias más complejas y realistas. El énfasis en la construcción de los argumentos y en la integración de la música dentro de la historia supuso que un espectáculo como *South Pacific* (1949) tuviera un gran éxito de crítica y de público, aun sin tener cuerpo de baile y con un número mínimo de rutinas.

«... el claqué dejó de ser la forma principal de baile en el teatro musical. Fue sustituido por una forma de baile expresivo...»

Superior: Agnes de Mille, coreógrafa de *Oklahoma!* y de otros musicales de Broadway de los años cuarenta y cincuenta, como *Carousel*, *Brigadoon* y *Paint Your Wagon*.

Derecha: el programa de la primera temporada de *Carousel*, de Rodgers y Hammerstein, en el teatro Majestic de Nueva York, en 1947.

Los grandes de Hollywood

Si Broadway convertía poco a poco los musicales en una forma seria de arte, en Hollywood, en los años cuarenta, el objetivo y la línea a seguir estaban basados en el glamour. El cine continuaba siendo un gran negocio y, al igual que en los años treinta, las fórmulas de más éxito se repetían constantemente. Mientras el argumento de un musical de los años treinta mostraba a un héroe o heroína que vencía las dificultades gracias a la fuerza de su carácter, en los años cuarenta los guiones más populares eran románticos: la acción se situaba en teatros y clubes nocturnos y el énfasis se ponía en el vestuario y los complementos, todo ello con el gran colorido que ofrecía la nueva tecnología del Technicolor.

Los productores ansiaban encontrar la manera de innovar mientras continuaban firmemente aferrados a la fórmula clásica de éxito. La Twentieth Century Fox descubrió un filón de oro cuando introdujo a Sonja Henie (1912-1969), una patinadora olímpica de origen noruego. Sus películas eran musicales, con guiones simples, pero con la atención centrada en su patinaje; este hecho brindó a la productora la oportunidad de disfrutar de emocionantes variantes a las coreografías

«Algunos de los mejores coreógrafos de Hollywood trabajaron en los números de natación sincronizada que incluían cautivadores interludios de baile a sus románticas películas.»

Izquierda: la estrella del patinaje Sonja Henie, aquí en una fotografía publicitaria de *Happy Landing* (1938), fue la inspiración de muchos números espectaculares de patinaje.

típicas. A pesar de que sus habilidades como cantante y actriz eran limitadas, la calidad de su patinaje era incuestionable, y cuando trabajó con buenos coreógrafos, como Hermes Pan en *Sun Valley Serenade* (1941), los números de patinaje eran deslumbrantes. Mientras tanto, en la MGM, Esther Williams (nacida en 1923) nadó y buceó en musicales como *Bathing Beauty* (1944) y *Neptunes's Daughter* (1949) durante más de 14 años. Algunos de los mejores coreógrafos de Hollywood trabajaron en los números de natación sincronizada que incluían cautivadores interludios de baile a sus románticas películas.

Una de las mayores estrellas de los musicales de los años cuarenta fue Betty Grable, famosa por sus piernas de un millón de dólares (cantidad por la que decían que se las había asegurado en Lloyds de Londres). A lo largo de los años treinta, Grable (1916-1973) había trabajado en Hollywood en pequeños papeles de reparto. No fue hasta 1940 cuando alcanzó popularidad con su aparición en *DuBarry was a Lady*, en Broadway. Daryl Zanuck de la Twentieth Century Fox la llamó desde Hollywood para su primer papel como protagonista en *Down Argentine Way* (1940), película notoria por ser también el debut de la exótica Carmen Miranda (*véanse* págs. 76-78). Fue un éxito inmediato, y en seguida protagonizó musicales basados en el baile a lo largo de la década. La mayoría de sus películas seguían un patrón que se convirtió en una fórmula mágica: Grable siempre formaba pareja con uno de los galanes de la época: Don Ameche, Dan Dailey o Douglas Fairbanks Jr. La trama era sencilla, los finales felices y el verdadero interés estaba centrado en el baile de Betty. Hermes Pan coreografió diez de sus películas y apareció con ella en cuatro, incluyendo *Moon Over Miami* (1941) y *Pin-Up Girl* (1944).

Fue después de la segunda guerra mundial cuando Hollywood comenzó a ofrecer musicales más elaborados a un público más exigente; la mayoría provenían del productor de la MGM Arthur Freed (1894-1973). Freed, letrista convertido en productor, formó equipo con los mayores talentos de Broadway y Hollywood para producir musicales como *El mago de Oz* (1939), *Meet Me in St. Louis* (1944), *Un americano en París* (1951), *Cantando bajo la lluvia* (1952) y *The Band Wagon* (1953). Al trasladar los directores y los escritores de Broadway a Hollywood, Freed preparó el terreno para la creación de «musicales integrados» en las películas. Contó con los mayores talentos: el director Vincente Minnelli; los coreógrafos Michael Kidd, Gower Champion y Bob Fosse; guionistas como Betty Comden, Adolph Green y Alan Jay Lerner; compositores como Irving Berlin, Cole Porter y Jule Styne, e intérpretes como Gene Kelly (a quien animó a dirigir y coreografiar) y Judy Garland.

Freed rompió con la tradición de muy diversas maneras. Aunque sus películas contaban con grandes estrellas, éstas no eran el ele-

Superior: Betty Grable, estrella de numerosos musicales de los años cuarenta, baila con el coreógrafo Hermes Pan, mientras Evelyn Poe intenta intervenir.

Izquierda: el productor de la MGM, Arthur Freed, logró agrupar lo mejor de Hollywood y Broadway –compositores, coreógrafos y directores– en una serie extraordinaria de películas musicales.

ARTHUR FREED

Nacimiento: 9 de septiembre de 1894

Fallecimiento: 12 de abril de 1973

Nombre real: Arthur Grossman

Méritos: su labor en la MGM le convirtió en el productor de musicales más famoso de la historia del cine. El equipo de Arthur Freed fue sinónimo de excelencia musical.

Inicios de su carrera: intérprete de vodevil, se mudó a Hollywood en el despertar de la revolución del sonido y se estableció como letrista (trabajó habitualmente con Nacio Herb Brown).

Canciones: entre las composiciones de Freed y Brown aparecen temas como «You are my Lucky Star» y «Singing in the Rain».

Primera película: *El mago de Oz* (1939). Su capacidad para intuir y desarrollar talentos queda patente en el papel protagonista que ofreció a Judy Garland.

Películas: entre los musicales legendarios se encuentran *Meet me in St. Louis* (1944), *Easter Parade* (1948), *Cantando bajo la lluvia* (1952), *The Band Wagon* (1953) y *Un americano en París* (1951).

Colaboradores habituales: los que Freed introdujo en la MGM, como Gene Kelly, Fred Astaire, Busby Berkeley, Vincente Minnelli y Stanley Donen.

mento principal como había sucedido hasta entonces en los musicales de Hollywood. Su táctica consistió en crear películas de la mejor calidad, y fue respetado por su capacidad para formar grupos de gran talento que pudieran trabajar juntos con el fin de elaborar un producto unificado. El uso que hizo Freed de los coreógrafos también supuso un cambio en la práctica habitual que Hollywood tenía establecida. Con alguna excepción (por ejemplo, Hermes Pan), los coreógrafos de las películas de Hollywood no eran bailarines. Tenían conocimientos técnicos de cómo filmar una visión artística de la escena como un todo, pero no necesariamente debían coreografiar los bailes; eso lo dejaban en manos de los bailarines. De todas maneras, los coreógrafos de las películas de Arthur Freed que mostraban sus habilidades en el escenario, donde no podían ampararse en los artificios del cine, ponían mucho mas énfasis en el baile.

Algunos de los artistas de Hollywood más famosos dieron lo mejor de sí mismos para el equipo de Freed: Judy Garland y Fred Astaire produjeron números inolvidables, en especial en las películas dirigidas por Vincente Minnelli. En varias películas de Freed, como *The Band Wagon* (1953), Astaire formó pareja de baile con Cyd Charisse, cuyas

«Garland era una verdadera artista: podía interpretar una canción como ninguna otra cantante de su generación [...] No era bailarina, pero pillaba un paso "al vuelo".»

piernas interminables y su clásico estilo complementaron su propia elegancia.

Judy Garland (1922-1969) es una de las artistas que más se ha relacionado con los musicales de la MGM de la época. Como tantas otras estrellas del momento, nació en el seno de una familia dedicada al teatro e hizo su primera aparición en el vodevil cuando era una niña: se estrenó en el cine, con la MGM, con 14 años. Tras una serie de películas musicales de Andy Rooney, en las que formó pareja con Mickey Rooney, apareció en *El mago de Oz* (1939), producida por el equipo de Arthur Freed. Ella continuó rodando películas para Freed: *Girl Crazy*

Superior: una pareja estupenda, Fred Astaire y Judy Garland disfrazados para un número de la película de 1948 *Easter Parade*.

Página anterior: Judy Garland (con Ray Bolger) en *El mago de Oz*, uno de los primeros éxitos de Freed que supuso el comienzo de una larga relación laboral entre la actriz y el productor.

Izquierda: Fred Astaire y Cyd Charisse en *The Band Wagon* (1953), una de las mejores películas de Freed, con una partitura y coreografía excelentes.

(1943), *Meet me in St. Louis* (1944) y *El pirata* (1948), y se casó con Vincente Minnelli, director de algunos de los mejores musicales de Freed.

Garland era una verdadera artista: podía interpretar una canción como ninguna otra cantante de su generación; Gene Kelly diría, tras trabajar con ella en *For Me and My Gal* (1942): «me fascinaba su habilidad. Conocía cada marca y cada movimiento... No era bailarina, pero pillaba un paso "al vuelo".»

Easter Parade (1948) unió a Garland y a Astaire bajo la dirección de Charles Walter, antiguo bailarín y coreógrafo. Walter se aseguró de que los números musicales de la película, coreografiados por Robert Alton, fueran concebidos teniendo la cámara en mente. En realidad Astaire sustituía Gene Kelly, que se había fracturado el tobillo un mes antes de comenzar los ensayos; la película incluye el popular número de Garland y Astaire: «Couple of Swells», donde aparecen disfrazados de indigentes, y algún número de claqué realizado por Ann Miller (*véanse* págs. 107-109), que aparecía por primera vez en una película de la MGM en el papel de rival de Garland que buscaba atraer la atención de Astaire.

Derecha: quizá la imagen más conocida de Gene Kelly, a excepción del número principal de *Cantando bajo la lluvia*, de *Un americano en París* (1951).

Inferior: una secuencia que rompió esquemas de *Levando anclas*, en la que Gene Kelly compartía protagonismo con Jerry, el ratón de la serie de dibujos animados «Tom y Jerry».

«Kelly (1912-1996) poseía un talento único: combinaba formas de ballet clásico con un estilo atlético y habilidad acrobática creando un todo inigualable.»

Aunque no participó en *Easter Parade*, las películas de Gene Kelly para el equipo de Freed se encuentran entre los mejores musicales de todos los tiempos. Kelly (1912-1996) poseía un talento único: combinaba formas de ballet clásico con un estilo atlético y habilidad acrobática creando un todo inigualable. Al igual que otros grandes nombres del equipo de Freed, Kelly comenzó su carrera como bailarín y coreógrafo de Broadway, donde alcanzó la fama con *Pal Joey* (1940). Tras instalarse en Hollywood, en 1942, desarrolló su carrera en películas de la MGM, pero fue con su papel en *Cover Girl* (1944), con Rita Hayworth (*véase* pág. 169), donde verdaderamente mostró su talento. Kelly llegó a realizar algunas coreografías propias: el número con su «alter ego», en el que baila con el reflejo de su propia imagen, es uno de sus momentos cinematográficos más memorables. Kelly fue por primera vez acreditado como coreógrafo por Hollywood en *Levando anclas* (1945), donde baila con Jerry (el ratoncito de los dibujos animados «Tom y Jerry»). Después de esta película, Kelly se incorporó a la marina y dejó Hollywood durante dos años.

Cuando regresó a la MGM, Kelly era un habitual del reparto de Freed; su primera película fue *Ziegfeld Follies* (1946), donde bailó «The Babbitt and the Bromide» con Fred Astaire, la única vez que aparecieron juntos en la pantalla. A Kelly nunca le gustó este número, consideraba que sus estilos no sintonizaban bien y que él se desmerecía como bailarín. Resumió sus diferencias así: «cuando baila, Astaire representa la aristocracia y yo, el proletariado».

Superior: los mejores bailarines de las películas de Hollywood, Gene Kelly y Fred Astaire, en una rara aparición juntos, en *Ziegfeld Follies*.

Superior: Gene Kelly y Leslie Caron en *Un americano en París*, que al igual que *Oklahoma!* incluía un largo ballet dentro de un sueño, coreografiado siguiendo la música de Gershwin.

Página siguiente: probablemente la secuencia de baile más conocida de todos los tiempos, *Cantando bajo la lluvia*, de la película del mismo nombre.

Kelly hizo una de sus mejores interpretaciones en *On the Town* (1949), probablemente porque había cumplido su sueño de dirigirla: fue codirector con Stanley Donen, que era bailarín y coreógrafo. La película, basada en un espectáculo de Broadway del mismo nombre se estrenó en 1944, con música de Leonard Bernstein y coreografía de Jerome Robbins (*véase* pág. 173). Poco quedó de la partitura de Bernstein en la película de Hollywood, y los números de baile fueron vueltos a coreografiar por Kelly y Donen. *On the Town* abrió un nuevo camino en el mundo de los musicales. Muchas de sus escenas fueron rodadas en exteriores de la ciudad de Nueva York: todo un desafío técnico. Kelly introdujo un número de ballet al estilo de De Mille: «A Day in New York», que incluye temas del resto de la película.

Un número de ballet todavía más significativo fue el de la película *Un americano en París* (1951), dirigida por Vincente Minnelli y con música de George Gershwin. La película está considerada la obra maestra de Gene Kelly y termina con una secuencia de un ballet de 17 minutos de duración, acompañado de la obra sinfónica de Gershwin del mismo nombre. Cada fragmento del baile estaba inspirado en un cuadro diferente. En la parte de Toulouse-Lautrec, por ejemplo, el movimiento surgió a partir de la imagen de un yóquei americano del cartel

«El número que muestra a Kelly bailando claqué entre los charcos es uno de los momentos más gloriosos de la historia del cine musical.»

GENE KELLY

Nacimiento: 23 de agosto de 1912

Fallecimiento: 2 de febrero de 1996

Nombre real: Eugene Curran Kelly

Inicios de su carrera: junto a sus hermanos y hermanas comenzó su carrera como uno de los Five Kellys, un espectáculo local de vodevil. Durante cierto tiempo, Gene y su hermano Fred dirigieron una escuela de baile en Pittsburgh, Pennsylvania.

Musicales: saltó a la fama con su papel de Pal Joey, en 1940, en el musical de Broadway del mismo nombre.

Primera película: *For Me and My Girl* (1942) coprotagonizada con Judy Garland.

Películas: *Cover Girl* (1944), *Levando anclas* (1945), *On the Town* (1949) y *Un americano en París* (1951).

Cantando bajo la lluvia: codirigida y coreografiada por Kelly, fue nombrada mejor musical de todos los tiempos por el American Film Institute. La interpretación de Kelly de la canción principal se convirtió en un momento muy influyente en el cine.

Frase: «Cuando baila, Astaire representa la aristocracia y yo, el proletariado».

Superior: Donald O'Connor y Gene Kelly en *Cantando bajo la lluvia*; O'Connor casi eclipsó a Kelly con su rutina acrobática «Make'em Laugh».

«Du Chocolat»; otros fragmentos estaban inspirados en las pinturas de Utrillo, Manet, Rousseau, Van Gogh y Dufy. Aunque el estilo dominante es el ballet, recibe la influencia del aspecto atlético y americano de Kelly.

A pesar de que el baile de *Un americano en París* es un clásico del cine, *Cantando bajo la lluvia* es la película más conocida de Gene Kelly. El número que muestra a Kelly bailando claqué entre los charcos es uno de los momentos más gloriosos de la historia del cine musical. *Cantando bajo la lluvia* tiene otro protagonista: Donald O' Connor, con su inolvidable número cómico «Make'em Laugh».

O'Connor nació en 1903 en el seno de una familia dedicada al circo y al vodevil. Se incorporó al espectáculo familiar con tan sólo 3 años, y debutó en Hollywood a los 13. Su talento cómico fue apreciado por los estudios, por lo que trabajó de forma continuada; entre sus películas destacan aquellas en las que compartía papel con una mula parlante llamada Francis. O'Connor improvisó completamente el número de «Make'em Laugh» en el que tenía como pareja a un muñeco sin cabeza. Repleto de acrobacias, en las que baila por las paredes y es abatido por el muñeco, entre otras cosas, el número es una obra maestra de la comedia, apreciada por el público a lo largo de los años. Irónicamente, la primera versión del número se estropeó por

«... el número de "Make'em Laugh" de O'Connor [...] es una obra maestra de la comedia, apreciada por el público a lo largo de los años.»

problemas técnicos de material, y la versión que vemos, hoy en día, es la segunda grabación que O'Connor realizó tres días después.

Una de las pocas estrellas de los musicales de los años cuarenta que no trabajaba ni en la MGM ni para Freed era Rita Hayworth (1918-1987). Hija de una bailarina española, hizo su primera aparición en un escenario cuando tenía 6 años, y su debut cinematográfico a la edad de 16. Al igual que Judy Garland, Hayworth sabía bailar aunque no fuera una bailarina profesional: fue su presencia escénica lo que hizo de sus películas un mundo aparte. Los musicales que rodó para la Columbia Pictures se distinguían por su aura erótica; su imagen de sirena quedó encapsulada en el único número musical de la película *Gilda* (1946), cuando Hayworth baila «Put the Blame on Mame», con coreografía de Jack Cole. Éste trabajó con Hayworth varias veces, y sabía sacar partido de los peligrosos rasgos su arrolladora personalidad; sin embargo, cuando colaboró con Hermes Pan su imagen parecía ser más dulce y romántica.

Superior: Gene Kelly, Debbie Reynolds y Donald O'Connor en un cartel publicitario de *Cantando bajo la lluvia*.

Derecha: Rita Hayworth en *Tonight and Every Night*, tributo al Windmill Theatre de Londres, que «nunca cerró» durante la segunda guerra mundial, pero que resultaba casi irreconocible en la versión de Hollywood.

«... en los años cincuenta incluso los musicales de la MGM comenzaban a perder su "chispa". Después de haber realizado tantos trabajos originales, los estudios decidieron adaptar al cine éxitos musicales de Broadway...»

Cole (1914-1974) tenía un contrato con Columbia desde 1944; se encargaba de la compañía de baile fija de este estudio. Sus bailarines, que también estaban contratados, recibían clases durante seis horas al día, lo que les mantenía en excelentes condiciones; sus energías y aptitudes técnicas revitalizaban los musicales, de otro modo triviales. El programa de entrenamiento de Cole incluía ballet clásico, además de formas de baile orientales, y su estilo coreográfico era muy dramático, controlado y exigente; quizá por ello se le considera el padre de la primera forma de baile de *jazz* propiamente dicha, adecuada al teatro musical. De todas formas, su trabajo se basaba en las danzas vernáculas ya que estaba fuertemente influenciado por los bailes populares y folclóricos, y a menudo afirmó que todo baile de *jazz* estaba basado en el *lindy hop* (*véase* pág. 140); pero su genialidad radicaba en la capacidad para tomar los movimientos más comunes y convertirlos en teatrales. Su estilo, sensual y casi felino, recibió la influencia de los ritmos del *swing*; detrás del movimiento se esconde un sentimiento de energía comprimido, que a menudo estalla repentinamente, aunque sin dejar de ser suave y fluido.

Aunque Jack Cole fuera un coreógrafo importante, admirado por bailarines y coreógrafos por igual, no fue un hombre demasiado popular, quizá porque nunca consiguió que se le reconociera ningún gran éxito. Sin embargo, su estilo se mantenía vivo en el trabajo de los bailarines que entrenaba, incluido Gwen Verdon (*véase* pág. 176), y su influencia se aprecia en el trabajo de posteriores coreógrafos como Bob Fosse y Jerome Robbins. Impuso un alto nivel de disciplina a sus bailarines y también recalcó la importancia de la motivación detrás del movimiento; ambas cualidades hicieron que otros coreógrafos buscaran a los bailarines que él había preparado. Aparte de trabajar con Rita Hayworth, era el coreógrafo preferido de Marilyn Monroe, ya que conseguía mostrar el erotismo de su personalidad en los números musicales de películas como *Los caballeros las prefieren rubias* (1953) y *Let's Make Love* (1960). Su énfasis en el erotismo perfiló asimismo algunas de sus coreografías de Broadway, como *Kismet* (1954).

A pesar de toda esta energía, en los años cincuenta incluso los musicales de la MGM comenzaban a perder su «chispa». Después de haber realizado tantos trabajos originales, los estudios decidieron adaptar al cine éxitos musicales de Broadway, tales como *Brigadoon* (1954), *Kismet* (1955) y *Kiss Me Kate* (1953). Este último fue notable por ser el que lanzó a la fama a Ann Miller (*véase* pág. 109); pero, a pesar de su gran talento, Miller encontró el prestigio en los musicales de Hollywood sólo después de su época dorada.

Superior: *Brigadoon* emparejó a Gene Kelly y a Cyd Charisse en una fantasía sobre un pueblo fantasma escocés, que casi consigue evitar la imagen campestre estereotipada de Hollywood.

Página anterior: Jack Cole, en 1960, ensaya con Marilyn Monroe una secuencia de baile para la última película de la estrella: *Let's Make Love*.

Regreso a Broadway

Aunque los musicales de Hollywood estuviesen estancados en los años cincuenta, aquella década vio el florecimiento de Broadway. Curiosamente, el primer espectáculo de la década fue un musical que dejó atrás la idea de integración y retomó el estilo de las grandes producciones. *Los caballeros las prefieren rubias*, que se estrenó en el Ziegfeld Theater en diciembre de 1949, fue un gran éxito y convirtió en estrella a su actriz principal: Carol Channing. La coreógrafa Agnes de Mille había estudiado exhaustivamente los espectáculos de vodevil de los años veinte e incorporó hábiles y atractivas mezclas de los bailes de ese período: uno de los momentos preferidos de la actuación reflejaba un *shimmy* al estilo de Gilda Gray (*véase* pág. 38); otro, un número de samba.

«*Guys and Dolls*... se estrenó en 1950 con buenas críticas en todo el mundo; sorprendentemente, los críticos no conseguían encontrar ni un solo fallo al espectáculo.»

Superior izquierda: el gran Robert Alda ayuda a su compañera de reparto, Isabelle Bigley, a poner su nombre en el cartel de *Guys and Dolls*.

Izquierda: las estrellas de la versión de Hollywood, de 1955, de *Guys and Dolls* (de izquierda a derecha): Marlon Brando, Jean Simmons, Frank Sinatra y Vivian Blaine.

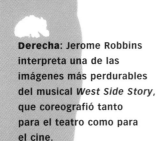

Derecha: Jerome Robbins interpreta una de las imágenes más perdurables del musical *West Side Story*, que coreografió tanto para el teatro como para el cine.

Sin embargo, otros espectáculos continuaron progresando hacia la integración que caracterizó a los años cuarenta. *Guys and Dolls* fue uno de estos espectáculos, y su éxito, no sólo de la versión original sino de todas las demás también, es una prueba de su astuta construcción. Basado en las historias de Damon Runyon, el popular cronista de la vida de Nueva York, el espectáculo contaba con la música de Frank Loesser y la coreografía de Michael Kidd. Se estrenó en 1950 con buenas críticas en todo el mundo; sorprendentemente, los críticos no conseguían encontrar ni un solo fallo al espectáculo. Los bailes mantenían el ritmo y la fluidez del argumento con un gran efecto. La primera escena, un ballet que representa muchos aspectos de la vida de Nueva York, refleja un cuadro indeleble de los lugares donde se desarrolla la acción; los bailes de los clubes nocturnos hicieron una aportación importante a la fuerza cómica del espectáculo.

Michael Kidd (nacido en 1919) fue un destacado coreógrafo de Broadway y de Hollywood; entre sus éxitos figuran: *Finian's Rainbow* (1947) y *Can-Can* (1953); este último espectáculo lanzó a Gwen Verdon al estrellato (*véase* pág. 176). La coreografía de Kidd consiguió el éxito para *Lil Abner* (1956), un musical basado en un popular cómic. En Hollywood coreografió las versiones cinematográficas de algunos musicales de Broadway, como *¿Dónde está Charley?* (1952), *The Band Wagon* (1953), *Siete novias para siete hermanos* (1954), *Guys and Dolls* (1955) y *Hello Dolly!* (1969). Su estilo era muy enérgico, y sus bailes siempre ofrecían una gran información sobre los personajes o la ambientación.

Otro espectáculo que se estrenó a comienzos de la década, *El rey y yo* (1951), fue un éxito importante para el gran coreógrafo Jerome Robbins (1918-1998). Destacó, sobre todo, por la opulencia de sus trajes y decorados, cuyo glamour rememoraba épocas anteriores de Broadway. La coreografía de Robbins fue notable por su belleza y elegancia, así como por sus cuidadosos elementos cómicos.

El mismo Robbins se preparó como bailarín y había actuado en el cuerpo de baile de varios espectáculos de Broadway antes de ser coreógrafo. A lo largo de su carrera trabajó para el ballet y para el teatro popular, y su trabajo se caracterizó por la mezcla de ideas de ambos géneros. De hecho, su primer ballet *Fancy Free* (1944), la historia de tres marineros que estaban de permiso durante la segunda guerra mundial, fue la base del musical de Broadway *On the Town* que se convertiría en la exitosa película protagonizada por Gene Kelly. Robbins colaboró en varios musicales de Broadway, *Wonderful Town* (1953)

«Los bailes de *West Side Story* crearon una imagen de la juventud americana de la época –una postura relajada, pero con una tensión inherente; cautelosa pero informal– que perduró durante mucho tiempo.»

Superior: la portada del álbum de *West Side Story*, una versión de *Romeo y Julieta* con música de Leonard Bernstein y letra de Stephen Sondheim.

y *Fiddler on the Roof* (1964), pero su aportación más trascendente fue la coreografía del musical por excelencia: *West Side Story* (1957).

Los bailes de *West Side Story* crearon una imagen de la juventud americana de la época –una postura relajada, pero con una tensión inherente; cautelosa pero informal– que perduró durante mucho tiempo. Además, los bailes fueron valorados no solamente por ser capaces de adelantarse al argumento, sino por crear el ambiente de emoción y de tensión fundamental para la obra, una versión contemporánea del *Romeo y Julieta* de Shakespeare, que presentaba la relación condenada al fracaso de una joven pareja procedente, cada uno de sus miembros, de bandas rivales de la ciudad de Nueva York. Al combinar elementos del ballet y de bailes populares contemporáneos, como el mambo y el *bebop*, los movimientos de baile eran vigorosos y brutales, expresión de la agitada vida de las bandas callejeras,

y las escenas de pelea, llevadas al baile, dejaban «electrificado» al público. De hecho, los bailes, además de las canciones, contenían más información que el propio libreto del espectáculo, que era bastante corto comparado con el de otros musicales.

Robbins era un coreógrafo exacto y exigente. Insistía en que sus bailarines mostraran un trabajo de la más alta calidad, no solo en términos de técnica de baile, sino también en cuanto a expresividad, es decir, debían interpretar además de bailar. Pero sus elevadas expectativas merecieron la pena, porque los críticos contemporáneos elogiaron los bailes como la parte más importante del espectáculo, aunque otros se quejaron de que representaba de un modo muy realista la cara oscura de Nueva York.

West Side Story se llevó a Hollywood, en 1961, sin adaptaciones, quizá porque Robbins era uno de los directores. También dirigió o codirigió otros espectáculos de éxito como *The Pajama Game* (1954) y *Gipsy* (1959).

La transformación de coreógrafo a codirector era una ampliación lógica de la idea del musical integrado. Las actuaciones conjuntas de baile y canto desempeñaban un papel cada vez más importante a la hora de transmitir información sobre el argumento, por ello resultaba natural que el coreógrafo controlara la obra entera, no sólo las partes correspondientes al baile, para asegurar que el espectáculo estuviera realmente «integrado». Éste fue un aspecto del musical que pronto reconoció Gene Kelly, y por ello dirigió cada vez más, tanto en Hollywood y como en Broadway. Los coreógrafos que triunfaron en la segunda mitad del siglo xx, en particular Bob Fosse, se aseguraban, así, una gran parte del control creativo de sus proyectos.

Robbins fue una de las fuerzas conductoras que llevó los musicales de Broadway a un nuevo nivel: del musical integrado al musical de concepto. En un musical integrado, el contenido del baile y de las canciones muestra aspectos de los personajes y del argumento; en un musical de concepto, por otra parte, todos los aspectos de producción se integran para dar a conocer una idea o tema central. Por

Inferior: una imagen de 1957 de la producción original para teatro de *West Side Story*. Las espectaculares secuencias de baile aseguraron su éxito, y sigue siendo popular 40 años más tarde.

JEROME ROBBINS

Nacimiento: 11 de octubre de 1918

Fallecimiento: 29 de julio de 1998

Nombre real: Jerome Rabinowitz

Méritos: junto con George Balanchine y Agnes de Mille, fue pionero de la fusión del ballet clásico y el baile de *jazz* americano en el teatro musical.

Carrera de baile: comenzó su carrera bailando en Broadway. En 1940 se incorporó al American Ballet Theatre. Papeles a destacar: «Petrouchka».

Coreografía clásica: coreografió *Fancy Free*, su primer ballet, en 1940. Con música de Leonard Bernstein, *Fancy Free* se convirtió en la base de *On the Town*, un popular musical de teatro y cine. Continuó realizando coreografías para el New York City Ballet el resto de su vida.

Musicales: *High Button Shoes* (1947), *El rey y yo* (1951), *The Pajama Game* (1954) y *Fiddler on the Roof* (1964).

Películas: sus éxitos como actor de cine incluyen la vanguardista *West Side Story* (1961), por la que ganó un premio de la Academia.

Legado: su insistencia en el control total de todos sus proyectos permitió una mayor integración entre la narración y el baile. Preparó el terreno para coreógrafos-directores como Bob Fosse.

«... al pensar en Fosse, evocamos imágenes de una mujer sexy, con abundante lápiz de ojos, amplias caderas, hombros elevados, finas muñecas y un bombín».

Inferior: otro gran coreógrafo de teatro y cine fue Bob Fosse; aquí, en un ensayo con los bailarines de *Pleasures and Palaces* en 1965.

ejemplo, la canción «Tradition», que abre *Fiddler on the Roof* de Robbins, es el prototipo de canción de un musical de concepto: no explica el argumento, pero sí revela el tema en el que se centra el espectáculo.

Robert Fosse (1927-1987) fue otro coreógrafo que, manteniendo el control absoluto de todos los aspectos de sus trabajos, llevó el baile a un nuevo y emocionante nivel. Su estilo coreográfico se recuerda como uno de los más peculiares; al pensar en Fosse, evocamos imágenes de una mujer sexy, con abundante lápiz de ojos, amplias caderas, hombros elevados, finas muñecas y un bombín.

Dado que había estudiado danza, e incluso claqué, en sus años escolares, Fosse estaba influenciado por la experiencia de sus actuaciones en locales sórdidos y clubes de *striptease* de su juventud. Tras una temporada actuando en espectáculos para la armada estadounidense, trabajó en cuerpos de baile de varias producciones para giras antes de hacer su debut en Broadway, en 1950, con la revista *Dance Me a Song*. Pasó tres años en Nueva York colaborando en teatro, televisión y clubes nocturnos antes de lanzarse a Hollywood. En su tercera película, *Kiss Me Kate* (1953) le dieron la oportunidad de coreografiar un número para él y Carol Haney. George Abbott, escritor y director que buscaba un equipo para la producción de Broadway *The Pajama Game* (1954), quedó deslumbrado por Fosse, así que él y el codirector Jerome Robbins le ficharon como coreógrafo. Las coreografías de Fosse eran rápidas e intrincadas, y una en particular, «Steam Heat», resultó una auténtica bomba. El espectáculo fue un éxito, tanto de taquilla como de crítica, y lanzó su carrera al estrellato.

El siguiente trabajo de Fosse fue como coreógrafo para la producción de Broadway *Damn Yankees* (1955), una versión en comedia musical de la leyenda de Fausto. En ese espectáculo conoció a Gwen Verdon, que se convirtió en su primera esposa. (Aunque el matrimonio no duró, mantuvieron una buena relación durante toda su vida: de hecho, Fosse murió en los brazos de Verdon.) Verdon se hizo famosa por la producción de Broadway *Can-Can* (1953). Aunque sólo obtuvo un papel de reparto, se apropió del espectáculo, sobre todo en su baile apache. Los bailes que Fosse creó para ella en *Damn Yankees*, en la producción de Broadway y en la película de Hollywood, mostraron lo mejor de sus cualidades, y juntos formaron una pareja muy creativa.

Desde entonces, Fosse coreografió o dirigió todos los espectáculos de Verdon, y ella se convirtió en su musa. Ella había trabajado durante años con Jack Cole (véase pág. 171), y se había beneficiado de su exigente preparación; en su trabajo con Fosse, aportó una interpretación y un dominio de la técnica de baile a la visión creativa de aquél.

Izquierda: Fosse con Gwen Verdon en *Damn Yankees*, un musical basado en la leyenda de Fausto, que él dirigió, en 1955, en Broadway.

Inferior: un cartel de la película de Fosse *Sweet Charity*, protagonizada por Shirley MacLaine, un musical que antes había dirigido en Broadway.

Desde finales de los años cincuenta en adelante, Fosse dirigió y coreografió todos los espectáculos en los que ella trabajó, con una excepción: *How to Succeed in Business without Really Trying* (1961), dirigido por Abe Burrows, que había trabajado en *Guys and Dolls*. El control que tenía Fosse sobre su trabajo fue la clave de su éxito, porque podía imponer su concepto creativo en su totalidad. De hecho, sus trabajos en películas y teatro destacan por su profunda visión: un espectáculo de Fosse se reconoce de inmediato como tal. A Fosse se le conoció por su manera de mostrar el lado oscuro de la ciudad, los clubes de baile y los clubes nocturnos llenos de humo. Su escenografía era espectacular, pero, detrás de todo ello, el baile era cautivador por sí mismo.

BOB FOSSE

Nacimiento: 23 de junio de 1927

Fallecimiento: 23 de septiembre de 1987

Inicios de su carrera: realizó giras con su propia compañía de baile, los Riff Brothers, cuando tenía sólo 13 años. Sus sórdidas experiencias juveniles influyeron mucho en su estilo coreográfico.

Carrera de baile: trabajó en Broadway y en Hollywood. Apariciones en películas como *Damn Yankees* (1958) y *Kiss Me Kate* (1953).

Primera coreografía: la producción original de *The Pajama Game* (1954). Su innovadora presentación del número «Steam Heat» introdujo su estilo provocador que se convertiría en su característica más notoria.

Musicales: definió el papel del director/coreógrafo con espectáculos como *Damn Yankees* (1955), *Sweet Charity* (1966), *Pippin* (1972) y *Chicago* (1975). El espectáculo en su homenaje *Fosse* fue un gran éxito en Broadway en 1999.

Películas musicales: con *Sweet Charity* (1969) Fosse se convirtió en el primer coreógrafo desde Busby Berkeley que controlaba toda la producción. Ganó un premio de la Academia con *Cabaret* (1972).

All That Jazz: su última película musical. Se dice que es una introspección autobiográfica de su manera de trabajar y de sus relaciones personales.

El resultado del doble papel de Fosse como director y coreógrafo quedó patente en la puesta en escena de *Sweet Charity* (1966), protagonizada por Gwen Verdon en el papel de la dueña de una sala de baile de Nueva York, que anhela el amor y el matrimonio, pero termina con el corazón destrozado. Las coreografías eran electrizantes, y la recreación de los distintos ambientes era excelente. Al crearlas, Fosse aplicaba su propia experiencia al recordar sus actuaciones en los sórdidos locales de *striptease*. El espectáculo fue un gran éxito, pero la versión cinematográfica de *Sweet Charity*, la primera experiencia de Fosse como director de cine, fracasó: se le criticó por sobreactuar y por el pobre trabajo de cámara. Shirley MacLaine interpretó el papel de Gwen Verdon, pero le faltaba su fuerza. Sin embargo, en una época en la que los musicales no tenían mucho éxito, Fosse aportó un elemento de innovación y emoción.

En su siguiente trabajo cinematográfico como director, Fosse se mostró más disciplinado, y como resultado de ello, sus números de baile volvieron a brillar. *Cabaret* (1972), su segunda película, devolvió a Fosse a los buenos libretos de Hollywood; la película ganó ocho Oscars: uno para Fosse como mejor director. De nuevo ambientada en el sórdido mundo del espectáculo, ésta vez en Berlín, *Cabaret* presume de tener algunas de las imágenes más perdurables de Fosse. La película *All That Jazz* (1979), un retrato de Joe Gideon, un adicto al trabajo, fumador y bebedor empedernido (interpretado por Roy Scheider), se supone autobiográfica. Las elaboradas coreografías, protagonizadas en varias ocasiones por Ann Reinking, otra estrella de Fosse, eran increíbles por su imaginación y fuerza.

Fosse también alcanzó algunos éxitos notables en Broadway, en especial con *Pippin* (1972) y *Chicago* (1975). En cuanto al primero,

«... en una época en la que los musicales no tenían mucho éxito, Fosse apartó un elemento de innovación y emoción.»

Derecha: Ann Reinking en *All That Jazz*, película dirigida por Bob Fosse en 1979, de la que se dice fue autobiográfica.

Superior: Liza Minnelli en su papel más importante de la película más famosa de Fosse, *Cabaret*, rodada en 1971 y ambientada en la decadencia del Berlín de los años veinte.

Derecha: *Chicago*, que Fosse llevó al teatro en 1975, fue uno de sus últimos éxitos, protagonizada también por Gwen Verdon; aquí, con Chita Rivera.

Fosse se reconoció como director y coreógrafo, pero se decía que él también escribía muchos de los guiones. La elaboración de *Pippin* fue similar a la de un espectáculo de vodevil que contaba la historia de la vida de Pippin (o Pepín, hijo del rey francés Carlomagno), a través de una serie de números musicales y presentada por el actor principal. Fosse fue coautor, director y coreógrafo de *Chicago*, y la estrella era su favorita: Gwen Verdon. Este espectáculo, ambientado en el sórdido mundo de los suburbios de Chicago, presentaba muchas similitudes con su otro gran éxito: *Cabaret*. Este espectáculo también fue creado como una revista de vodevil, con coreografías y canciones impresionantes al estilo de *All That Jazz* y *Razzle Dazzle*, unidas todas ellas por un sencillo argumento.

El estilo sensual y sórdido de Fosse reflejó el gran desarrollo de las coreografías desde los inocentes días de los años cincuenta. Durante mucho tiempo precursoras del romanticismo, las coreografías modernas tenían que reflejar ahora la complejidad, sexualidad y anarquía de la cultura del *rock*.

La generación del *rock and roll*

Saltar, bailar el *jive* y girar

El *twist*

El *mashed potato*

Cada uno a su estilo

Soul

Tamla Motown

La prosperidad económica de los años cincuenta pudo haber sido un bálsamo para las heridas de una generación fraguada en el horno de las dos guerras mundiales y en la más devastadora depresión económica que el mundo haya conocido, pero éste no fue un ambiente ideal para la innovación cultural.

La generación del *rock and roll*

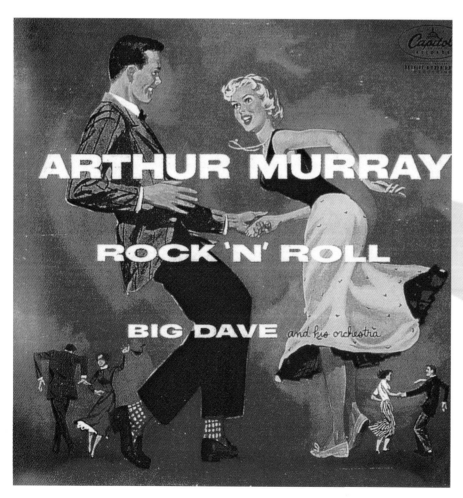

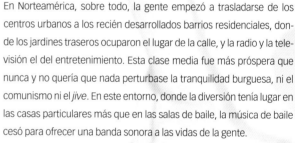

En Norteamérica, sobre todo, la gente empezó a trasladarse de los centros urbanos a los recién desarrollados barrios residenciales, donde los jardines traseros ocuparon el lugar de la calle, y la radio y la televisión el del entretenimiento. Esta clase media fue más próspera que nunca y no quería que nada perturbase la tranquilidad burguesa, ni el comunismo ni el *jive*. En este entorno, donde la diversión tenía lugar en las casas particulares más que en las salas de baile, la música de baile cesó para ofrecer una banda sonora a las vidas de la gente.

En las ciudades también el baile sufrió las complejidades y banalidades del panorama musical popular. El *bebop* continuó su propio camino, y en cualquier parte la escena musical estaba dominada por las dulces banalidades de los cantantes populares. En el escenario, desde siempre el lugar de nacimiento de los nuevos estilos de baile, el cabaret estaba de «capa caída», y la coreografía musical se acercaba cada vez más al mundo del ballet clásico. El baile social, propiamente dicho, había alcanzado un grado de deterioro y convencionalismo que no se había visto desde los días anteriores a la gran época del *ragtime*. Dentro de este agobiante conformismo, empezaba a escucharse una nueva voz. Era joven y (lo que es más importante) tenía poder adquisitivo: había llegado «el adolescente».

Cualquiera que fuera la razón ideológica, la generación de la posguerra sintió menos presión de copiar los estilos de vida de sus padres. El concepto de rebelión generacional puede que no fuera nuevo –en el baile siempre había sido un incentivo para la evolución de nuevos estilos–, pero por primera vez un gran sector de la sociedad tenía el tiempo y el dinero con los que defender su identidad colectiva. Ade-

Derecha: las películas baratas en las que se explotaba el baile no surgieron con el fenómeno del *rock and roll*; esta característica musical de 1946 fue un medio para Dizzy Gillespie y otras estrellas del *jazz* del momento.

Inferior: parece extraño que las cafeterías, aparentemente inocentes y «sin alcohol», con sus máquinas de discos, promovieran el *rock and roll* con su imagen de rebelión adolescente.

«Dentro de este agobiante conformismo, empezaba a escucharse una nueva voz. Era joven y (lo que es más importante) tenía poder adquisitivo. Había llegado "el adolescente".»

más, había una variedad de nuevos medios de comunicación a través de los cuales la juventud podía expresar su voz.

En las películas, James Dean y Marlon Brando inmortalizaron la imagen de la rebelión de los apesadumbrados adolescentes. En televisión, *American Bandstand* y programas similares transmitían a los hogares los nuevos estilos y la nueva música; cualquiera y en cualquier

lugar que contara con un transistor podía sintonizar los nuevos sonidos. Por primera vez, los nuevos estilos de baile no tuvieron que filtrarse desde los semilleros de innovación creativa como la sala de baile Savoy o el teatro Lafayette de Harlem (*véase* pag. 52). El *rock and roll* llegó a cada hogar completamente elaborado y empaquetado de forma profesional. Para formar parte de él solo se tenía que ser joven y «estar en el rollo».

Saltar, bailar el *jive* y girar

El *rock and roll* llegó de alguna parte, por supuesto –sus raíces se sitúan en la cultura afroamericana–, y el *swing* no había dejado de existir de repente con la llegada de Charlie Parker y «Birdland». Junto con el *bebop* y el *blues* electrificado del norte industrial, el breve ritmo y los combos del *blues* desempeñaron su papel. Más pequeñas y más compactas, estas bandas comenzaron a ofrecer un *jump blues*

más explosivo, una enérgica combinación de secciones de ritmos duros y progresiones de *blues*, a menudo acompañadas de característicos golpes de trompa y gemidos del saxo. Se trataba, sin duda, de música de baile, y entre los mejores expertos de *jump blues* estaban Louis Jordan (1908-1975) y «Big Joe» Turner (1911-1985), que escribió el himno del *rock and roll* «Shake, Rattle and Roll».

El baile de *swing* no había desaparecido totalmente. Evolucionó y se clonó en una miríada de diferentes formas y variantes. El *jitterbug*, el *jive*, el *boogie-woogie* y el original *lindy hop habían* sobrevivido a todo desde los días de las Big Bands, pero estos estilos requerían como norma un gran espacio para moverse. Estos estilos quedaron agrupados bajo el título colectivo de *East Coast swing*; pero el declive de las grandes salas de baile y el desarrollo de bandas de *rhythm and blues* más pequeñas dieron como resultado la evolución hacia un estilo de baile más apretado, más lineal y más definido: el *West Coast swing*, que incluye estilos como el *push*, el *whip* o el *shag*.

A principios de los cincuenta casi todos los bailes de *swing* se conocían como *jive*, término que se usó para referirse a los improvisados bailes de *swing*, muchos de ellos basados en la expresión individual así como en los pasos en parejas. De hecho, esto era una versión

Superior: el promotor y pinchadiscos Alan Freed fue el pionero de la presentación de artistas de *rhythm and blues* y *rock and roll* al público adolescente blanco.

Derecha: baile del *madison*; el *rock and roll* reafirmó el papel del baile como parte del ritual social de los encuentros entre chicos y chicas, que ya existían en las salas de baile desde principios de siglo.

moderada del pasado alborotador del *swing*. El *madison* también fue muy popular en esta época: un baile que se ejecutaba en una fila con una música distintiva; el *madison* fue uno en la larga lista de los bailes novedosos que salpicaron este siglo.

Todos estos componentes –*jump blues*, *jive,* identidad adolescente– prepararon el nacimiento del *rock and roll*. El padre del *rock and roll* –o, por lo menos, la persona que se considera que le otorgó un título nuevo al *rhythm and blues* y se lo vendió a los jóvenes blancos– fue el locutor y pinchadiscos Alan Freed (1922-1965). Cuando una productora local de discos le informó que los niños compraban discos de *rhythm and blues* en grandes cantidades, Freed comenzó a ofrecer al público de las ondas lo que quería. El 11 de julio de 1951 empezó la emisión de «Moon Dog's Rock and Roll Party» más allá de Cleveland, Ohio. Según la leyenda, tras reconocer que el término *rhythm and blues* (que en algunos lugares hacía referencia a la música «racial») no resultaba atractivo, Freed dio a sus discos el título de *rock and roll*.

Los orígenes del término *rock and roll* están rodeados de mito. Irónicamente, una frase que buscaba inspirar respetabilidad, equivalía a «sexo» en el argot de la comunidad negra; esto puede tener algo que ver con el hecho de que fuera tan adecuado para designar una nueva forma musical. La energía visceral de la música era impulsada, al menos en parte, por la testosterona. Es posible que *rock and roll* fuera simplemente una expresión que surgió del *rhythm and blues*, por ejemplo de «Good Rockin' Tonight» o «Shake, Rattle and Rock» de Roy Brown, o que con *rock and roll* simplemente se llamara a las cosas por su nombre: aquí hay música para bailar.

Era imposible quedarse inmóvil escuchando *rock and roll*: sus fuertes y acentuados golpes casi obligaban a los jóvenes a levantarse

Izquierda: Elvis, en 1956, en una postura típica que representa uno de sus muchos éxitos: canciones que debían mucho a la música negra del *rhythm and blues*.

«Elvis Presley –el Rey– siempre decía que su rotación de caderas era una respuesta sincera a cómo le hacía sentir la música.»

Superior: para muchos, el hombre que representó la era del *rock and roll* fue Elvis Presley; aquí baila en el escenario con una chica del público.

«La energía de Presley, Little Richard, Jerry Lee Lewis y el resto se introdujo inevitablemente en los pies de aquellos que bailaban el nuevo sonido.»

y a moverse, tanto si estaban en una sala de baile como en un cine o en sus propios dormitorios. Elvis Presley –el Rey– siempre decía que su rotación de caderas era una respuesta sincera a cómo le hacía sentir la música. Otros, sin embargo, no estaban de acuerdo, y Presley apareció en televisión, en el espectáculo en directo de Ed Sullivan, solamente de cintura para arriba para no incitar un comportamiento degenerado. Retrospectivamente, es posible sentir comprensión hacia Presley. Aunque los que le rodeaban eran más que capaces de aprovecharse de las ventajas económicas de la locura adolescente, es probable que Elvis fuese inocente de cualquier acusación. Instintivamente, Elvis reaccionaba tal como le hacía sentir la música, igual que tantos otros músicos habían hecho antes, sólo que en esa época, el músico, Elvis, era blanco.

De hecho, el baile social había intentado situar el centro de gravedad en la pelvis desde hacía más de cincuenta años. El *mooche*, el *Georgia grind* y el *slow drag* eran bailes afroamericanos que ya existían en el siglo XIX. Las rotaciones pélvicas habían sido un elemento principal del número de Bert Williams cincuenta años atrás. Él lo llamó el *mooche* (*véase* pág. 27). El *mooche* y otros movimientos como éste habían estado presentes en el *ragtime* y las danzas animales (*véanse* págs. 28-30) antes de la primera guerra mundial, pero habían sido eliminados conforme el baile empezó a introducirse en la sociedad sofisticada. En los años veinte, cualquier visitante del Cotton Club en Harlem podía ver a un bailarín excéntrico que se llamaba a sí mismo «Snake Hips» Tucker («caderas de serpiente«) en honor a su espectáculo. El baile de Elvis Presley no fue destacado porque fuera nuevo; más bien era una manifestación física de lo que había ocurrido en la

música popular. La influencia negra había cesado para quedar latente y se había convertido en algo más abierto.

La energía de Presley, Little Richard, Jerry Lee Lewis y el resto se introdujo inevitablemente en los pies de aquellos que bailaban el nuevo sonido. El baile del *rock and roll* era básicamente baile de *swing*, pero con un atrevimiento y una energía sexual no vista desde los primeros días del *lindy hop* (*véase* pág. 140). Igual que en los principios de la evolución del *lindy*, la importancia dejó de residir en los pies para trasladarse a los pasos en el aire (*air-steps*). Los bailarines se movían de un modo que mucha gente tachó de extremadamente provocador. Las chicas colocaban sus piernas alrededor de la cintura de sus parejas o se deslizaban entre sus pies. Los bailarines danzaban literalmente por encima, por debajo y alrededor de sus parejas, y giraban utilizando sus cuerpos por completo. Era sexual, atlético y estimulante.

La industria del ocio, al darse cuenta que el *rock and roll* era algo más que una moda pasajera –y una rebelión de la juventud–, que iba a permanecer, se propuso dominarla. Desde el principio, películas como *Rock Around the Clock*, *Don´t Knock the Rock* y *The Girl Can´t Help It* (todas de 1956) ayudaron a satisfacer el apetito del *rock and roll* en Norteamérica y Europa; pero, sin ninguna duda, la mayor influencia en la difusión de su popularidad fue el programa televisivo de Dick Clark *American Bandstand*.

En 1956, las canciones populares se escuchaban ya en todas las emisoras de radio del país. En 1954, Texas Instruments había empeza-

do a comercializar el primer transistor de radio, y su tamaño y el hecho de ser portátil supuso que la gente podía escuchar música a todas horas y en cualquier lugar. Y lo que es aun más importante, los adolescentes podían reunirse y escuchar los nuevos sonidos lejos de sus padres. La cadena de televisión WFIL de Philadelphia, Pennsylvania, tuvo la idea de trasladar este formato a la televisión. Presentado por Bob Horn, un locutor y pinchadiscos, *Bandstand* emitió localmente y tenía como protagonistas a un público invitado formado por los jóvenes de la zona. El programa demostró tener éxito, y en julio de 1956, otro locutor local, Dick Clark, tomó el relevo como presentador del programa. En 1957 se emitía a escala nacional, y fue tal el impacto causado que cuarenta años más tarde Clark todavía lo presentaba.

A diferencia de muchos programas de música popular que seguían sus pasos, el público de *Bandstand* no se encontraba aislado en el plató, sino que la cámara se movía por el estudio para filmar a los jóvenes que bailaban, y muchos de los que asistían regularmente se dieron a conocer en todo el país. Cuando las parejas bailaban la última canción, que siempre era lenta, los espectadores miraban si se había producido algún lío amoroso y se fijaban en sus favoritos para observar el vestuario y el peinado que llevaban. Bailar era el corazón del programa.

Las variantes del baile del *swing*, incluyendo el *rock and roll*, fueron los bailes principales de *American Bandstand*, pero del mismo modo que se suavizó la moda de la calle en el programa –chaquetas, camisas y corbatas eran obligadas para los hombres–, también se evi-

Superior izquierda: el plató del popular programa televisivo *American Bandstand,* que llevó la música del *rock and roll* a todos los hogares de Estados Unidos.

Superior: el presentador de *American Bandstand*, Dick Clark, sentado entre varios miembros del público durante una grabación de 1960.

tó fomentar los salvajes excesos del baile del *rock and roll*. Dick Clark, cuyo papel en el programa fue el de «hermano mayor», fue un maestro en el arte de deshacer parejas acarameladas para sacarlas de los rincones más oscuros si era necesario. (Una sátira de ello se observa también en el musical *Grease*, de los años setenta, *véase* pág. 222, con una divertida parodia de Clark, su programa y los bailes que en él aparecían.)

Por lo general, el programa organizaba concursos con normas sencillas que rememoraban los maratones de baile de 1930 (*véanse* págs. 134-135). Los bailarines llevaban un número, y los espectadores votaban durante varias semanas; a los ganadores se les otorgaba un sencillo trofeo y unos minutos de fama. El ambiente estaba preparado para la innovación, y a lo largo de los años el programa se convirtió en una incubadora de modas de baile y nuevos estilos. El *bunny hop*, el *stroll* y el calipso se contaban entre los bailes que se extendieron de un lado al otro del país desde los estudios de Philadelphia. El *stroll* es un buen ejemplo de cómo un nuevo baile podía crear un disco de éxito. Éste era un baile lento, inspirado en la canción «C.C. Rider» del «rey del *stroll*» Chuck Willis, y Clark llegó a insinuar que esas canciones habían sido creadas específicamente para el baile. En 1957, el éxito «Lil' Darlin'» de los Diamonds fue una respuesta directa a la sugerencia de Clark.

El *twist*

Dick Clark fue mucho más que el presentador del programa de televisión. También usó su influencia en *Bandstand* para convertirse en una poderosa figura dentro de una nueva y revitalizada industria discográfica.

Más incluso que con el transistor, la música popular se transformó con la llegada del *single* de 7 pulgadas. Hasta ese momento, la música popular había estado disponible sólo en discos de 78 r.p.m. La calidad del sonido era más pobre, y los discos en sí eran frágiles y no se podían transportar para utilizarlos en fiestas. Por otro lado, los discos de 45 r.p.m. eran ligeros, portátiles y extremadamente duros, y se podían llevar dentro de la bolsa del adolescente más descuidado. Y lo que era más importante, su producción resultaba bastante fácil, y el económico proceso de fabricación significó que las pequeñas discográficas independientes tenían alguna posibilidad de competir con los peces gordos de la industria discográfica. Para todas estas compañías, el factor más importante del éxito era la emisión de sus discos en la radio y la televisión, y Dick Clark pronto se dio cuenta de que controlaba el acceso al tiempo en antena de este negocio.

A finales de la década, Clark tenía en propiedad o intereses en, al menos, 33 empresas relacionadas con el negocio musical, y aprove-

Izquierda: Chubby Checker explotó el fenómeno del *twist* hasta el límite con un sinfín de variaciones del tema.

Página anterior: Chubby Checker. Su versión de «The Twist» inspiró el fenómeno global del baile, y su éxito se debió a su facilidad para bailarlo.

chaba su posición para promocionar y reseñar discos que él mismo había ayudado a producir. En 1959 admitió obtener un 27 % de participación por cada disco promocionado en su programa. Él no estaba solo, y el escándalo hizo fracasar la carrera de su contemporáneo Alan Freed. Aunque Clark escapó del juicio con su reputación intacta, tuvo que renunciar a enormes cifras millonarias de sus inversiones en la industria musical. No obstante, Clark era astuto y continuó promocionando artistas a los que presentaba en su propio programa. Uno de estos artistas fue Chubby Checker, de Philadelphia.

Chubby Checker –su nombre real era Ernest Evans– nació el 3 de octubre de 1941, en Philadelphia. En 1959, mientras trabajaba en una pollería, creó su primer disco: «The Class». Tras esta primera canción se convirtió en uno de los artistas que disfrutaban del patrocinio de Dick Clark y también del sello local independiente Cameo-Parkway. El apodo de Checker, Chubby –una alusión deliberada a Fats Domino–, se lo puso, según cuentan, la mujer de Clark. Checker grabó un segundo *single*: «The Twist», y luego fue descubierto en *American Bandstand*. La canción la había grabado originalmente Hank Ballard y los Midnighters, pero Checker creó una versión alegre y ligera de ella. En la línea del programa, este disco se diseñó para acompañar

«... la música popular se transformó con la llegada del *single* de 7 pulgadas.»

CHUBBY CHECKER

Nacimiento: 3 de octubre de 1941

Nombre real: Ernest Evans

Apodo: «Chubby»; se dice que se lo puso la esposa del presentador Dick Clark.

Inicios de su carrera: un anodino desplumador de pollos de Philadelphia, Pennsylvania, su primer disco, «The Class» (1959), atrajo la atención del empresario Dick Clark.

«The Twist»: Checker grabó una versión de «The Twist» de Hans Ballard (1960) y la presentó en una interpretación única en *American Bandstand*. El disco fue un éxito y creó una nueva sensación de baile. Su éxito llevó a multitud de imitaciones.

Otros discos: entre 1959 y 1964, Checker obtuvo más de veinte éxitos en las listas solamente en Estados Unidos. Entre ellos destacan: «Boggie Woogie» (1962), «Let´s Twist Again» (1963) y «The Hucklebuck» (1960).

Clave del éxito: Checker reflejaba en sus joviales actuaciones el espíritu y el estilo del baile.

Hecho destacado: «The Twist» es el único disco que fue número uno en Estados Unidos en distintos años e interpretado por el mismo artista.

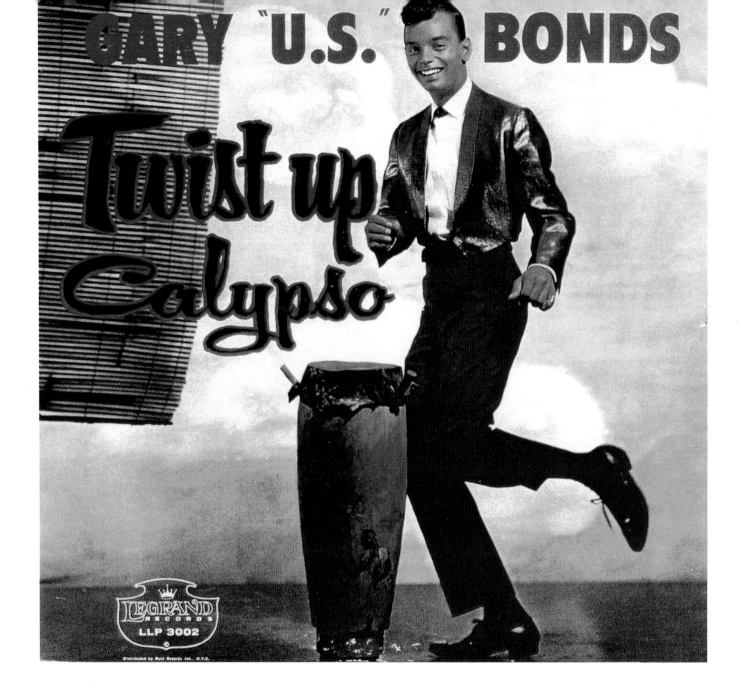

GARY "U.S." BONDS

Twist up Calypso

LEGRAND RECORDS
LLP 3002

Distributed by Real Records Inc., N.Y.C.

Superior: Gary «U.S.» Bonds, cuyo gran éxito fue «Quarter to Three», de 1961, intentó triunfar con su *twist-and-calypso*.

al baile más novedoso de esos momentos. Sin embargo, el baile se convirtió en un fenómeno universal.

El *twist* fue la culminación de más de cincuenta años de evolución social del baile. A lo largo del siglo, innumerables estilos de baile habían animado a los bailarines a abandonar a sus parejas para expresarse individualmente. Sin embargo, siempre había sobrevivido el baile en pareja de una forma u otra. Incluso en el *rock and roll*, los bailarines se cogían de las manos aunque sólo fuera por la yema de los dedos. Ahora, finalmente, había llegado un baile que no requería pareja en absoluto. Durante su ejecución, un bailarín no necesitaba tocar a otro. El *twist* se podía bailar solo.

El baile que Checker interpretó en *Bandstand*, en 1960, no podía haber sido más fácil de hacer. Con un pie hacia delante, el bailarín debe girarlo como si apagase un cigarrillo, mientras, al mismo tiempo,

contonea las caderas. Los brazos se balancean de un lado a otro como si se secase la espalda con una toalla después de una ducha. Y eso es todo. Era fácil, no costaba aprenderlo y cualquier persona podía hacerlo en cualquier momento. El *twist* fue el primer baile que se podía ejecutar con la misma facilidad en la intimidad del dormitorio como en las concurridas salas de baile. Los pasos, el aspecto y la sensación podían ser exactamente los mismos.

El *single* «The Twist» fue número uno de la lista de éxitos de Estados Unidos durante dos años consecutivos. En 1962 cruzó el Atlántico y demostró el mismo éxito en Gran Bretaña. Le sucedieron «Boogie Woogie» y «Let's Twist Again», que fortalecieron la reputación y el baile de Checker en todo el mundo. En la época inmediatamente previa a los Beatles, Chubby Checker se convirtió en una de las mayores atracciones del mundo del espectáculo, a pesar de que otros artistas pro-

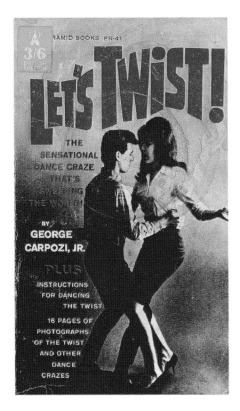

ducían discos de *twist* y alimentaban el fenómeno internacional. Algunos de estos discos eran simplemente viejos *rhythm and blues* pulidos y editados de nuevo; otros eran canciones que intentaban sacar partido del fenómeno. «Twist and Shout» de los Isley Brothers y «Twisting the Night Away» de Sam Cooke fueron, quizá, los mas conocidos.

El *twist* fue algo más que una moda adolescente pasajera. Los *singles* de Checker resurgieron una y otra vez en las listas de éxitos porque el baile continuó siendo popular en las siguientes generaciones. En realidad, el *twist* marcó un momento decisivo en el entretenimiento popular –desde ese momento, la música y el baile del *rock and roll* ejercieron un enorme atractivo entre generaciones. En este aspecto preparó el camino para los Beatles y para la invasión del *beat*. El *twist* fue el tipo de baile más comercializado hasta entonces; además de discos, las tiendas vendieron todo tipo de artículos relacionados con él: desde corbatas hasta zapatos. Un libro titulado *Doing The Twist* vendió 125.000 copias en diez días. Un club de Nueva York, el Peppermint Lounge, pasó a ser el centro del fenómeno. Aquí desde Arthur Murray hasta Greta Garbo acudieron a mover sus caderas al ritmo del *twist* y, más importante aún, a ser vistos mientras bailaban. Incluso Joey Dee y los Midnighters tenían un tema de éxito llamado «Peppermint Twist». Joey Dee era uno de los músicos que actuaba en ese club.

> «El *twist* fue la culminación de más de cincuenta años de evolución social del baile [...] Ahora, finalmente, había llegado un baile que no requería pareja en absoluto.»

Superior: dada su simplicidad, el baile no parece un tema adecuado para un libro, pero este hecho, obviamente, no le importó al escritor George Carpozi Jr.

Izquierda: aunque sólo hicieran una grabación de *twist*, una versión de «Twist and Shout» de los Isley Brothers, a los Beatles no les importó participar en la moda, como nos muestra Ringo Starr en 1964.

LOS BAILES DE MODA DE LOS AÑOS CINCUENTA Y SESENTA

Frug: evolución del *twist*. El trabajo de los pies cesó, y los movimientos de los brazos compensaron los movimientos de las caderas, que cada vez eran menores. También se conoce como *surf*, *big sea* y *thunderbird*.

Hand jive: generalmente era practicado por aquellos que no querían o no podían bailar y fue llevado a la fama con «Willie and the Hand Jive», de Johnny Otis (1958). Los artistas británicos Cliff Richard y Eric Clapton también hicieron versiones de este tema.

Madison: se le conoce como el mejor baile de grupo de los años cincuenta. Las parejas bailaban en una fila. Otros son: el *bop*, el *jet* y el *locomotion*.

Mashed potato: otra pantomima descendiente del *twist*. El nombre le viene del movimiento de los brazos y las manos. Este baile nos recuerda al charlestón.

Stroll: baile creado por el programa de televisión estadounidense *American Bandstand*. El baile lento y lineal fue inspirado por el «rey del *stroll*» Chuck Willis y la canción de 1957 «Lil' Dalin'» de los Diamonds.

Twist: el regalo de Chubby Checker al mundo. El baile más famoso de la generación. No podía ser más fácil: «gira el pie como si estuvieses apagando un cigarrillo y simula que te secas la espalda con una toalla».

El *mashed potato*

Inevitablemente el *twist* engendró numerosos bailes similares que imitaban los gestos y onomatopeyas de los animales, y con éstos, la escena del baile se empezó a parecer sorprendentemente al fenómeno de los bailes animales que se produjo antes de la primera guerra mundial. (Incluso hubo un resurgir del *turkey trot*; *véanse* págs. 29-30). Tan sencillos como el original, estos bailes tenían nombres que daban una indicación de su ejecución. El *mashed potato* (puré de patatas) requería que uno se imaginara triturando patatas; el *pony* hacía referencia a que uno debía mover las rodillas como un caballo al trote; el *Marilyn* era una imitación de los movimientos de Marilyn Monroe. Otros, como el *frug*, el *boogaloo*, el *slop* y el *watusi* se diferenciaban en detalles tan pequeños como insignificantes. Checker también intentó prolongar el fenómeno con la edición de discos que se correspondieran con las nuevas tendencias del baile, pero casos como el de «The Fly» (1961) y «Limbo Rock» fracasaron por no despertar la imaginación del público.

Aunque el *twist* había provocado una revolución en la forma de baile, la música en sí no aportaba nada nuevo. Sin embargo, la generación del *beat* estaba a punto de apoderarse de la escena musical, y los ligeros discos de Checker no serían capaces de competir. No obstante, se había impuesto el baile en solitario.

Los críticos censuraron este baile en solitario. Argumentaron que el baile era una manifestación de la postura aislada del individuo dentro de una sociedad moderna y dividida. No obstante, los bailarines lo percibían de otro modo. Bailarines de *twist* y de otros bailes en solitario creían sentirse más concienciados respecto a su entorno generacional que nunca (al menos en el siglo XX). Una pareja que bailara el vals podía estar haciéndolo toda la noche sin preocuparse de lo que acontecía a su alrededor. Alguien que bailara el *twist* no podía evitar observar a los demás bailarines. A partir de ahora, la fidelidad del bailarín empezó a vincularse al grupo y no a la pareja.

«Aunque el *twist* había provocado una revolución en la forma de baile, la música en sí no aportaba nada nuevo.»

Superior: el *hand jive*, un «baile» para los más tranquilos, formaba parte del fenómeno de la danza en solitario fomentada por el *twist*.

Página anterior: el estilo del *twist* y su vitalidad llevaron a la creación de una serie de bailes con nombres y movimientos curiosos, como el *mashed potato*.

Derecha: un poco más duradero que otros bailes de los años sesenta fue el *locomotion*, de Lutte Eva, que aún podemos escuchar hoy en día en las discotecas.

Extremo derecha: a partir de mediados de los años sesenta, una gran novedad hoy olvidada: el *swim*.

«... el estilo con el que uno bailaba la música de los Beatles no era tan importante como el simple hecho de bailar.»

Superior: aunque los Beatles no pretendieran inventar ningún baile determinado, su música, a diferencia de la de otros grupos, era muy bailable.

Cada uno a su estilo

La identidad de grupo fue una de las cualidades que definieron los sesenta. La gente se definía en función de la postura que adoptaba con relación al grupo, tanto si era una banda de *rock*, una generación o un movimiento político. Política, sexo y rebelión se entrelazaron, y finalmente el estilo con el que uno bailaba la música de los Beatles no era tan importante como el simple hecho de bailar. Las bandas de *rock* no ofrecían sólo música de baile: ellos eran el centro de atención de los sueños y rebeldías. Ésta podría ser la razón por la que en 1960 no lograron producir un estilo de baile particular. El sonido británico, que desde luego dirigió la década, reclamaba la expresión física pero ésta podía ser tan única y personal como los ídolos que la habían creado. Como los artistas *pop* de la época, los grupos de música *pop* tomaron aspectos de la cultura cotidiana, los compilaron y los remodelaron

para rebelarse contra las convenciones. El lenguaje, la moda, la música y el baile, todos estaban preparados para vender la idea, y el baile, por consiguiente, se convirtió en el medio de la autoexpresión.

Un baile como el *shake* es un buen ejemplo de esta progresión. Uno de esos ejemplos que aparecieron tras el *twist*, el *shake*, era un baile indefinido, que requería tan sólo un movimiento frenético de todo el cuerpo. Era sobre todo una encarnación moderna del *shimmy* (*véase* pág. 38) y en los años sesenta parecía tan impreciso y poco estructurado como cualquier otro tipo de baile. Hacia el final de la década, este baile se mantuvo, pero su nombre desapareció. Los miembros de la contracultura de San Francisco y de los clubes clandestinos de París y Londres todavía movían frenéticamente sus cuerpos, pero no consideraban que estuvieran bailando. Ellos sólo respondían al sonido que escuchaban en ese momento. Durante este tiempo, los bailarines dejaron de imitar estilos y creaban sus propias coreografías.

El LP había sustituido al *single* de 45 r.p.m. como principal medio de expresión en la industria musical. Las bandas eliminaban los límites de lo que suponía el formato del *single* tradicional. Las canciones eran cada vez más largas. Cuando el grupo británico Cream llegó a Estados Unidos a mediados de los sesenta, pretendía sobrevivir como banda de *blues*. Sin embargo, se encontraron con una contracultura que deseaba composiciones largas, improvisadas, y terminaron por alargar sus temas para que duraran más de una hora.

Izquierda: a finales de los años sesenta no existía una forma determinada de bailar, y los jóvenes movían sus cuerpos de la manera que les parecía.

Inferior: fans del *rock* inspirados por la música reviven la antigua tradición de bailar en círculo mientras participan en un festival cerca de Stonehenge en 1978.

En este ambiente, dejaron de tener valor los rituales tradicionales de baile social. Se podía bailar durante el tiempo que uno deseara. Si uno abandonaba la pista, era muy probable que cuando volviese todavía sonara la misma canción. No se bailaba con pasos específicos; cada uno improvisaba sus propios movimientos según su propia respuesta a la música. Era la «máxima libertad para todos». (En realidad, los grandes festivales de *rock* de la época vieron un breve renacer de los bailes populares de la Europa medieval, tales como el *carole*, o *chain dance*, y el *farandole*, pero esto parece haber sido un fenómeno aislado, una respuesta directa a las condiciones y emociones del entorno.)

Al final, la libertad de los estilos de baile que llegó con la cultura del *rock* avanzado no ejerció un efecto duradero en el baile social. Mucho más influencia tuvo la música *soul* y las tradiciones vernáculas negras implícitas.

Soul

La música *soul* estaba edificada sobre tradiciones musicales sólidas y asentadas. Mientras que el *rock and roll* adoptó el *rhythm and blues* y lo mezcló con el *blues* y la música *hillbilly* para producir su sonido, la música *soul* fue la ampliación lógica de la mezcla del *rhythm and blues* con *gospel* y *doo-wop*. Era un sonido sin ninguna duda negro y estaba lleno del orgullo y de la lucha de esta cultura. A medida que avanzaba la década, se convirtió en el medio principal para la difusión de la conciencia negra y como tal emergió directamente del corazón de los centros urbanos de Estados Unidos.

El bailarín más significativo e innovador que surgió del *soul* fue James Brown (nacido en 1933). Junto a sus ilustres contemporáneos Ray Charles y Otis Redding, Brown personifica la cruda emoción del sonido del sur de Memphis. La tradición del *gospel*, presente en la música *soul*, también se hallaba en las interpretaciones de Brown, y sus actuaciones eran una mezcla estimulante de predicador evangelista y figura del espectáculo. El esfuerzo físico que este ex boxeador realizaba en sus números justificó ampliamente su apodo del «hombre más trabajador del mundo del espectáculo».

«James Brown debía gran parte de su éxito tanto a los Nicholas Brothers y a los Berry Brothers como al *rhythm and blues*.»

Izquierda: el carismático James Brown en el escenario del casino del hotel Buffalo Bill, en Las Vegas, ofrece a su público el cien por cien de su persona.

Izquierda: los cantantes y músicos de *soul* ejecutaban a menudo bailes llenos de energía durante sus actuaciones, tal y como muestra James Brown en esta fotografía.

Inferior: el fundador y director de la Motown Berry Gordy (con barba, segundo por la derecha) con la súper estrella Diana Ross en 1971.

Brown interpretaba canciones como «I Got You (I Feel Good)» (1965), «It's a Man's, Man's, Man's World» (1966) y «Say It Loud, I'm Black and I'm Proud» (1968), con una energía prodigiosa. Podía deslizarse cruzando el escenario de una zancada, después dar vueltas y acabar en forma de tijera. Se arrodillaba y suplicaba al público y al micrófono que liberaran la pena de su alma. Era insolente y teatral y tenía una gran deuda con los bailes acrobáticos de la era del claqué –James Brown debía gran parte de su éxito tanto a los Nicholas Brothers y a los Berry Brothers como al *rhythm and blues*.

La influencia de Brown ha sido enorme. Sus movimientos y actitud han influido en artistas del mundo del *rock* como Mick Jagger y Michael Jackson. Su actuación en directo de «Get on the Good Foot» (1972) fue tan imitada que en la ciudad de Nueva York se creó un baile conocido como el *good foot* (buen pie) y la imitación de su estilo, incluyendo saltos primitivos, giros y genuflexiones, se convertiría en el catalizador de la cultura del *breakdance* de los años setenta y ochenta (*véase* pág. 236). Su interpretación se adelantaba a su tiempo. Su mezcla de cruda emoción e intensidad física fueron la clave de su éxito y el motivo por el que fracasó al intentar atraer a las grandes masas. En 1960, la población americana media se encontraba todavía muy cercana en el tiempo al debate de los derechos civiles como para sentirse atraída por James Brown. En cambio, la música *soul* resultó atractiva para las masas gracias al cultivado y exuberante sonido de Tamla Motown.

Tamla Motown

Irónicamente, las propias discográficas de capital blanco presentaron el sonido sureño del *soul* al público. Motown, que ofreció a la América blanca una versión más suave del *soul*, era una empresa de propiedad exclusivamente negra. Era una idea de Berry Gordy Jr. (nacido en 1929), que creía con firmeza tanto en el duro trabajo afroamericano y en la autoconfianza como en la buena música. Ocupó un puesto en una productora que descubría, editaba y distribuía música *soul* al mundo entero, y hacia finales de los sesenta la Motown era la empresa de propiedad negra más importante de Estados Unidos.

Gordy construyó su éxito con una fórmula específica: identificar la necesidad de una canción; buscar talentos por las calles del Detroit de Gordy, y desarrollar y formar un grupo o un espectáculo. Una vez producida la canción –a menudo escritas por el brillante equipo de Brian y Eddie Holland y Lamont Dozier–, se grababa con la ayuda de los músi-

Inferior: probablemente el grupo más memorable de la Motown durante los años sesenta fueron las Supremes, cuya cantante principal, Diana Ross, es todavía hoy una estrella.

cos en plantilla de la Motown. Después, mientras se mezclaba y producía la canción, el grupo ensayaba y se perfeccionaba para salir a presentar el disco con el aplomo adecuado. Fue una productora muy parecida a Tin Pan Alley o a Brill Building y tuvo gran éxito.

El baile desempeñó un papel principal en las escuelas de formación de la Motown. El sonido Motown está en deuda con la tradición del *doo-wop*, en el que una cantante entonaba una expresiva línea melódica (por lo general, hacía referencia a un amor perdido o no correspondido), y un grupo de coristas respondía con armonías vocales. En los años cincuenta surgieron numerosos grupos de *doo-wop*, que conseguían tan sólo un *single* de éxito y desaparecían sin dejar huella. El motivo era con toda probabilidad la falta de capacidad de muchos de estos grupos para presentarse en el escenario de una forma interesante. El *doo-wop*, por su naturaleza, requería que los intérpretes aparecieran solos en el escenario. En un estudio se podía prestar cierto apoyo instrumental, pero en el escenario los cantantes no disponían de guitarras o de pianos tras los cuales poder esconderse. Los artistas de *doo-wop* tenían que actuar.

Gordy se dio cuenta de que los artistas de la Motown, la mayoría de ellos grupos vocales, necesitaban ensayar para poder actuar en público. El hombre que contrató para entrenar a los nuevos grupos fue Cholly Atkins, el 50 % del grupo de claqué Coles y Atkins (*véanse* págs. 110-111). Coles y Atkins eran los decanos de las actuaciones de claqué, jamás superados en lo que se refiere a la mezcla de clase y sofisticación con la precisión del baile. Atkins proporcionó estas mismas cualidades a la Motown.

Se resucitaron, renovaron y trabajaron a fondo movimientos, pasos e ideas en los números musicales. Con esta preparación, grupos como Four Tops, Temptations y las Supremes presentaron sofisticados números que descubrieron ante una nueva generación muchos de los estilos clásicos del baile de *jazz* afroamericano. Los vocalistas

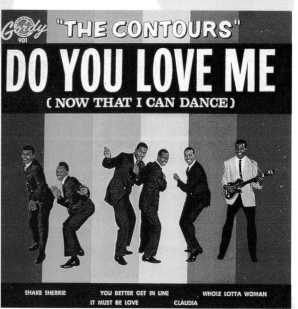

Superior: con éxitos como «Can´t Help Myself» y «Reach Out I´ll be There», los Four Tops llegaron a ser el prototipo de grupo vocal masculino.

Página anterior: The Contours, uno de los primeros grupos con el sello de Gordy y relacionado con la Motown, cuyo tema «Do You Love Me» llegó a ser número tres de las listas en 1962.

de fondo se movían con pasos de intricada precisión; aquéllos que acompañaban sus cantos eran variaciones entre otros de *camel walk*, *suzy-q* y *trucking*. Para dar un ejemplo, el *suzy-q*, que consistía en poner las manos delante de las rodillas, doblar el cuerpo por la cintura y moverse lateralmente con los brazos en dirección opuesta, había sido un elemento básico en los números de claqué de los años treinta. Lo novedoso era observar la manera en que estos estilos de *jazz* podían adaptarse a la música *soul*.

Otro movimiento popular en los números de la Motown era el *boogie-woogie*. De nuevo, éste era un baile de *jazz* de una generación anterior, pero sus pasos básicos, rodillas juntas, balanceo de las caderas de un lado a otro y desplazamiento hacia delante, se pueden encontrar en el mambo y en el cha-cha-chá. Éste es un punto importante, ya que el siguiente gran salto en los bailes sociales estará caracterizado por la combinación de sonido latino y *rock and roll*. La música disco, la última gran ola de la tradición de los bailes por parejas, es un resultado directo de la fusión de los bailes latinos con la tradición afroamericana.

«... Four Tops, Temptations y las Supremes presentaron sofisticados números que descubrieron ante una nueva generación muchos de los estilos clásicos del baile de *jazz* afroamericano.»

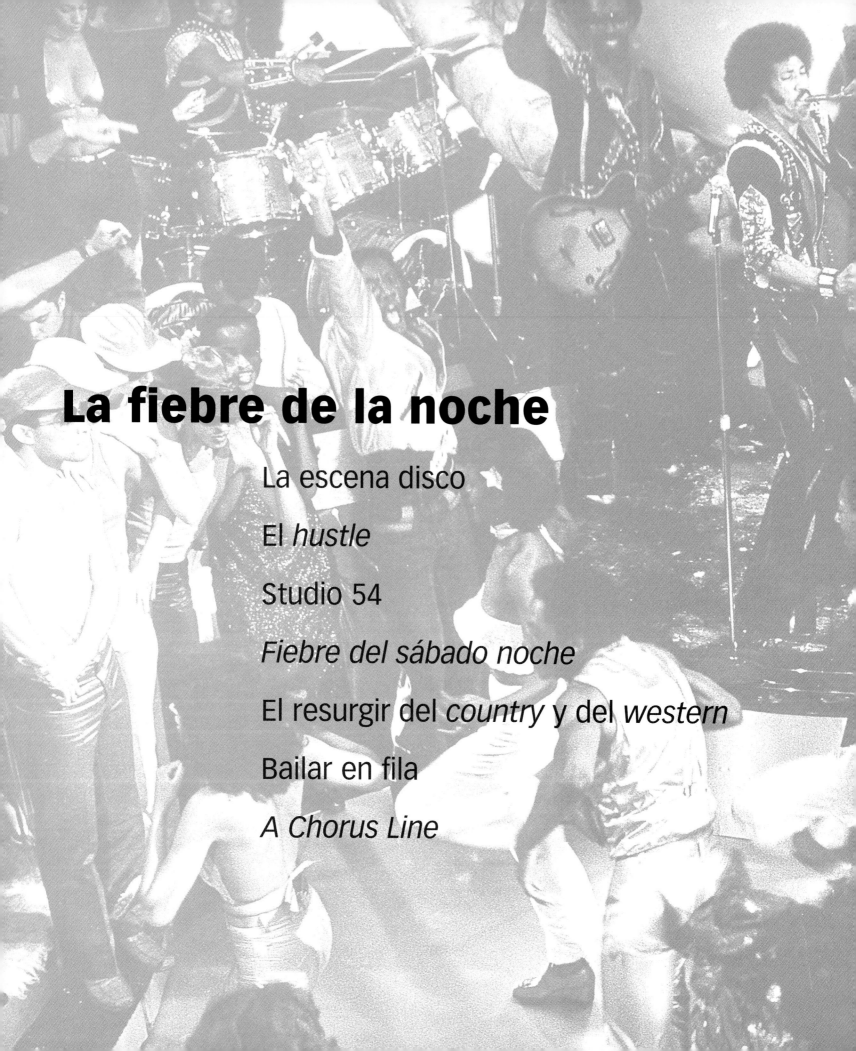

La fiebre de la noche

Aunque el *rock and roll* fue una revolución, fue una revolución blanca y suburbana. La música había podido tomar prestados elementos del *rhythm and blues* negro, pero era interpretada por músicos blancos, y a medida que evolucionó, se convirtió en música para escucharse antes que bailarse. Mientras acontecía todo esto, el *rhythm and blues* permanecía intacto, y en los centros urbanos de Nueva York, Philadelphia y Miami, la música influenciada por ritmos latinos y africanos provocaba que la gente saltara a las pistas de baile.

La fiebre de la noche

«La música disco recibió la influencia de varios estilos musicales –*jazz, rhythm and blues, soul, gospel* y música latina–; de este modo, contaba siempre con algún elemento atractivo para el público, y a medida que se difundió produjo grandes cambios en el negocio musical.»

La escena disco

Mientras *hippies* y rockeros proclamaban su libertad en los conciertos de finales de los años sesenta, el glamour volvía a reafirmarse en ciudades de Estados Unidos y Europa. La alta sociedad aparecía en fotografías de periódicos y revistas entrando y saliendo de los clubes de las más importantes ciudades europeas y americanas, y en los centros urbanos estadounidenses, la juventud engalanada con sus mejores trajes acudía a discotecas y bailaba toda la noche a ritmo de *soul*.

El término «discoteca» se acuñó en París como el nombre de un nuevo local en la rue Huchette. Era un juego de palabras creado a partir de la palabra biblioteca, ya que ese local se basaba sobre todo en su colección de discos para poner música más que en las actuaciones en directo, y el término lo popularizó Chubby Checker, a principios de los sesenta, con una canción del mismo nombre. A medida que avanzaban los años sesenta, un gran número de discotecas surgieron como lugar de reunión de los ricos y famosos: Arthur, en Nueva York, Whisky a Go Go, en Londres, y Regine, en París. Eran clubes lujosos, de categoría superior, que ofrecían elegantes cenas y bailes. Pero, debido a que no había ninguna necesidad de contratar orquestas para las actuaciones en directo, este formato se difundió rápidamente. A los empresarios les resultó más rentable, y los clientes de

The Commodores blow the disco and its dancers into an all-new time zone — as only they know how!

THANK GOD IT'S FRIDAY.

A COLUMBIA PICTURES RELEASE

78007

todas y en todas partes podían bailar al son de una música de alta calidad. Esto permitió a todo el mundo disfrutar de las variaciones del estilo de vida de los ricos y famosos.

De la música se encargaban los pinchadiscos, que combinaban canciones creando secuencias rítmicas aptas para el baile, de modo que una canción se enlazaba suavemente con la siguiente, lo que invitaba a los bailarines a permanecer en la pista durante largo tiempo. Cada pinchadiscos tenía su estilo propio, pero los mejores eran los que creaban una mezcla bailable que, a su vez, tuviera una temática interesante. Las mezclas no eran espontáneas, y los pinchadiscos trabajaban duro en sus creaciones, probaban combinaciones durante el día, recorrían las tiendas de discos y visitaban otros clubes para comprobar a qué nivel estaba la competencia.

A principios de los setenta, a medida que proliferaban los clubes, la música disco empezó a definir su propia identidad. Los sellos discográficos comenzaron a distribuir versiones más largas de las canciones en discos de 12 pulgadas, dado que los tres minutos de grabación que contenían los tradicionales discos de 45 r.p.m. resultaban cortos para satisfacer a los pinchadiscos o a los bailarines. La música era rít-

Superior: la música disco, por lo general, implicaba bailar con poco o ningún contacto físico, incluso cuando se bailaba en pareja, y permitía total libertad de movimiento.

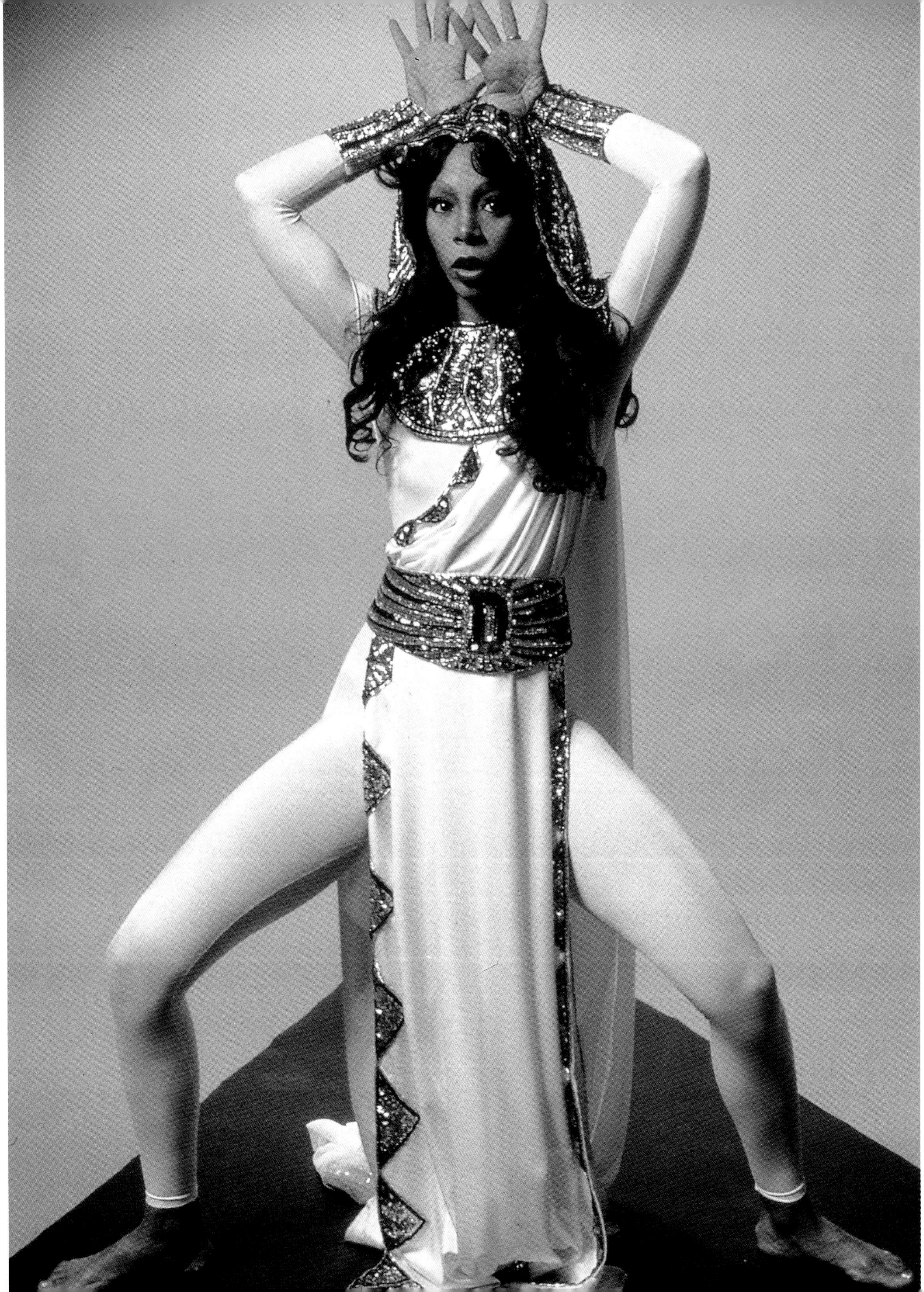

«... el sonido negro disponía de poco espacio radiofónico en [...] las emisoras [...] Las compañías discográficas no se esforzaron mucho por introducir esta música en el mercado, al creer que su atractivo era limitado.»

mica y sensual, a menudo dotada de una orquestación exuberante, y siempre muy animada. Era la antítesis del popular *rock and roll* de la época: guardaba más relación con la música popular de las minorías que con la tendencia fundamental de la clase media blanca.

La música disco recibió la influencia de varios estilos musicales –*jazz, rhythm and blues, soul, gospel* y música latina–; de este modo, contaba siempre con algún elemento atractivo para el público, y a medida que se difundió produjo grandes cambios en el negocio musical. Incluso a finales de los sesenta, en la industria discográfica y los medios de comunicación se hacía referencia al *soul, rhythm and blues* y otras músicas interpretadas por artistas negros como música «racial», a pesar de que su influencia fuera notable. Todos conocían el hecho de que la música «racial» había perfilado el trabajo de los músicos blancos más reputados de la época, como Mick Jagger y Janis Joplin, pero el sonido negro disponía de poco espacio radiofónico en la mayoría de las emisoras, a excepción de las locales o las de un públi-

Superior: The Village People, creadores del tema disco quizá más importante de los años setenta, «YMCA», que dio un paso hacia delante en la aceptación de la música *gay* dentro de la nueva corriente.

Página anterior: la reina de la música disco de los setenta Donna Summer cosechó una serie de éxitos, todos ellos pensados deliberadamente para las pistas de baile.

La fiebre de la noche

co mayoritariamente universitario. Las compañías discográficas no se esforzaron mucho por introducir esta música en el mercado, al creer que su atractivo era limitado.

A medida que la música disco se hizo más popular, los artistas étnicos comenzaron a tener éxito en sus propias corrientes. Surgieron nuevos sellos como Salsoul, que captó el ritmo latino, y Philadelphia Sound para artistas afroamericanos. Gradualmente estos sonidos de baile se introdujeron en el mercado musical. Hacia 1975, y con el lanzamiento del clásico «Love to Love You Baby» de la diva Donna Summer, se había completado el proceso. Artistas negros de la música disco como Donna Summer, Boney M y Grace Jones nunca supieron lo que significaba la marginación. Artistas más consolidados como Barry White dejaban de ser intérpretes de oficio para convertirse en artistas de renombre, cuyos temas sonaban en emisoras importantes y en clubes de toda Norteamérica y Europa.

Incluso el panorama de la música *gay* entraba en la corriente musical principal, encabezada por Sylvester and The Village People. La comunidad homosexual desempeñó un papel cada vez más importante en el proceso de sensibilización hacia la música disco, y su difusión corrió paralela a la del movimiento por los derechos de los homosexuales. Hasta 1965, los locales *gays* estaban prohibidos en Nueva York: era ilegal servir alcohol en presencia de más de tres homosexuales. Incluso tras el cambio de esta ley, el acoso a estos locales y otros cuyos propietarios, o público, fueran negros o hispanos era incesante. Como reacción a esta situación tuvieron lugar, en 1969, las protestas y disturbios de Stonewall, en la ciudad de Nueva York, y posteriormente los años setenta traerían consigo una época en la que la lucha por los derechos de los *gays* entró en una fase más activa y en la que dicha comunidad desempeñó un papel cada vez más relevante dentro de la sociedad.

Durante los años sesenta, antes de Stonewall, había muchos locales para homosexuales en los que se aplicaba una fuerte política de derecho de admisión, para asegurar una clientela de iguales tendencias. En los años setenta dejaron de ser lugares clandestinos –aunque algunos seguían siendo exclusivos–, y de hecho tenían fama de ser lugares con un ambiente fantástico: uno podía divertirse allí toda la noche y, además, se aceptaba prácticamente cualquier conducta mientras estuviera basada en la diversión. Bailar ocupaba un lugar prioritario, y muchos artistas de la música disco ganaron adeptos *gays*.

El estilo de vida hedonista de los *gays* perfiló la escena de la música disco, y su estética la impregnó desde el principio. Más tarde, a medida que la música disco formó parte de la corriente principal, esta

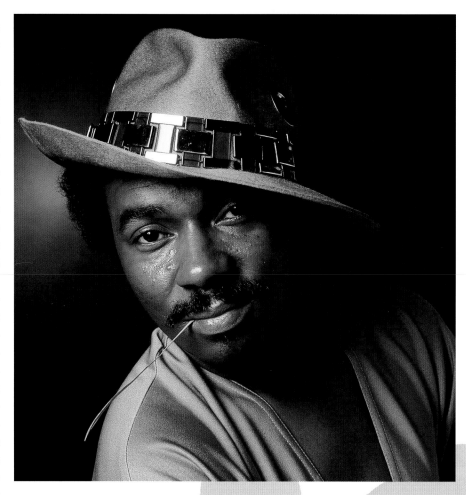

estética ofendió a mucha gente y dio lugar a la creación del típico personaje de discoteca: blanco, directo y macho violento.

El *hustle*

No importaba quiénes fueran o de dónde vinieran, todos los aficionados a la música disco tenían una cosa en común: pasión por bailar. Pero esta moda de baile era distinta a la de sus contemporáneos del *rock and roll*. Más que libre e individualista, el baile disco se basaba en pasos y estilos preconcebidos, y marcó un retorno al baile de contacto.

Una buena parte del mejor baile tenía lugar en los clubes latinos de Nueva York. Era necesaria una buena comunicación entre los miembros de la pareja, y de un modo nunca visto hasta entonces desde la época del *lindy hop* en los años treinta y cuarenta (*véase* pág.140), muchas parejas invertían su tiempo en horas de ensayos, en privado, antes de lucirse en la pista de baile.

Superior: el creador del *hustle*, Van McCoy, cuyo estilo musical debe mucho a los sonidos latinoamericanos que habían sido populares en Estados Unidos antes de la segunda guerra mundial.

«Desde un punto de vista estructural, el *hustle* no difiere mucho del *lindy hop*: un paso básico que se enriquece con improvisados movimientos más elaborados y exclusivos en cada pareja.»

La gente ya bailaba este nuevo estilo bastante antes de que se le otorgara un nombre. Cuenta la historia que, en 1975, un productor y músico de Nueva York, Van McCoy, se enteró de que existía una nueva moda de baile a través de un amigo pinchadiscos. Mientras observaba a una pareja bailar este estilo, McCoy se inspiró para escribir un tema adecuado a esos movimientos –ésta fue la génesis de la canción «Do the Hustle», que le dio al baile su nombre–. La canción, un ritmo latino con mucha influencia del *rhythm and blues*, fue un éxito en Estados Unidos, consiguió ser n.º 1 de las listas y llevó el *hustle* al gran público.

El *hustle* se hallaba fuertemente influenciado por los bailes latinos tan populares a principios del siglo xx, como la rumba, la samba y el mambo. Desde un punto de vista estructrural, el *hustle* no difiere mucho del *lindy hop*: un paso básico que se enriquece con improvisados movimientos más elaborados y exclusivos en cada pareja. Pero su sensualidad y ritmo le otorgaron sin ninguna duda un sentimiento lati-

Superior: varias parejas bailan el *freak*, creado en 1978 por un grupo con una canción del mismo nombre, y que era una evolución del *twist*.

La fiebre de la noche

«Todavía hoy se debate entre los aficionados qué variante representa la forma más pura del _hustle_.»

no. Además, los movimientos del hombre pueden llegar a ser tan exhibicionistas como los de la mujer (recuerde a John Travolta en _Fiebre del sábado noche_ con Karen Gorney), y esto es, en cuanto al estilo, más parecido al tango que al _lindy_.

Aunque existen muchas variantes del hustle –_New York hustle_, _swing hustle_, tango _hustle_–, el patrón básico de todas ellas comparte similitudes estructurales, a pesar de las diferencias estilísticas. Esencialmente, el _hustle_ es un baile de compás ternario con música de compás cuaternario, lo que significa que el baile ha de cortar el ritmo de la música imprimiéndole gran potencial creativo. Las parejas comienzan bailando juntas en la posicion convencional, y uno de ambos es el que guía. En cuanto se ha establecido un patrón básico, comienza la diversión a medida que los bailarines elaboran el diseño añadiendo giros y piruetas, separándose y volviéndose a unir.

También se ejecutaban bailes menos complicados. El _bump_ se hizo popular ya que, aun siendo un baile en pareja que incluía contacto físico y comunicación entre los bailarines, cualquiera podía realizarlo: sólo consistía en chocar contra la pareja al compás de la música, primero con las caderas y, luego, con el resto del cuerpo.

No todo el baile disco se realizaba en pareja. Bailar solo también era habitual y permitía que cualquiera pudiera salir a la pista y unirse a un grupo de bailarines, o simplemente bailar en solitario en medio de la multitud. Algunos bailes individuales eran libres en cuanto a forma y se inspiraban en la música. Había también bailes en solitario con estructuras preconcebidas, como el _freak_ (popularizado en 1978 por una canción del mismo nombre del grupo Chic), que era una versión lenta del _twist_ (_véanse_ págs. 189-191).

El movimiento disco también inventó muchos bailes en filas. Al igual que el _hustle_, se basaban en un diseño formal de los pasos, pero eran mucho más populistas. Incluso bailarines mediocres que se sentían intimidados por la complicación de los elaborados pasos de los bailarines del _hustle_ podían saltar a la pista y aprender los pasos más sencillos de los bailes en fila. El _bus stop_ fue probablemente el más conocido de los bailes disco de este tipo: consistía en dar tres pasos hacia atrás, una palmada y un golpe de talón; tres pasos hacia adelante, una pal-

mada y otro golpe de talón; después se daban una serie de pasos laterales para acabar con un giro de 90 grados tras el que se repetía todo de nuevo.

Como había tantos pasos y bailes diferentes, las escuelas de danza comenzaron a ofrecer clases; la actividad relacionada con la música disco dio lugar a un pequeño resurgir de la enseñanza de los bailes sociales que había vivido su declive durante la era del _rock and roll_. Para enseñar, los profesores codificaron los bailes y formalizaron las variantes regionales y estilísticas. Todavía hoy se debate entre los aficionados qué variante representa la forma más pura del _hustle_.

Studio 54

El movimiento disco fue algo más que música y baile. Fue un estilo total alimentado tanto por el atractivo de la alta sociedad internacional como por la moda urbana. El entorno de los clubes era una experiencia en sí misma. Mantenían el lujo y exclusividad de los clubes de los años sesenta, pero lo llevaban todo más allá. Los toques de modernidad y tecnología incluían pistas de baile iluminadas por abajo, sistemas de sonido potentes, juegos de luces espectaculares y decorados increíbles. Los mejores clubes eran también definidos según la gente que los frecuentaba y la música que se escuchaba:

Inferior: Studio 54, en Manhattan, no ofrecía nada diferente de otros clubes, pero estaba muy de moda y era un lugar donde uno podía codearse con famosos.

Página siguiente: el interior de Studio 54, en 1979; su política arbitraria de admisión logró una mezcla de gente muy interesante dentro de la sala.

La fiebre de la noche

se buscaba atraer de esta manera a las celebridades y a la «gente guapa».

La discoteca más conocida de la época fue Studio 54, en Manhattan. Como mucha de la gente que la frecuentaba, Studio 54 era famosa por la presencia de famosos. Mucha parafernalia rodeaba la política de admisión de su puerta –un cordón de terciopelo rojo señalaba la entrada, presidida por los porteros que tenían total potestad a la hora de decidir quién entraba y quién no–, y ése era un buen lugar para ser visto. Los porteros tenían la responsabilidad de asegurar que entrara en la discoteca una interesante mezcla de gente manteniendo el equilibrio entre hombres y mujeres, *gays* y heterosexuales, famosos y gente que adorase bailar. Sólo conseguían traspasar el cordón rojo los más atractivos y dinámicos, mientras los *paparazzi* documentaban las idas y venidas de los famosos. Pero ser célebre no garantizaba la entrada: cuentan que una vez rechazaron a la mismísima Cher en la puerta.

Studio 54 se inauguró en 1977. Sus propietarios, dos empresarios, Steve Rubell y Ian Schrager, escogieron un antiguo estudio de televi-

sión, en el número 254 de la Calle 54, y lo diseñaron como la última fantasía teatral nocturna. La pista de baile de 502 m2 estaba iluminada por 54 diferentes, pero igualmente espectaculares, efectos de luces durante toda la noche, y una figura enorme del hombre en la luna esnifando cocaína de una cuchara de plata coronaba el espacio. Reinaba el exotismo; las drogas y el sexo estaban en todas partes, y la gente vivía momentos inolvidables. Fue en este ambiente donde Bianca Jagger se atrevió a atravesar desnuda la sala montando un caballo blanco el día de su cumpleaños, imagen publicada muchas veces que nos da una muestra de lo que suponía esta alucinante vida de discoteca.

Rubell y Schrager desafiaban abiertamente la ley. No había nada que hacer ante el hecho de que se consumieran drogas duras en el local y que ellos se embolsaran ilegalmente grandes cantidades de dinero negro procedente de su extraordinario negocio. Su actitud era un desafío a las autoridades. Studio 54 nunca obtuvo una licencia permanente para vender alcohol –los propietarios renovaban a diario

Inferior: los propietarios de Studio 54 fueron procesados por evasión de impuestos en 1980, pero la discoteca volvió a abrir sus puertas, a pesar de que estaban en prisión; finalmente cerró en 1986, de forma definitiva.

Izquierda: dos de los famosos que bailaban toda la noche en Studio 54, el coreógrafo Mikhail Baryshnikov y la estrella de *Cabaret*, Liza Minnelli.

«Reinaba el exotismo; las drogas y el sexo estaban en todas partes, y la gente vivía momentos inolvidables.»

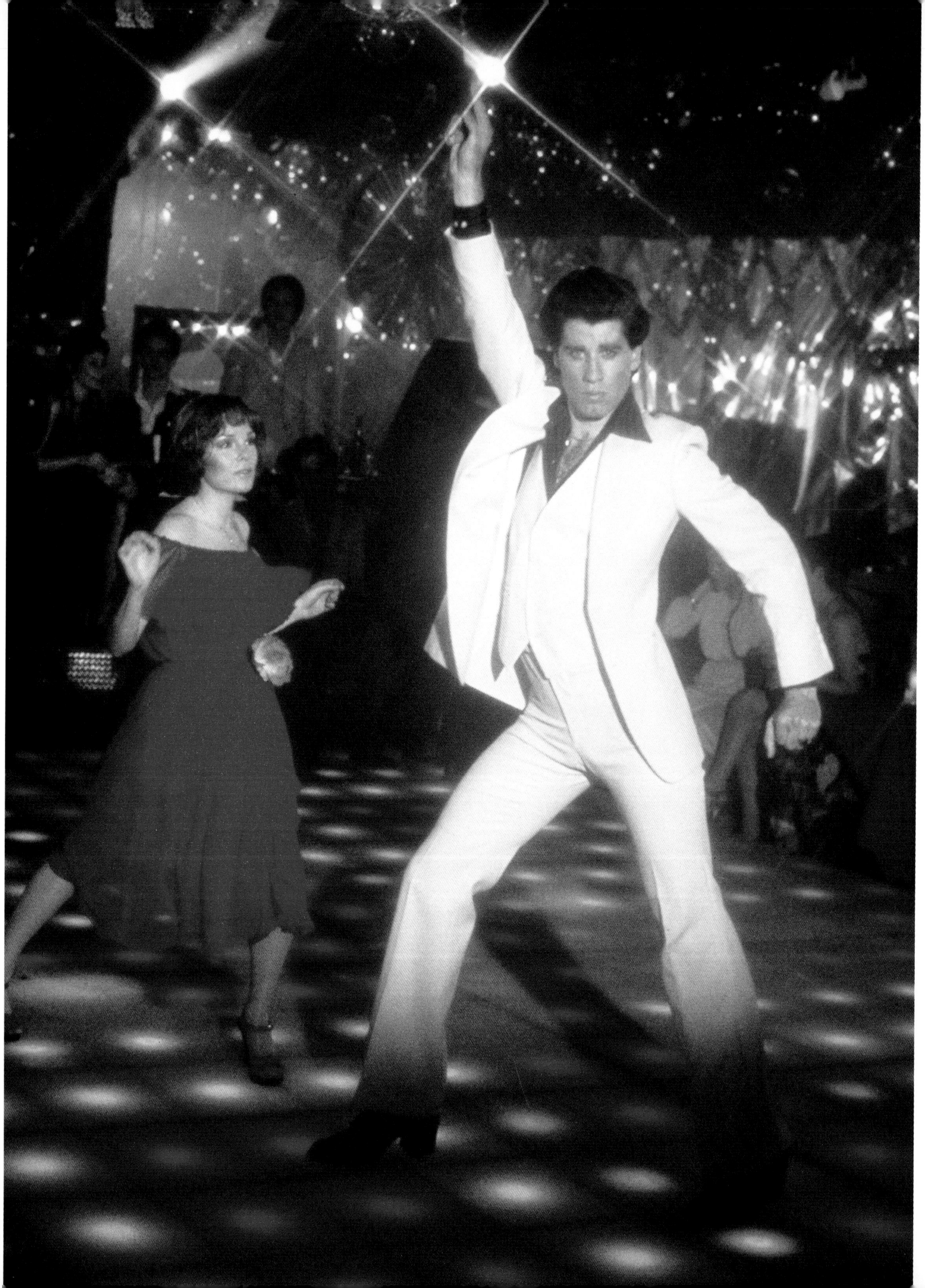

sus permisos de 24 horas–, y en 1980, la IRS hizo una redada en el club, y Schrager y Rubell fueron detenidos por evasión de impuestos. El club siguió funcionando mientras estuvieron en prisión, pero sus días de gloria habían acabado. Cerró definitivamente en 1986, aunque el edificio sigue funcionando como sala de conciertos y para fiestas privadas.

También surgieron otros clubes como rivales de Studio 54, pero ninguno consiguió llegar al mismo estatus: en Londres estaban Embassy, en Old Bond Street, y Heaven, bajo las arcadas de Charing Cross; en Manhattan, Infinity, con un espectacular juego de luces, New York New York, con muchas celebridades, y Xenon, con una gran nave espacial que se mantenía suspendida sobre la pista; en París (y con una sucursal en Nueva York), estaba Regine's, con una enorme aura de exclusividad.

Entrar en estos clubes era el primer obstáculo; ser reconocido, el segundo reto. El movimiento disco consiguió extraer el exhibicionismo que cada uno llevaba dentro, y a medida que los bailarines querían superarse a sí mismos en sus coreografías, su vestuario y su maquillaje se tornaron más flagrantes, y el uso de las drogas fue a menudo excesivo. Mucha gente se hizo famosa sencillamente por ser escandalosa.

Fiebre del sábado noche

La música disco acabó de convertirse en la corriente principal en 1977 gracias a la película *Fiebre del sábado noche*. Estaba basada más o menos en un artículo de 1976 del periodista de *rock* Nik Cohn de la *Nueva York Magazine*, por entonces de estilo bíblico. En ese artículo titulado «Ritos tribales del nuevo sábado noche», Cohn documentaba la escena disco suburbana; escribía acerca de los jóvenes del distrito neoyorquino de Brooklyn que pasaban toda la semana en sus trabajos «basura» y sólo se sentían vivos durante el fin de semana en las pistas de baile (años más tarde, Cohn confesó que la mayor parte del artículo era inventado). La película la protagoniza John Travolta, como Tony Manero, que trabaja en un taller de pintura de día, pero brilla por las noches en la disco de su barrio. Manero ve en su baile el pasaporte para huir de Brooklyn, y al final de la película se dirige hacia las brillantes luces de Manhattan. (Una segunda entrega, *Staying Alive* [1983], nos cuenta sus andaduras en un intento por convertirse en bailarín profesional.)

Travolta (nacido en 1954) era muy conocido por aquel entonces gracias a un papel protagonista en la serie de televisión *Welcome Back Kotter* (1975-1978), pero *Fiebre del sábado noche* le hizo famoso por su manera de caminar y su don para el baile. Estudió danza de

«Manero ve en su baile el pasaporte para huir de Brooklyn, y al final de la película se dirige hacia las brillantes luces de Manhattan.»

Página anterior: John Travolta con Karen Lynn Gorney en *Fiebre del sábado noche* (1977), que estableció al estilo disco como corriente principal y convirtió a Travolta en una estrella.

FIEBRE DEL SÁBADO NOCHE

Méritos: quintaesencia de la película disco que propagó la fiebre en todo el mundo. John Travolta y su atuendo blanco se convirtieron en un símbolo.

Fuente: basada en el artículo de Nik Cohn para *New York Magazine*: «Ritos tribales del nuevo sábado noche».

Créditos: producida por Robert Stigwood. Dirigida por John Badham. Protagonizada por John Travolta y Karen Lynn Gorney.

Travolta: la estrella surgió del reparto de *Welcome Back Kotter*. De pequeño tomó lecciones de baile con el hermano de Gene Kelly, Fred.

Hustle: en el despertar del éxito de la película, las escuelas de baile experimentaron un crecimiento del público que se interesaba masivamente por aprender el *hustle*.

Banda sonora: el álbum vendió más de treinta millones de copias. Junto a los Bee Gees, figuran intérpretes como Kool and the Gang y KC and the Sunshine Band.

Hecho destacado: la famosa secuencia en la que Travolta camina con cierta prepotencia por las calles de Brooklyn fue rodada, en realidad, por su doble Jeff Zinn.

Inferior: Patrick Swayze, como profesor de baile, con Jennifer Grey, algo más que su entusiasta alumna en la película de 1987 *Dirty Dancing*.

Derecha: Travolta en una secuencia de *Staying Alive* (1983), que siguió la carrera de Tony Manero como bailarín profesional.

niño en la escuela que regentaba el hermano de Gene Kelly, Fred. Las escenas de baile de *Fiebre del sábado noche* fueron fuente de inspiración para los números discomaníacos del mundo entero y aportan documentación acerca del estilo. Muchas de las imágenes de la película se han convertido en símbolos de los años setenta.

La escena disco llegó a sus niveles más altos en el despertar de *Fiebre del sábado noche*, y se estima que el número de discotecas en Estados Unidos se multiplicó por diez entre 1974 y 1978. Mucha gente bailaba como no se había hecho desde el período de la Depresión, y de hecho existían maratones de baile al estilo de los años treinta. Todo ello condujo a distintas tendencias y locuras, algunas de ellas sólo en el ámbito de los clubes, y otras, como el patinar sobre ruedas, se convirtieron en verdaderas modas.

Después de que un miembro habitual de Studio 54 empezara a aparecer cada noche en patines, el disco sobre ruedas fue una locura. Durante un cierto tiempo, a finales de los setenta casi todo el mundo iba en patines, y numerosas pistas de patinaje se transformaban por la noche: añadían luces y los patinadores acrobáticos bailaban toda la velada. La música disco sobre ruedas (*roller disco*) inspiró sus propias canciones y películas, como *Skatetown USA* (1979), con Patrick Sway-

«Hacia 1980, el público había perdido interés en este género. A medida que se popularizaba, se convertía en algo mundano hasta que perdió el atractivo, la emoción y la exclusividad que encendieron la llama...»

ze, más tarde mejor conocido por su papel en el musical *Dirty Dancing* (1987), y *Xanadú* (1980), con Olivia Newton-John y Gene Kelly.

Hacia 1980, el público había perdido interés en este género. A medida que se popularizaba, se convertía en algo mundano hasta que perdió el atractivo, la emoción y la exclusividad que encendieron la llama en sus primeros días. Las grandes compañías discográficas, sin embargo, pretendían seguir haciendo dinero con la música disco, por lo que produjeron canciones disco en masa, las cuales carecían de la sutileza y la fluidez de las primeras creaciones; del mismo modo, una avalancha de películas siguió al éxito de *Fiebre del sábado noche*, lo que hizo que el estilo disco pareciera vulgar antes que exótico.

No obstante, el fenómeno disco aún cautiva hoy en día. Para aquellos a los que les gusta bailar, la música disco se ha convertido en un clásico en los clubes. En todo el mundo existen locales que recuerdan los estilos de baile de los setenta, así como clubes que dedican noches enteras a esa década, con música vibrante que incita a saltar a las pistas de baile. A finales de los noventa una oleada de películas recordaron de nuevo esa época: *Boogie Nights* (1997), centrada en un grupo dedicado a la pornografía dura; *54* (1998), una imagen de

Superior: la película de 1998, *The Last Days of Disco*, satirizó la cultura disco de los setenta y los ochenta, pero no sin simpatía hacia los partícipes.

la caída del club y el tambaleo de su atractivo estilo, y *The Last Days of Disco*, (1998), una visión ingeniosa e incisiva de los *yuppies* que frecuentaban las discotecas, obviamente perfilados según Studio 54.

El resurgir del *country* y del *western*

Una consecuencia perdurable de la música disco fue el resurgir del *country*, del *western* y de los bailes en fila, en los años setenta y ochenta. A pesar de que las dos culturas de baile eran estilos diferentes, el disco inspiró el renacimiento de los bailes en pareja y de los bailes en fila, y mientras que la estrella de la música disco se apagaba, víctima de su propio éxito, la música *country* estaba en auge.

La música y los bailes *country* y *western* eran autóctonos de Estados Unidos, y sus orígenes se remontan a los bailes que los británicos,

irlandeses y alemanes llevaron al Nuevo Mundo durante los siglos XVII y XVIII, y que combinaron con elementos europeos, como el minué, la cuadrilla y la polca (*véase* pág. 12).

Desde principios de 1800 se desarrolló una forma de baile muy peculiar. Conocida como la contra, se basaba en los bailes populares británicos. La contra consistía en dos filas opuestas de bailarines, situadas una enfrente de la otra, con los hombres en una y las mujeres en la otra. La primera de las parejas se juntaba y bailaba con su estilo a lo largo de las dos filas. Al llegar al final, se incorporaba de nuevo a las respectivas filas y entonces la siguiente primera pareja volvía a hacer lo mismo. (Esta forma de baile, continuamente reinventada, se sigue llevando a cabo en Estados Unidos y en Europa –como el *stroll*; *véase* pág. 188.) El *square dance* surgió de una combinación de la contra, del

Inferior: el Old Dodge City Cowboy Band, en una fotografía de 1911, pertenecía a una tradición musical con origen en los primeros colonizadores de Norteamérica, y continuada hoy en día con el *country* y el *western*.

«El *square dance* surgió de una combinación de la contra, del minué y de la cuadrilla, pero la figura del que da las instrucciones en la danza la impusieron los americanos como respuesta a la complejidad de los diseños de la cuadrilla.»

minué y de la cuadrilla, pero la figura del que da las instrucciones en la danza la impusieron los americanos como respuesta a la complejidad de los diseños de la cuadrilla. El tener una persona que da las instrucciones supone que cualquiera puede incorporarse al baile sin haber estudiado la forma, y al mismo tiempo, se asegura el mantenimiento del orden en la pista.

En la primera década del siglo XIX, a medida que los colonizadores avanzaban hacia el oeste americano, el baile desempeñaba un papel social básico. La gente se reunía para bailar, solían viajar largas distancias, y las reuniones podían incluso durar hasta una semana. Muchos de estos colonizadores eran inmigrantes europeos que traían consigo sus diferentes estilos de baile, con los que se crearía una nueva forma homogénea, que más tarde se llamaría *country* y *western*. Algunos de los movimientos se inspiraba en la polca, otros en el *schottische*, en gran medida popularizados por los inmigrantes alemanes. Otros eran reminiscencias de los movimientos de *cowboys* –por ejemplo, el movimiento de pasar los brazos por encima en el *country* y en el *western* es parecido al que se lleva a cabo para desatar a un ternero.

Los bailes de pareja en el *country* y en el *western* surgieron del *square dance*, del mismo modo que otros estilos de baile, como la polca o el vals, se incorporaron en las figuras tradicionales del *square dance*. En los años treinta, estos bailes (*round dances*) empezaron a adquirir enorme popularidad. Después abandonaron las formas cuadradas, y en el siglo XX, los estilos *country* y *western* evolucionaron en total libertad.

Fue a partir de los años treinta, con la expansión de la radio en Estados Unidos, cuando la música *country* y *western* adquirió influencia de otras formas musicales del momento, y los estilos de baile *country* y *western* evolucionaron hasta su forma moderna. En los años treinta, Bob Wills (1905-1975), un músico con influencias del *jazz* y del sonido de las Big Bands, inventó un nuevo estilo dentro de la música *country* y *western*: el *western swing*. Fue un desarrollo importante, y de hecho la música contemporánea *country* y *western* y las formas de los bailes todavía tienen sus raíces en el *country swing*. Después de la segunda guerra mundial, el *country* y el *western* se hicieron verdaderamente famosos, y se extendieron más allá de sus raíces en el oeste americano. Los *honky-tonks* –término utilizado para definir los bares en los que se bailaba *country* y *western*– empezaron a estar más y más concurridos, y muchos nombres de músicos, como Hank Williams, Chet Atkins y Johnny Cash, empezaron a establecer su reputación en esta época.

A pesar de tener un crecimiento estable, no fue hasta los años ochenta y noventa cuando el *country* y el *western* realmente se hicieron populares. En un sentido cultural amplio, la música disco había preparado el camino al restablecer la tradición de los bailes en pareja y de los bailes de grupo. De nuevo, una película fue la que creó la pasión por el baile. John Travolta llevó el *country* y el *western* al gran público, esta vez con *Urban Cowboy* (1980), que protagonizaba junto a Debra Winger. Al igual que *Fiebre del sábado noche*, *Urban Cowboy* se basaba en un artículo de prensa que investigaba los bailes *country* y *western* en los clubes. En la película, Travolta representa a un chico de campo que se traslada a una gran ciudad, Houston, Texas, y llega a la mayoría de edad en sus clubes *honky-tonk*. A pesar de que la película no resultó económicamente muy rentable, inspiró la pasión por los bailes *country* y *western*; pareció que todo el mundo dejaba de lado el resplandor del disco para ponerse las botas camperas y los sombreros de *cowboy*. Los clubes *country* y *western* sustituían a las discotecas casi cada noche. La película también popularizó un estilo de música *country* y *western*, con toques de *pop*, interpretado por cantantes como Dolly Parton y los Oak Ridge Boys. A pesar de que la moda *country* y *western* ha decaído, como ocurre con todas las modas, aún existen seguidores fieles a estos bailes en todo el mundo.

Los bailes en pareja *country* y *western* se basan en bailes predeterminados: asignados bien a determinadas canciones, bien a determinados tiempos, y debido a que los bailes normalmente se inspiran en canciones populares, los estilos han evolucionado para seguir las tendencias de la música *country* y *western*. En general, sin embargo, la mayoría de los bailes siguen un esquema de dos pasos, parecido al

Página siguiente:
Urban Cowboy (1980)
de John Travolta inspiró
un resurgir de la música
country y del *western*.

«... pareció que todo el mundo dejaba de lado el resplandor del disco para ponerse las botas camperas y los sombreros de *cowboy*. Los clubes *country* y *western* sustituían a las discotecas casi cada noche.»

La fiebre de la noche

Superior: los bailes *country* y *western* tuvieron su esplendor en los noventa, con el auge de la popularidad de los bailes en fila.

foxtrot. A principios del siglo XXI, se han coreografiado miles de bailes, no sólo en Estados Unidos, sino en todo el mundo, sobre todo en Gran Bretaña, donde el baile *country* y *western* ha atraído a muchísimos seguidores. Hoy en día existen multitud de manuales y guías de pasos, en libros, en Internet, y la enseñanza de los bailes *country* y *western* es un gran negocio. En Europa, los bailes *country* y *western*, por lo general, se practican en clases, ya que hay pocos lugares donde se bailen; sin embargo, en Estados Unidos existen muchos *honky-tonks*: clubes especializados en bailes y música *country* y *western*.

A semejanza de los antiguos bailes de la corte, y de épocas anteriores, los bailarines de *country* y *western* siguen una rigurosa etiqueta, quizá para recordar los orígenes de estos bailes. Por ejemplo, la pista de baile se divide, de manera tácita, en vías, alrededor de las cuales se baila siempre en la dirección contraria a las agujas del reloj. Los bailarines más rápidos se quedan en las vías exteriores, mientras que los más lentos se quedan en las interiores, y el centro queda para los bailarines en filas o los de *swing*. Las colisiones están mal vistas y siempre provocan sinceras disculpas. Además, las parejas que van juntas al baile siempre deben bailar la primera y la última canción. Los hombres pueden pedir un baile a una mujer, y deben acompañarla a su sitio, una vez acabada la canción.

Bailar en fila

Los bailes en filas desarrollaron su propia identidad relativamente tarde. A pesar de que sus raíces en las contradanzas son obvias, y que siempre se han ejecutado bailes en filas, no se hicieron famosos hasta finales de los setenta. Sin embargo, aunque es una moderna innovación, los pasos siguen fieles a sus raíces. Las formas tradicionales, como el *schottische*, la polca y el cha-cha-chá, son influencias importantes, y al igual que el resto de baile *western*, los bailes en filas consisten en una combinación de pasos establecidos que se repiten al dar un cuarto de vuelta. Acostumbra a haber cuatro repeticiones en total, una hacia cada pared.

El perfil de los bailes en filas apareció en realidad en los noventa, con el *achey breaky*, coreografiado con el éxito musical «*Achey Breaky Heart*». Fue entonces cuando se produjo un crecimiento espectacular en la popularidad de la música *country* y *western*. Las ventas de álbumes se duplicaron en los noventa, y se estimó que un 40 % de la audiencia adulta de radio, en Estados Unidos, escuchaba cadenas *country*. Una oleada de nuevos músicos *country*, como Garth Brooks, Reba McIntre y Randi Travis, obtuvieron muchísima popularidad, sin sacrificar su integridad estilística.

Y como otras formas de música regional americana se hacen famosas, el público se halla expuesto a nuevas formas de baile: por ejemplo, la popularidad de la música *zydeco* (cajun), de Nueva Orleans, ha inspirado una moda en ese estilo de baile tan complejo. El baile *zydeco* se realiza en un ritmo de ocho compases, y lo que lo hace difícil es que mientras un pie se mueve a cada compás, el otro sólo se mueve cada dos compases: una proeza de combinación que provoca que a los noveles les cueste algún tiempo aprenderlo.

Superior: los bailes en fila, como su nombre indica, implican que los participantes situados en fila realizan una serie de pasos mirando en una sola dirección.

«El baile *zydeco* se realiza en un ritmo de ocho compases, y lo que lo hace difícil es que mientras un pie se mueve a cada compás, el otro sólo se mueve cada dos compases...»

Izquierda: Olivia Newton-John y John Travolta en una secuencia del concurso de baile del instituto, en una versión de Hollywood de 1978 del musical teatral de 1972 *Grease*.

A Chorus Line

A medida que crecía el interés por el baile en los setenta, Broadway también se sumó con musicales y obras basados en el baile. El musical de los cincuenta *Grease* (1972) obtuvo mucho éxito en Broadway e internacionalmente, y recibió elogios por su coreografía, que presentaba una imitación de las modas del *rock and roll* de la época, antes de lanzar una versión de Hollywood mucho más exitosa (1978), protagonizada por John Travolta y Olivia Newton-John. La película fue el musical más taquillero en su primer lanzamiento (su segundo lanzamiento, veinte años después, también fue espectacularmente exitoso).

Una ola de nuevos músicos de color también obtendrían éxito en Broadway, al servir de nexo de unión entre las tradiciones del *jazz* afroamericano y la evolución de los musicales de teatro, y atraer por primera vez a una audiencia afroamericana. Algunos de los espectáculos, como *Purlie* (1970), *Raisin* (1973) y *Ain´t Supposed to Die a Natural Death* (1971), esta última producida por Melvin van Peebles, fueron contundentes por su temática al examinar las realidades sociales de

«A *Chorus Line* era, sin embargo, un espectáculo exclusivamente sobre el baile y los bailarines.»

Izquierda: el espantapájaros, el león y el hombre de hojalata, en *The Wiz*, la versión negra de *El mago de Oz*, que se lanzó por primera vez en 1975.

ser negro y americano. Otros se fijaban en la parte positiva. *The Wiz* (1975) era puro entretenimiento y atraía la atención por ser una nueva versión del clásico *El mago de Oz*. La coreografía de George Faison creó un paisaje visual con el baile: el tornado del principio, por ejemplo, se creó con bailarines vestidos de negro, que daban vueltas en torno a sí mismos, mientras que la carretera de ladrillos amarillos se simbolizó con cuatro bailarines vestidos con trajes amarillos con pelucas afro del mismo color. Otros espectáculos reafirmaron la historia del teatro musical negro con producciones y actores de origen afroamericano. Las revistas *Bubbling Brown Sugar* (1976), *Ain´t Misbehavin´* (1978) y *Eubie* (1979) fueron tomas en directo de la rica herencia de populares artistas negros como Bert Williams (*véanse* págs. 26-27) y Eubie Blake (*véase* pág. 55).

El musical más emocionante de la década fue, sin embargo, el espectáculo de Broadway *A Chorus Line*, estrenado fuera de Broadway en abril de 1975, y que se llevó a Broadway en julio de ese mismo año. Muchos musicales utilizan el baile para dar vida al espectáculo, a la vez que ofrecen información sobre la trama y los personajes. *A Chorus Line* era, sin embargo, un espectáculo exclusivamente sobre el baile y los bailarines.

A Chorus Line tiene lugar durante una audición para un espectáculo de Broadway. El director, Zach, a quien se oye pero nunca sale a escena, busca bailarines para formar un grupo de baile de ocho miembros, cuatro hombres y cuatro mujeres, y para ello ha reunido a dieciocho aspirantes para una segunda entrevista. Al existir la posibilidad de que obtengan un papel con algo de diálogo, el director quiere saber un poco sobre ellos y sus vidas. Cada narración sigue una sutil progresión. Uno a uno, los personajes narran sus vidas a través de monólogos y números musicales, y hacen una descripción desde su infancia hasta ese momento. Estos solos, o piezas de pequeños grupos, se interrumpen con secuencias musicales en las que se muestran las emociones que comparten los aspirantes. El espectáculo carece de una trama básica, y no hay más estrella que el baile en sí.

El musical fue ideado por el director y coreógrafo Michael Bennett (nacido en 1943); su concepto de *A Chorus Line* es una celebración de «gitanos», el apodo que reciben los bailarines de un cuerpo de baile. Bennett, bailarín de joven, fue uno de los coreógrafos más importantes de Broadway de los años setenta, y entre sus éxitos se hallan *Company* (1970) y *Follies* (1971), de Sondheim, espectáculos sobre

Superior: el músical de baile más famoso de los setenta *A Chorus Line* convirtió en protagonistas a los anónimos miembros del cuerpo de baile.

«... los bailarines entran y salen de escena, en una versión dramática de un precalentamiento, que acaba de repente...»

gente que se había dedicado al espectáculo. Para *A Chorus Line* se reunió a grupos de bailarines para que hablaran de sus vidas, y las grabaciones de estas sesiones serían la base del guión, que fue escrito conjuntamente por el dramaturgo James Kirkwood (1924-1989) y por el bailarín Nicholas Dante.

A pesar de que las historias narradas se refieren sólo a las experiencias y a las emociones del baile y del teatro, también tienen una resonancia universal, y el mensaje subyacente es que la audiencia y los actores son en realidad iguales. Esto provoca que el público se identifique con alguno de los bailarines como individuo. El último baile, «One», cuando los bailarines vestidos con trajes idénticos bailan en grupo de una manera perfecta y pulida es chocante, ya que la individualidad de los bailarines, construida a lo largo del espectáculo, queda anulada al disolverse en un todo. Bennett manifestó que pretendía crear confusión entre el público: «Quiero que cuando salga del teatro la gente diga: "Esos chavales no deberían estar en una compañía de baile", y quiero que al ver otros espectáculos piensen en qué es lo que realmente se necesita para formar un cuerpo de baile».

Además de «One» también destacan otros números. La secuencia de apertura, «I Hope I Get It», duraba diez minutos. Con la sola música del piano, los bailarines entran y salen de escena, en una versión dramática de un precalentamiento, que acaba de repente cuando los bailarines se colocan en fila, sosteniendo su retrato de ellos mismos. «The Music and the Mirror» es el baile de Cassie. Interpretado en la versión original de Broadway por Donna McKechnie, Cassie es una antigua solista (y ex amante de Zach, el director), que a pesar de su medida del éxito aún necesita el trabajo. Este número fue el solo más largo jamás creado para un musical y mostraba la necesidad emocional de Cassie por el baile y su deseo, no correspondido, por integrar su vida personal en el baile.

A Chorus Line fue un éxito absoluto; recibió alabanzas de los críticos de todo el mundo y ganó numerosos premios. Además de estar en cartel en Broadway durante quince años, hizo muchísimas actuaciones en todo el mundo. En resumen, *A Chorus Line* volvió a recordar los musicales de los años treinta y cuarenta, y tiene sus propias versiones de los duros coreógrafos y los tenaces bailarines que llenaban los escenarios. Reafirmó la vieja creencia de que la historia de un bailarín que trata de ganarse la vida a pesar de todas las dificultades es una metáfora de nuestras propias vidas.

Superior: el coreógrafo y director de *A Chorus Line*, Michael Bennett, con su Disco de Oro por su primer álbum del musical.

Derecha: los miembros de *A Chorus Line* finalmente debutan cuando el espectáculo alcanza los escenarios.

Estilo de la calle

Pinchadiscos de discotecas

Hip-hop y *breakdance*

Techno y *house*

Rave y cultura de club

Vídeos musicales

Moonwalk

Madonna

«Gradualmente –y la música disco es el ejemplo más vivo–, los pinchadiscos se convirtieron en más que simples proveedores de música: eran auténticos artistas creativos.»

Hacia finales de los años setenta, la brutalidad y el realismo del *punk* y el *new wave* parecían señalar el final de la cultura disco. La influencia de la música disco en la historia posterior del baile social, decían, sería tan inconsecuente y de vida tan breve como el renacimiento de los bailes en pareja que había engendrado. Sin embargo, la influencia del disco iba a ser mucho más persuasoria que ninguna otra y, en el momento en que el siglo XX conducía hacia una música de bailes en pareja y la cultura en la que prosperaba, se convirtió en el idioma dominante del entretenimiento musical popular. La razón no fue sólo el sentido de la actuación y la ironía que la música disco aportó al baile, sino que fue la primera cultura de baile que hizo un uso creativo de un avance social importante: la música grabada.

Estilo de la calle

Pinchadiscos de discotecas

Desde la novedad de los *singles* de 7 pulgadas en los años cincuenta y la llegada de las primeras gramolas a las cafeterías de los adolescentes de América, el vinilo había aportado a los bailarines la música con la que moverse. El desarrollo de los discos duraderos y portátiles y de pequeños transistores de radio supuso que la música grabada podía sustituir a la música en directo entre los bailarines y que estaría disponible en cualquier momento y en cualquier lugar. El posterior surgimiento de nuevas compañías discográficas y la explosión del *rock and roll* hizo que los discos se convirtiesen en el medio dominante de abastecimiento de nuevos sonidos en el mercado. Como resultado de ello, surgió un nuevo concepto: los pinchadiscos de la radio.

Al principio, pinchadiscos como Alan Freed (*véase* pág. 185) fueron el nexo de unión entre la audiencia y los escenarios, pero cuando la música grabada se empezó a introducir en los clubes de baile en los años sesenta, el concepto de pinchadiscos se extendió a las pistas. Se necesitaba a alguien que pusiera los discos, descubriera los últimos sonidos y proporcionara la música ambiental. Gradualmente –y la música disco es el ejemplo más vivo–, los pinchadiscos se convirtieron en más que simples proveedores de música: eran auténticos artistas creativos.

Izquierda: el pinchadiscos Grandmaster Flash (derecha), uno de los pioneros del sur del Bronx en la revolución *hip-hop*.

Derecha: Afrika Bambaataa, otro de los pinchadiscos de Nueva York, que cambió el lenguaje de la música urbana y el baile de principios de los años ochenta.

Los pinchadiscos se percataron de que eran capaces de amoldar las noches a su propio gusto, y los mejores empezaron a ofrecer una secuencia temática en la música que pinchaban. Los primeros trabajos se hicieron enlazando suavemente una canción con la siguiente. El objetivo principal era, por supuesto, mantener a los bailarines en las pistas tanto tiempo como fuera posible. Las compañías discográficas habían descubierto ya esta necesidad y proporcionaban versiones de música popular disco en vinilos de 12 pulgadas; sin embargo, los pinchadiscos buscaban «interactuar» con los platos, a fin de alargar las canciones favoritas del público. Así, surgieron los platos paralelos y el concepto de repetir una y otra vez las mismas canciones.

Este sencillo descubrimiento –el que los platos eran un instrumento y no un simple conductor de la música– fue el desarrollo más importante de la música popular en las últimas décadas del siglo xx. Las posibilidades de la música disco se multiplicaron de forma instantánea, y se estableció el fundamento de lo que sería la cultura de baile de finales del siglo xx.

Los pioneros en esta nueva escena de baile se pueden nuevamente situar en Nueva York, esta vez en el sur del Bronx. A principios de los años setenta, el sur del Bronx era ya sinónimo de exclusión social y degradación, pero tenía un baile *underground* de una vitalidad pasmosa. Pinchadiscos pioneros como Kool Herc, Grandmaster Flash y Afrika Bambaataa sobrepasaban los límites de lo que podía conseguirse con el vinilo y los platos, y en el camino forjaron una cultura callejera llamada *hip-hop*.

«Pinchadiscos pioneros como Kool Herc, Grandmaster Flash y Afrika Bambaataa sobrepasaban los límites de lo que podía conseguirse con el vinilo y los platos, y en el camino forjaron una cultura callejera llamada *hip-hop*.»

Hip-hop y *breakdance*

El *hip-hop* es una cultura de la calle de muchas facetas, aunque su popularidad a principios del siglo xxi es tan amplia que llamarla «de la calle» resulta un poco inocente; incluye la labor de los pinchadiscos, el *rap*, el *graffitti* y el *breakdance*. Este último ha sido el estilo de baile propio más notorio y visualmente emocionante que apareciera en Norteamérica desde el nacimiento del *lindy hop*.

El *breakdance* es, de hecho, un invento de los medios de comunicación. Fue el nombre que se dio a los primeros estilos del *hip-hop* que bailaban los *b-boys* o *breakers* de la cultura *hip-hop*; finalmente, captaron la atención del público a principios de los años ochenta. Una combinación atlética de rápidos juegos de piernas y pies, giros corporales y posturas estáticas y robóticas, el *breakdance* captó la atención de los medios de comunicación a finales de los setenta, gracias a sus «poderosos movimientos» –giros sobre la cabeza, vueltas de espaldas y sobre una sola mano–, y ello le condujo a convertirse en el centro de atención internacional.

Los orígenes de los *b-boys* pueden remontarse a finales de los años sesenta, cuando los adolescentes de Nueva York empezaron a bailar el *good foot*, que se basaba en la actuación de James Brown con la canción «Get on the Good Foot». Incorporando caídas primitivas y vueltas, el *good foot* también incluía un paso que consistía en levantar una pierna hasta la rodilla, mantenerla allí durante un compás, y luego dejarla caer, levantando al mismo tiempo la otra. Mientras los

Superior: las noches frente a los platos adquirieron un nuevo significado cuando el vinilo se hallaba en manos como las de Kool Herc.

Derecha: miembros del New York´s Rock Steady Crew, en una imagen de *Beat Street*, de 1984, una película que celebra la aparición del *breakdance*.

pinchadiscos buscaban la manera de extender los compases de fondo de los discos, los bailarines encontraron una manera más ingeniosa de llenar este compás: consistía en dejarse caer al suelo y saltar arriba al compás, balancearse sobre las manos para liberar las piernas y arrastrarse. El pinchadiscos Herc llamó a estos bailarines *breakers*.

La naturaleza atlética del *breakdance* lo hacía más atractivo entre los chicos jóvenes y las bandas callejeras del sur del Bronx, donde existe una fuerte tradición de peleas de baile. Las peleas del *breakdance* se convirtieron en una manera de establecer puntuaciones en la calle, y así se crearon grupos que ensayaban juntos, actuaban juntos y creaban nuevos movimientos. Los *breakers* más conocidos de mediados de los años setenta fueron Nigger Twins, Clark Kent y los Zulu Kings.

Los *breakers* también empezaron a incorporar los movimientos de *locking* y *popping* procedentes de California. El *locking* tenía su propia génesis en la popularidad de las series de ciencia ficción de la televisión

americana de la época –como *Perdidos en el espacio*, por ejemplo–, en las que se mimetizaba el movimiento/congelación de la imagen, algo característico de los robots de ciencia ficción. Un *breaker* callejero llamado Don Campbell creó un estilo, y junto con el coreógrafo de televisión Toni Basil formaron un grupo llamado los Lockers. Aparecían de manera regular en varios programas de televisión, entre ellos el influyente *Soul Train* y *Saturday Night Live*, y su popularidad les condujo a desarrollar un baile de moda californiano llamado *robot*.

El *popping* fue una evolución del *locking*, en el que el movimiento es más fluido y da la impresión de que al bailarín le pasa una descarga de corriente eléctrica por el cuerpo, ya que hace saltar cada articulación de su cuerpo de forma sucesiva. Creado por un grupo de hermanos, entre ellos Pistol Pete, de la película *Breaking*, se bautizó como *electric boogaloo*, pero fue con el nombre de *electric boogie* como el *popping* entró en el repertorio del *breakdance*.

La primera oleada de *breakdance* finalizó en torno a 1977, cuando el *freak* atrajo la atención de la comunidad negra, pero su popularidad en la comunidad portorriqueña aseguró su evolución. Fueron principalmente los adolescentes portorriqueños, bajo la influencia de las películas de *Kung Fu* de los años setenta, quienes incorporaron en este género los movimientos propios de las artes marciales y las características y poderosas vueltas. El Rock Steady Crew, en particular, que se formó en 1980, sobrepasó los límites de lo que podía hacerse en el *breakdance*. Incorporaron vueltas de cabeza, vueltas con una sola mano y molinillos, entre otros, junto con el tradicional juego de piernas y pies.

Por aquel entonces, el mundo entero ya le prestaba atención. En 1981, la película de *hip-hop Wild Style*, de Charles Ahearn, llevó la imagen callejera del Bronx a un público más amplio, pero fue realmente la película *Flashdance* (1983) la que lo puso en la corriente principal. La película más representativa de *breakdance* de esa época fue *Beat Street*, una pelea de baile entre las bandas más importantes del nuevo estilo de *breakdance*: Rock Steady Crew y los New York City Breakers.

Fueron los medios de comunicación quienes dieron al baile de los *b-boys* el apelativo de *breakdance*. Fue un término ex profeso para una

Inferior: otra de las imágenes de *Beat Street*: los New York City Breakers muestran al público un par de cosillas.

ROCK STEADY CREW: LA LEGENDARIA «SEGUNDA GENERACIÓN»

Crazy Legs: un veterano de 18 años de la escena del *hip-hop*; protagonizó películas como *Flashdance, Beat Street, Wild Style* y *Style Wars*. Sus movimientos característicos incluyen molinillos y vueltas hacia atrás.

Prince Ken Swift: conocido como inventor de numerosos movimientos como el *Kaboom*, ha ganado premios por sus coreografías.

Mr. Wiggles: con experiencia de baile en Broadway y en películas de cine, es uno de los miembros del cuerpo de baile de GhettOriginal.

Orko: originario de Los Ángeles, y un conocido *popper* y *breaker* desde los 12 años, Orko es conocido por sus ocho vueltas seguidas realizadas en 1990.

Masami: nacida en Japón, Masami es una de las *b-girls* que ejercen una fuerte influencia en la escena del *breakdance*.

Superior: algunos de los movimientos más extremos del *breakdance* consistían, literalmente, en dar vueltas sobre la cabeza.

forma de baile que incluía el juego de piernas/pies, vueltas, el *popping* y el *locking* del que habían surgido en Los Ángeles. Tan pronto como los medios de comunicación le prestaron atención, el *breakdance* empezó a perder popularidad. No casaba con los nuevos sonidos del *hip-hop*, ni con la música *rap*; en consecuencia, a mediados de los ochenta se sustituyó por lo que se convertiría en el baile *hip-hop*. El *breakdance* era una forma de baile callejera, con capacidad de adaptación, y en los noventa mostró señales de renacimiento. El Rock Steady Crew continúa actuando en todo el mundo con el nuevo nombre de GhettOriginal; dos festivales de *breakdance* se celebran en Estados Unidos cada año, y muchos grupos nuevos se abren camino en el ámbito del *hip-hop* moderno.

«Tan pronto como los medios de comunicación le prestaron atención, el *breakdance* empezó a perder popularidad.»

Techno y house

A medida que evolucionaba el *hip-hop* y el *rap* se convertía en algo más personal y agresivo, lo mismo sucedía con el baile del *hip-hop*. El *breakdance-hip-hop* de la vieja escuela se fue gradualmente reemplazando por el estilo de la «nueva escuela». La nueva moda era evidente ya a principios de los ochenta, y muchos de los movimientos *rap* aparecían en los vídeos *rap* del momento. Movimientos como el *robocop*, el *roger rabbit*, el *wap* y el *running man* hicieron que aumentara el uso del *reggae*, el *soul* y los movimientos de artes marciales, poniendo más énfasis en los juegos de piernas que en la acrobacia. El nuevo género era más aglutinador y menos competitivo que su antecesor.

En términos generales, sin embargo, el *rap* se distanciaba del baile expresivo. A medida que el género avanzaba hacia la ideología política de Public Enemy, se aceleraba la moda del *gangsta rap* y se daba menos importancia a los bailarines y al baile. Los bailarines del *hip-hop* de la nueva escuela se cambiaban a los otros bailes emergentes del momento, en particular a los sonidos electrónicos del *techno* y del *house*.

El trabajo de los pinchadiscos Kool Herc y Grandmaster Flash, y de otros pioneros del sur del Bronx, rápidamente se expandió al resto de centros urbanos a mediados de los setenta. Tanto en Chicago como en Detroit, la música de los platos dobles de Nueva York se combinó con la nueva tecnología electrónica disponible en los sintetizadores y con cajas de ritmos para producir nuevos sonidos en las pistas de baile. La cultura del baile electrónico había llegado.

Derecha: el conocido padre del *house*, establecido en Chicago, el pinchadiscos Frankie Knuckles, pionero del sonido en el Warehouse Club de esa ciudad.

«... mientras que en el *hip-hop* uno controla su cuerpo, en el *house* es la música la que lo controla a uno.»

Derecha: Derrick May, miembro del trío más influyente entre los pinchadiscos de Detroit, captó los elementos básicos del *techno* y los forjó en un estilo distinto.

En Chicago este nuevo sonido se conoció como música *house*. El padre del *house* fue el pinchadiscos Frankie Knuckles, que se había desplazado a Chicago desde Nueva York. Knuckles y sus contemporáneos, como Marshall Jefferson y Lil Louis, mezclaban el disco y el *soul* con sonidos esotéricos electrónicos procedentes de Europa, básicamente del grupo Kraftwerk. El sonido resultante era *soul* y *funky*, pero con un fuerte ritmo electrónico. En 1977, Knuckles empezó a mezclar el nuevo sonido en un club *gay*, el Warehouse, en Chicago. Una década más tarde, los ingleses adoptaron el sonido de Knuckles y lo comercializaron en Europa como música *house*.

El baile que acompañaba la música *house* fue una variante del nuevo estilo del *hip-hop*. Como su antecesor, la música disco, el *house* es una amalgama de muchos sonidos diferentes. Exactamente lo mismo se aplica al baile del *house*. El *hip-hop*, la salsa, la milonga y las artes marciales brasileñas, la *capoeira*, todo se incluye en la mezcla. Una vez más, el énfasis estaba en los juegos de piernas/pies, pero el amplio abanico de influencias permite ejecutar un estilo mucho más libre. Uno de los bailarines más importantes del *house* de los noventa, Ejoe Willson (que incluye a los Nicholas Brothers y a Fred Astaire entre sus influencias), enfatizó el estilo libre del *house* cuando en una entrevista declaró: «Aún me gusta el *hip-hop*, pero me gusta más el *house* porque es más rápido y tiene un estilo más libre [...] mientras que en el *hip-hop* uno controla su cuerpo, en el *house* es la música la que lo controla a uno».

Detroit, Michigan, fue para el *techno* lo que Chicago para el *house*. Era el ambiente urbano donde se juntaron todos los elementos dispares de la música electrónica moderna y se fundieron en un todo funcional. La música era deliberadamente tecnológica e industrial, y no fue coincidencia que creciera en el entorno industrial de Detroit de los setenta. La estética arrolladora del *techno* es la armonía entre el hombre y la máquina. Hubo pocos sitios en el mundo donde esta armonía se erosionara tanto como en Detroit.

El *techno* debía sus orígenes a figuras parecidas a Kraftwerk, al «Planet Rock» de Africa Bambaataa, a Parliament y a otros innovadores de música análoga. Fue, sin embargo, el trío de Detroit creador de «Magic», compuesto por Jaun Atkins, Kevin «Reese» Anderson y Derrick «Mayday» May, el que convirtió el sonido en un género diferente.

Rave y cultura de club

En Gran Bretaña, el sonido de baile de Detroit se convirtió en un auténtico movimiento cultural. A diferencia de Estados Unidos, Gran Bretaña es lo suficientemente pequeña como para tener una cultura más centralizada, y por esta razón pueden adoptarse nuevos estilos de baile y ponerse de moda (con ayuda de los medios de comunicación) más rápido que en ningún otro lugar del mundo. Esto es, en realidad, lo que le ocurrió al *house* y al *techno* a finales de los ochenta.

El norte de Inglaterra devoró la música *house*, como lo hizo con el sonido Motown de los sesenta. De la misma forma que el *soul* del norte se había adoptado y convertido en un modo de vida, también el nuevo sonido electrónico recibió una buena acogida y se convirtió en un movimiento ideológico. Los británicos hicieron algo más que simplemente recrear un nuevo sonido de discoteca: crearon una cultura, y en su corazón se hallaba un nuevo fenómeno de baile, el *rave*.

El fenómeno *rave* debe su espíritu, al menos en parte, a la contracultura psicodélica de los sesenta. Al igual que los grandes festivales

de *rock* y los clubes *underground* de esa época, el *rave* es una subcultura derivada de las drogas que busca unir a una comunidad mediante la música y el baile, y eso, al menos en algunos casos, está fuera de los límites legales. A finales de los noventa, el término en sí dejó de estar de moda –víctima de los medios de comunicación–, pero la cultura de las fiestas de baile se mantiene como una moda dominante en el baile social de todo el mundo.

Las primeras *raves* eran fiestas *underground* espontáneas que casi siempre se celebraban en almacenes en la periferia de las poblaciones y ciudades industriales de Gran Bretaña, o en lugares secretos al aire libre. Clandestinas y poco organizadas, estas fiestas llegaron a atraer a más de cinco mil bailarines en el verano de 1988. El término *techno* estaba todavía en su infancia, y la música que se tocaba en las fiestas era una mezcla de *rock* psicodélico europeo –los Stone Roses y los Happy Mondays– y *acid house* de Chicago. El *acid house* era una variante del *house*, inspirado en el LSD, que hizo uso del sinteti-

Superior y derecha: el *rave*, que surgió de la cultura de club del disco, a finales de los ochenta, se caracterizaba por ser una música influenciada por las drogas y el ambiente psicodélico, como la subcultura *hippie* de finales de los sesenta.

zador Roland 303 para crear un sonido estilo *trance*. Casaba idealmente con el uso del éxtasis (droga de diseño), que era de fácil adquisición en Europa a finales de los ochenta. Si el panorama tenía reminiscencias de finales de los sesenta, era intencional. Las similitudes se encontraban no sólo en la música, también en las pistas de baile: todo lo que el sonido requería era un estilo libre y una respuesta personal a la música.

El *rave* es más que una simple fiesta de baile: busca llevar al público a un estado físico y mental alterado. La mezcla de un entorno sensual, potentes sistemas de sonido, iluminación teatral (incluyendo luces estroboscópicas y láseres) y su larga duración (las fiestas normalmente duraban toda la noche) llevaban a los bailarines a algo cercano a un estado de trance. De hecho, *trance* es el nombre de una forma del *techno*, y el término tiene una larga historia relacionada con el movimiento *techno*, no sólo por la sensación repetitiva de los sonidos industriales que yacen en la base de la evolución del mismo.

En el corazón del *rave* están los pinchadiscos. Éstos pueden haber reemplazado a los músicos en directo como proveedores de la música de baile, pero mantienen algo del aura del músico en directo. El pinchadiscos no sólo tiene el poder de usar su mesa de mezclas para crear la combinación perfecta de sonidos, sino que controla el importante *vibe* del evento. El *vibe* es un término que usan los bailarines para valorar la calidad y el espíritu del acontecimiento, y como en los grandes festivales de *rock* de los sesenta, ilustra el objetivo cultural de «unir a una nación con la música».

Al entrar en los noventa, las fiestas *rave* se empezaron a celebrar en todo el mundo. La música de baile disponible había crecido a una velocidad vertiginosa, y a finales de la década el término *techno* cubría escasamente miles de sonidos de baile que emanaban de los altavoces. El *house*, el *techno*, el *ambient*, el *hardcore*, el *breakbeat*, el *trance*, el *tribal*, el *progressive*, el *drum and bass* y el *jungle* son sólo algunos de los estilos que llenaban los clubes, a medida que la música continuaba con su subdivisión y propagación.

La expansión del *rap*, el *house*, el *techno* y la nueva cultura *dance*, en el último cuarto del siglo xx, aumentó de manera importante la ya enorme división entre el baile social y el teatral. De hecho, el teatro musical y el baile popular empezaron a ir por caminos diferentes desde que Bill Hayley empezó con el *rock*, pero, a principios de los ochenta, esta separación se había convertido ya en divorcio. La televisión sustituyó al teatro como medio para «romper» nuevos estilos; los bailes callejeros y la televisión musical empezaron a alimentarse mutuamente de una forma nunca vista desde que el teatro de Broadway devoró el baile de *jazz* de Harlem de los años veinte.

Inferior: a pesar de que el *rave* tuvo sus orígenes en las ciudades industriales británicas, su centro se trasladó con rapidez a las islas Baleares españolas, y a Ibiza en particular.

«Los británicos hicieron algo más que simplemente recrear un nuevo sonido de discoteca: crearon una cultura, y en su corazón se hallaba un nuevo fenómeno de baile, el *rave*.»

CULTURA DE CLUB

Ambient: sonido suave y somnoliento que se caracteriza por teclados suaves y bajos sueltos. Su pionero es Brian Eno y su *Music for Airports* (1978)

Drum and bass: mezcla altamente evolucionada de *break*, *jazz*, *funk* y sonidos industriales.

Garage: fruto del pinchadiscos Larry Levan al intentar modernizar el sonido disco de los setenta; toma su nombre del club Paradise Garage de Nueva York.

Hip-hop: sonido *break* pionero procedente del sur del Bonx. La cultura *hip-hop* llevó al desarrollo del *rap*, el omnipresente sonido del *pop* moderno.

House: música electrónica que incluye ritmos de bajo fuertes y vocales llenos de sentimiento. Desarrollada por el pinchadiscos Frankie Knuckles, a finales de los setenta, en el legendario Warehouse de Chicago. La llegada del sintetizador Roland 303 llevó a una de sus variantes, el *acid house*.

Jungle: híbrido de Jamaica y Gran Bretaña que combina elementos del *hip-hop* y el *techno*.

Techno: desarrollo de la música europea análoga a la de Kraftwerk y similares que llevó a un sonido de baile en el Detroit de finales de los setenta y principios de los ochenta; el término incluye una gran parte de la música de baile electrónica.

Vídeos musicales

El acontecimiento más importante de esta nueva moda fue la llegada de los vídeos musicales, y más específicamente de los canales de televisión de vídeos musicales. Los Beatles habían sido los pioneros en el uso de un cortometraje como medio de promoción de sus discos en los años sesenta, en concreto para «Strawberry Fields» y «Penny Lane». A principios de los ochenta, la idea de un cortometraje gratuito como medio de publicidad estaba bien establecida en Gran Bretaña, aunque era poco frecuente en Estados Unidos. Sin embargo, su potencial aún estaba pendiente de reconocerse. En 1981, una empresa americana de televisión por cable, la Warner Amex Satellite Entertainment Company, WASEC, respondió a los resultados de un exhaustivo estudio de mercado y puso en marcha una cadena de televisión que ofrecía vídeos musicales de forma continuada. Se empezó la emisión con un vídeo llamado «Video Killed the Radio Star». Estaba diseñado para ser profético y lo fue: MTV (music television) transformó todos los aspectos de la industria del ocio y revolucionó la forma en la que se presentaban las actuaciones de *rock*.

La llegada de los vídeos musicales anunció una revolución de la forma en la que las actuaciones musicales se llevaban a las pantallas; al igual que las rutinas expresionistas de Busby Berkeley de los años treinta (*véanse* págs. 123-126), el vídeo *pop* se centraba únicamente en lo visual, sin dar demasiada importancia a la narrativa. Al igual que en los años treinta, los pioneros de las producciones de vídeo no lograron reconocer las posibilidades creativas que ofrecía este nuevo medio.

Los primeros vídeos eran simples actuaciones en directo transferidas a la pantalla, de las cuales disfrutaban sólo los fans ansiosos de

ver a sus héroes; desde el punto de vista visual, resultaban aburridas. Las bandas de guitarristas escondidas tras los instrumentos no lograron hacer buena televisión, y, además, la televisión poco hacía por su reputación. La presentación visual, por lo tanto, se empezó a convertir en un elemento importante para la música, y el baile siempre ha sido el componente básico en la presentación de la música *pop*. No es sorprendente que dos de las superestrellas del *pop* de los ochenta utilizaran actuaciones basadas en el baile. Madonna y Michael Jackson entendieron la fuerza del nuevo medio y lo adoptaron en beneficio propio.

Moonwalk

Cuando Michael Jackson revolucionó el vídeo musical, ya llevaba una larga experiencia profesional tras de sí. Nacido en 1958, Jackson tenía tan sólo 10 años cuando junto con sus hermanos firmó un contrato con la Motown de Berry Gordy, en 1968, con el nombre de Jackson Five. Incluso antes de esto, los Jackson habían trabajado en el teatro Apollo de Harlem como apoyo a las actuaciones de *soul* de las Temptations, Gladys Knight y las Pips y James Brown, entre otros. James Brown, en particular, produjo un efecto duradero en el más joven de

Izquierda: la banda británica Take That se promocionó –como muchos de sus contemporáneos– con vídeos que mostraban sus actuaciones en los escenarios, en las que cantaban y bailaban.

Inferior: Michael Jackson fue el responsable de uno de los vídeos más importantes de su álbum *Thriller*, en el que bailaba durante catorce minutos seguidos, lo que en efecto era como un cortometraje.

«No es sorprendente que dos de las superestrellas del *pop* de los ochenta utilizaran actuaciones basadas en el baile. Madonna y Michael Jackson entendieron la fuerza del nuevo medio...»

los Jackson, que devoraba cada giro y salto que ejecutaba el gran artista. Ciertamente, la combinación incongruente de movimientos llenos de sentimiento y la apariencia de chico inocente fueron una gran parte del atractivo del joven Michael Jackson.

Ya en los ochenta, los Jackson habían dejado Motown, y Michael había iniciado su carrera en solitario. En 1983 se le pidió que actuara junto a sus hermanos para un espectáculo televisivo a fin de celebrar los 25 años de Motown. Aceptó bajo la condición de cantar una de las canciones de su álbum en solitario *Thriller*. La canción «Billie Jean» causó una sensación absoluta. Ante una de las mayores audiencias de este tipo de certámenes, Jackson apareció en escena con un baile en el que parecía moverse por el escenario sin levantar los pies del suelo. Más tarde se conocería como *moonwalk*, y se convertiría en la marca de Jackson.

Michael Jackson, de hecho, no originó el *moonwalk*, sino que lo adaptó de los movimientos del *breakdance* de su tiempo, pero lo pulió

Superior: Michael Jackson (el segundo por la derecha) fue, desde pequeño, un artista que bailaba y cantaba, en el sentido tradicional de la industria del espectáculo, al liderar los Jackson Five.

e hizo suyo. Incorporó los movimientos robóticos que se originaron en Los Ángeles, en los setenta, y que se asumieron en el *breakdance*, pero también tiene un fuerte parecido con un baile de juglares denominado esencia de Virginia, de un siglo antes. Cualquiera que fuera la génesis de sus movimientos, Jackson mostró que los bailes de la calle podían asumirse, mezclarse con la estética existente y convertirse en algo fresco. De hecho estaba haciendo lo que Fred Astaire había hecho cincuenta años antes: rastrear el mundo del baile popular con el objetivo de crear cualquier cosa que pudiera usarse para causar un nuevo efecto. Jackson recuerda que después de su actuación en *Motown 25*, Fred Astaire se puso en contacto con él y le invitó a su casa. Se dice que pasó una tarde entera enseñando a Astaire y al gran coreógrafo Hermes Pan las bases del *moonwalk*.

El *moonwalk* de Jackson se incorporó a tres vídeos que acompañaban sus *singles*. Estos vídeos sobrepasaron las fronteras de la forma y mostraron el lugar que el baile podía llegar a ocupar. «Billie Jean» (1983), «Beat It» (1983) y «Thriller» (1987) fueron, en todos los sentidos, musicales completos, realizados con presupuesto y producción acordes. «Billie Jean», el primer lanzamiento, hizo uso de los movimientos característicos de Jackson: el *moonwalk*, giros y movimientos robotizados. Irónicamente fue necesario convencer al director Steve Baron

Izquierda: después de realizar el *moonwalk*, «Jacko», como le llamaba la prensa, se convirtió en una especie de parodia de sí mismo.

«En el concepto, la coreografía, el ensayo y el coste, "Thriller" es comparable a los grandes musicales de Hollywood del pasado.»

de que el baile tenía un lugar en el vídeo, y gracias a la insistencia de Jackson, el éxito le dio la razón.

«Beat It» hacía referencia directa a la cultura de la cual surgió el baile de los Jackson. Con miembros de bandas auténticas de Los Ángeles, el vídeo esboza la historia de una pelea entre bandas, que acaba de manera pacífica, a través del poder unificador del baile. Dirigido por Bob Giraldi y coreografiado por la estrella de la salsa de Broadway Michael Peters, «Beat It» es comparable a las peleas coreografiadas de *West Side Story* de los cincuenta (*véase* pág. 176).

«Thriller», el último lanzamiento de la trilogía, era, con mucho, más ambicioso. Con una duración de catorce minutos, tenía todos los ele-mentos de una película –escenas con guiones, una historia compleja y, en medio, un baile habitual totalmente cinemático. Fue dirigido por John Landis, un director de cine consumado, que realizó *An American Werewolf in London* pocos años antes, y que aportaba muchas de las técnicas tradicionales de realización a este vídeo. En el concepto, la coreografía, el ensayo y el coste, «Thriller» es comparable a los grandes musicales de Hollywood del pasado. El vídeo complementario, *The Making of Thriller* (que se realizó en parte para financiar el vídeo original), vendió por sí solo más de un millón de copias, mientras que «Thriller» fue votado, en 1989, como «el mejor vídeo de la historia mundial». Incluso si permitimos la hipérbole de la industria del entre-

Superior: al igual que las de Madonna, las actuaciones en el escenario de Michael Jackson dependían de un baile fuerte y dinámico que acompañaba a sus canciones que, sin él, hubieran sido poco menos que memorables.

tenimiento, esto no fue un hecho casual, y fue un honor que pocos podían discutir.

La posterior carrera de Michael Jackson no llegó a alcanzar el nivel de la época de *Thriller*. Continuó con sus innovaciones coreográficas, pero su creatividad topó con las responsabilidades hacia las multinacionales –en 1991, firmó un contrato multimillonario con Sony– y con conflictos personales. Su vídeo «Black and White», del álbum de 1991 *Dangerous*, es una coreografía provocativa: el gesto de tocarse los genitales y un movimiento en el que parecía que se bajara la cremallera de los pantalones causaron el escándalo público. Por supuesto, la provocación sexual ha sido siempre un elemento importante en el baile popular, pero la apariencia de un Jackson inocente y la naturaleza explícita de su baile empezaron a causar una profunda inquietud en el público. El proceso se agravó cuando recibió, en 1993, acusaciones de abusos sexuales.

Madonna

A diferencia de Michael Jackson, Madonna construyó su carrera sobre una conexión explícita entre el sexo y el baile popular. Como Jackson, reconoció el potencial de los vídeos musicales para crear y manipular una personalidad en las pantallas, y a lo largo de los ochenta y noventa usó este medio para a sí misma de forma repetida.

«A lo largo de su carrera, Madonna ha creado coreografías que mezclan estilos de club y de calle con otros estilos más disciplinados de los bailes contemporáneos.»

Desde que la joven Madonna, Louise Veronica Ciccone (nacida en 1958), pisó por primera vez una clase de baile, supo que la música y la danza serían su mejor elemento para alcanzar sus ambiciones. Estudió ballet por poco tiempo en la Universidad de Michigan; en sus inicios, se trasladó a la ciudad de Nueva York para encontrar trabajo en los escenarios, donde se ejecutaban bailes modernos (bailó en la compañía de baile de Paul Taylor). De espíritu rebelde, Madonna pronto se dio cuenta de que la danza contemporánea no era para ella, y se dirigió a los escenarios de los diferentes clubes de la ciudad. Fue el pinchadiscos Mark Kamis el que promocionaría su primer sencillo, «Everybody», haciéndolo sonar en sus sesiones.

A lo largo de su carrera, Madonna ha creado coreografías que mezclan estilos de club y de calle con otros estilos más disciplinados

Izquierda: Paula Abdul fue una de las numerosas vocalistas femeninas de los noventa, y su baile debe mucho a Madonna.

de los bailes contemporáneos. Sus primeros *singles*, «Holiday» y «Lucky Star», fueron inocentes por lo que a la producción se refiere. Ofrecían poco más que a una jovencita con muchas poses y con una pasión por el exhibicionismo. Sin embargo, a finales de la década, y con el lanzamiento de su vídeo «Like a Virgin» (1986), Madonna ya se había transformado en una artista única, con capacidad para crear auténticas coreografías provocativas e irresistibles. Su *single* «Vogue», de 1990, mostró cómo podía adaptarse a un movimiento de moda en la escena de los clubes –la moda de poses flamboyantes, llamado *vogueing*– y editado con una marca y forma propias.

El éxito inicial de Madonna surgió de los clubes de Nueva York y continuó situando al baile en el centro de sus espectáculos. Sus actuaciones en directo, como el Blonde Ambition Tour de 1990, ofrecían una sucesión de bailes ambiciosos y bien pulidos, coreografiados para cada número. Mientras que sus contemporáneos llenaban estadios con toda la parafernalia de la música *rock* –guitarras, altavoces, baterías–, la banda de Madonna se mantenía oculta, y en su lugar llenaba el escenario de bailarines. Con una coreografía y una dirección escénica intrincada, sus actuaciones se situaban en algún lugar entre un concierto de *rock* y el teatro musical.

Si Michael Jackson mostró cómo los estilos de la calle podían incorporarse con éxito en el *pop*, Madonna demostró cómo una coreografía vigorosa podía ayudar a vender una canción. Juntos proclamaron una época en la que el baile se convertiría en una parte esencial de las actuaciones *pop*. Junto a los omnipresentes grupos de chicos y de adolescentes que invadieron el mercado en los noventa, artistas femeninas como Paula Abdul, Gloria Estefan y Janet Jackson construyeron sus carreras siguiendo el camino iniciado por Madonna.

«Con una coreografía y una dirección escénica intrincada, sus actuaciones se situaban en algún lugar entre un concierto de *rock* y el teatro musical.»

El nuevo entorno pedía una nueva generación de coreógrafos expertos conocedores de los estilos de la calle –bailarines y artistas que entendieran el idioma de los nuevos estilos–. Por esta razón, una ola de nuevos bailarines, como Leslie Segar, Marjory Smarf y Fatima Robinson, trabajaron para introducirse en el negocio con unos antecedentes que provenían no del teatro musical ni del ballet clásico, sino de los clubes. Robinson es un buen ejemplo. Originaria de California, comenzó su carrera ganando concursos de baile en los clubes locales y apareciendo en vídeos de *rap* sin ningún tipo de formación oficial en el baile. En 1992 coreografió el vídeo de Michael Jackson «Remember the Time», por el que fue nominada para un premio de la MTV. Desde entonces, ha realizado coreografías para muchos artistas, incluso para Will Smith, los Backstreet Boys y Whitney Houston, y ha ganado varias veces los premios a la mejor coreografía que otorga la Asociación de Productores de Vídeos Musicales. Junto con sus contemporáneos, continúa con la tradición de utilizar los bailes sociales del momento para preparar la agenda de ocio de su generación.

Superior: los grupos de *pop* de los noventa, como los Backstreet Boys, ejecutaban números de baile que engrandecían su música en los escenarios, a diferencia de lo que se solía hacer anteriormente: sujetar guitarras, aunque, en realidad, no se supieran tocar muy bien.

Izquierda: la hermana de Michael Jackson, Janet, fue otra artista en solitario; realizaba números de danza con un gran cuerpo de baile de fondo.

Glosario

Ballin' the jack Baile de jazz afroamericano que se hizo famoso en el musical de Harlem *Runnin' Wild* (1923). Se caracterizaba por mantener los pies quietos, mientras que el cuerpo se ondula y se mueven las caderas.

Bailes (danzas) de animales Abanico de bailes de *ragtime* populares en los que se imita el caminar y las características de distintos animales. El más conocido es el *turkey trot* (trote del pavo).

Big apple Baile innovador de los años treinta y cuarenta, que empezó en Carolina del Norte, Estados Unidos, y llevado a la fama por Arthur Murray y sus escuelas de baile. Los bailarines se colocan en un círculo y ejecutan las instrucciones que da un guía.

Black bottom Originario de la ciudad de Nueva York, a mediados de los años veinte; un baile de origen afroamericano en el que se arrastran los pies, se pisa con fuerza y se sacuden las rodillas.

Boogie-woogie Baile afroamericano en el que se mantienen las rodillas juntas, mientras que las caderas se mueven de un lado a otro y se avanza hacia adelante.

Bossa nova Baile de finales de los cincuenta que procedía de la samba brasileña y del *bebop jazz* norteamericano. Bailado en un tiempo sincopado de $2/4$, posee movimientos corporales de la samba.

Boston Versión más lenta del vals tradicional, que fue popular a principios del siglo xx. De origen norteamericano, su estilo es más relajado y menos formal que su antecesor: se centra en los movimientos laterales más que en la rotación.

Breakdance Estilo de baile de la calle que emergió de la cultura del *hip-hop* del sur del Bronx, Nueva York, en los setenta. Una mezcla atlética de rápidos juegos de piernas/pies, giros corporales y congelaciones «robóticas». También conocido *b-boying* o *breaking*.

Buck and wing Predecesor del claqué rítmico que se caracteriza por sus pasos al aire.

Bump Popular baile de pareja, de la moda disco de los setenta, que consiste en chocar con la pareja al ritmo, empezando por las caderas y siguiendo con el resto del cuerpo.

Cakewalk Baile afroamericano caracterizado por sus pasos elaborados y posturas. Tradicionalmente se daba un premio, con forma de pastel, al mejor artista. Más tarde se convertiría en el elemento indispensable de los espectáculos de juglares y del vodevil.

Capoeira Baile tradicional brasileño, con artes marciales, que se hizo popular en los noventa como parte integrante del nuevo estilo del *hip-hop* y del *house*.

Cha-cha-chá Derivado del mambo, popular en los años cincuenta, basado en tres pasos y un arrastre del pie.

Charlestón Moda de baile popular de mediados de los años veinte que combinaba golpes de talón y movimientos del cuerpo provocados por doblar y estirar las rodillas. Se baila en un tiempo sincopado de $4/4$.

Claqué acrobático Nombre otorgado a un estilo de claqué en el que la gimnasia y los efectos atléticos –como abrir las piernas y las volteretas– se introducían en las rutinas para darle más emoción.

Class act Nombre dado a las actuaciones de claqué que combinaban la suavidad y la sofisticación con ejercicios precisos y complejos, a menudo llevados a cabo al mismo tiempo.

Conga Estilo de baile procedente de Cuba que se hizo famoso en Europa y en América en los años treinta y cuarenta; en él, los participantes se colocaban en fila para bailar.

Country y western Estilos autóctonos de Estados Unidos, que incluyen bailes en pareja y grupo: en cuadrado y en línea.

Danza de precisión Nombre con el que se designa al baile de un grupo de bailarines que ejecutan movimientos uniformes.

Excéntrico Actuación especial de baile que utilizaba pasos inusuales, excéntricos e individuales, para dar un efecto muy particular. Por lo general, incorporaba el claqué, la legomanía y los estilos cómicos.

Flash zap Actuaciones de claqué que tenían pasos rápidos, caracterizados por los movimientos acrobáticos o atléticos en sus ejercicios.

Foxtrot Baile de salón que consiste en una serie de pasos lentos seguidos por otra serie de rápidos. El nombre se deriva del creador del estilo: Harry Fox.

Freak Estilo de baile individual que fue popular en el panorama de la música disco de finales de los setenta. Es una versión lenta del *twist* y estuvo relacionado con la canción *chic* del mismo nombre.

Giga irlandesa Estilo tradicional del baile irlandés caracterizado por percusivos movimientos de los pies y una fuerte carga en el tronco. Se hizo internacionalmente popular en los noventa gracias al éxito de *Riverdance*.

Habanera Danza cubana folclórica, muy popular en el siglo XIX, procedente de la contradanza europea.

Hokey-cokey Danza novedosa, muy popular en los años treinta y cuarenta, en la que los bailarines se unen en un círculo y ejecutan una serie de maniobras al tiempo, guiados por una voz de mando. En Estados Unidos se conoce como *hokey-pokey*.

Hustle La quintaesencia del baile en pareja de los setenta, con influencias de los bailes latinos y el *lindy hop*. La estructura básica de los pasos podía elaborarse improvisando giros, piruetas y *break*.

Jitterbug Una forma refinada del *lindy hop* muy popular durante y después de la segunda guerra mundial.

Jive Forma internacionalmente reconocida hoy en día como el estilo competitivo del baile de *swing*, y omnipresente en éste durante el despertar del *rock and roll*.

Lambeth, paso Danza novedosa, popular en los años treinta, derivada del musical *Me and My Girl* (1937). Una imitación de las costumbres *cockney* (del este de Londres).

Legomanía Nombre que se dio en el vodevil, o en los espectáculos de cabaret, al uso excesivo del movimiento de las piernas de un modo cómico o atlético.

Lindy hop Forma más atlética y original del baile de *swing*. Se cree que toma su nombre de Charles Lindbergh, tras cruzar éste el Atlántico en 1927; se popularizó gracias a los bailarines de la sala de baile Savoy en Harlem, Nueva York, en los años treinta.

Línea, bailes en Término genérico que designa los movimientos ejecutados por bailarines agrupados en una o varias filas. Es frecuente en el *rock and roll*, disco, *country* y géneros de baile *western*.

Locking Estilo de baile «robótico» desarrollado en Los Ángeles en los años sesenta y setenta. Se caracteriza por alternancia de movimiento y posturas estáticas, lo que da al bailarín una imagen mecánica.

Mambo Estilo de baile cubano, que se suele atribuir a Pérez Prado; se identifica musicalmente con la mezcla de ritmos cubanos y *swing jazz*.

Maxixe Precursor de la samba, este baile brasileño fue muy popular durante el reinado del tango, justo antes y durante la primera guerra mundial. Se baila en un compás de 2/4.

Merengue Baile nacional de la República Dominicana, popular en Estados Unidos durante los años cincuenta y setenta. Es conocido por sus pasos laterales acompañados de la cadera.

Milonga Danza argentina popular en Buenos Aires justo antes de la llegada del tango. Combina elementos de la polca y la habanera cubana.

Mooche Estilo afroamericano caracterizado por una sensual rotación de caderas. Popularizado por Bert Williams durante la época de esplendor del *ragtime*, también fue conocido como *Georgia grind*.

Moonwalk Estilo derivado del *breakdance* y popularizado por Michael Jackson. El bailarín se mueve hacia adelante y hacia atrás arrastrando los pies de manera que parece que no se mueve.

One-step Sencillo baile de *ragtime* que requiere un único paso por cada tiempo musical.

Polca Popular baile en pareja del siglo XIX originario de Bohemia. Es una danza alegre en un compás de 2/4 que combina giros a corta distancia de la pareja de baile y pronunciados movimientos de los pies.

Popping Baile originado en Los Ángeles en los años setenta. Es una derivación del *locking* y se caracteriza por dar la impresión de que al bailarín le pasa la corriente eléctrica por el cuerpo a medida que sacude sus articulaciones. También se conoce como *electric boogaloo* y *electric boogie*.

Rhythm tap Estilo de claqué que se desarrolló en los años veinte. Requiere un complicado trabajo de los pies y, a menudo, el taconeo como apoyo rítmico. También conocido como *jazz tap* y *heel and toe*.

Rumba Término genérico para los estilos de danza cubana que incluye el son, el danzón y la guaracha. Tradicionalmente se baila en un compás de 4/4, con ligeros pasos laterales y un solo paso lento hacia delante, acompañado del contoneo de las caderas.

Salsa Término genérico que designa los bailes y la música latina de procedencia cubana como el mambo, el cha-cha-chá, la rumba y otros.

Samba Danza brasileña que tuvo repercusión internacional en los años cuarenta. Se baila en un sincopado de 4/4 con pasos hacia delante y hacia atrás y movimientos de balanceo.

Shake Baile en solitario procedente de la era del *twist* que se caracteriza por una vigorosa sacudida del cuerpo.

Shimmy Danza afroamericana popularizada por Gilda Gray y Mae West. Se caracterizaba por una agitación vigorosa de los hombros y del tórax.

Soft-shoe Precursor del claqué moderno. Se bailaba en un lento compás de 4/4, con zapatos blandos, sobre una superficie arenosa.

Stroll Baile en fila que alcanzó popularidad en los años cincuenta por su ejecución repetida en el programa de televisión *American Bandstand*. Se inspiró en el *single* de Chuck Willis «C.C. Rider».

Suzy-Q Baile afroamericano de *jazz* caracterizado por colocar las manos sobre las rodillas, mover el cuerpo lateralmente y balancear los brazos en la dirección contraria. Popular en los años veinte y treinta. Resurgió en los años sesenta.

Swing Término genérico para los muchos bailes americanos procedentes del movimiento *swing jazz* y sus muchas variantes regionales. Incluye el *lindy hop*, el *jitterbug* y el *jive*, entre otros.

Tango Baile de salón originario de Buenos Aires, Argentina, de principios de siglo. Es un baile en pareja caracterizado por sus pasos largos y rápidos, y giros repentinos de la cabeza y los pies.

Twist Baile popular en los años sesenta en el que el bailarín se sitúa de pie con un pie hacia delante, moviéndolo mientras al mismo tiempo contonea las caderas y balancea los brazos de un lado a otro. Lo popularizó Chubby Checker con su canción del mismo nombre (1960).

Two-step Baile en forma de marcha popular de principios de siglo, debida principalmente a John Sousa. Todavía existe en los estilos *country* y *western*.

Vals Baile en compás ternario en el que las parejas se mueven rotando sobre sí mismas a medida que rodean la pista de baile.

Índice de personas

Índice

Agradecimientos

AKG, Londres: 9 superior, 10–11, 12, 13, 14, 17, 25 inferior, 28–29 centro, 36–37, 50 superior, 57 derecha, 59, 67 inferior, 68 izquierda, 68 derecha, 69, 74 inferior, 75, 80, 107 izquierda, 122, 123 inferior, 128 izquierda, 152–153 fondo, 155, 170, 177 derecha, 179 superior/**Nelly Rau-Haring** 7

American Tap Dance Orchestra: 114

Brown Brothers: 21, 26 superior, 34 inferior, 47, 60 izquierda

Corbis UK Ltd: 6 superior, 16, 24, 61 derecha, 70 fondo, 110–111 fondo, 186, 216/**Tony Arruza** 89 derecha/**Archivo Iconográfico** 15 imagen principal/**Bettmann** 6 inferior, 23 superior e inferior, 26 inferior, 30 izquierda, 31, 32, 39 derecha, 41 izquierda, 41 superior derecha 44, 50 inferior, 51, 52, 55 inferior, 62 inferior, 65, 66, 70 inferior, 77 izquierda, 81 izquierda, 81 derecha, 82–83 centro, 84, 86, 88 inferior, 96, 99 derecha, 112,132–133 centro,135 izquierda, 136, 140, 141 izquierda, 148–149 centro, 149 derecha, 150–151, 161 superior, 167, 172 superior, 173 derecha, 176, 180–181 fondo, 182–183 centro, 185, 187 derecha, 191 inferior, 193 superior, 206–207 fondo, 208, 209, 211/**Colita** 90/**Henry Diltz** 111 derecha/**Philip Gould** 217/**Hulton-Deutsch Collection** 49 izquierda, 63, 67 superior, 83, 142, 143, 181 derecha/**Stephanie Maze** 73, 93/**Ethan Miller** 196/**Minnesota Historical Society** 134/**Museum of the City of New York** 22/**Genevieve Naylor** 74–75 fondo/**SIN** 227, 234–235 fondo, 236 inferior/**Bradley Smith** 42/**Ted Streshinsky** 195 superior/**Underwood & Underwood** 61 izquierda, 64–65

Colección privada: 40, 53, 54, 57 izquierda, 79 derecha e izquierda, 92 izquierda, 98, 101, 137, 174 izquierda, 182 inferior, 183 superior, 189, 190, 191 superior izquierda, 193 inferior izquierda, 198 derecha, 237

Culver Pictures Inc.: 43, 49 derecha, 62 superior, 102, 103, 124, 158

E.T. Archive: 18, 45 superior

Hulton Getty Picture Collection: 1, 11, 15 inferior, 25 izquierda, 25 derecha, 30–31 centro, 33 izquierda, 33 derecha, 34–35 centro, 39 izquierda, 45 inferior, 60 derecha, 87, 88–89 centro, 95 derecha, 144, 145 izquierda, 145 derecha, 146, 148 izquierda, 151 superior, 156–157, 160–161 centro, 164–165, 195 inferior, 214 derecha,194 izquierda

Image Bank/Archive Photos: 156 izquierda, 207 superior/**Fred Fehl** 175 inferior/**Jason Trigg** 116/**Scott R. Sutton** 117 superior/**Tim Boxer** 224, 229 superior, 35 derecha, 114–115

Kobal Collection: 37, 78, 94–95 fondo, 100, 104 izquierda, 106, 107 derecha, 108, 121, 125, 132 inferior, 165, 174–175 fondo, 178, 210, 212, 213/**Castle Rock** 215/**Michael Ginzberg** 231 superior/**Paramount** 219

Mander & Mitchenson: 19

Peter Newark's American Pictures: 20–21, 27, 29 inferior

National Film Archive: 4–5

Redferns: 9 inferior, 199, 238 superior/**Richie Aaron** 241/**Glenn A. Baker Archives** 192, 206/**Michael Ochs Archive** 198–199 inferior derecha/**Fin Costello** 204/**Brigitte Engl** 117, 118, inferior, 221/**Jat Guenter** 242/**Mick Huston** 236 superior/**Salifu Idriss** 234/**JM International** 245 superior/**Max Jones Files** 139, 141 derecha/**Bob King** 205, 245 inferior/**Marc Marnie** 72/**Michael Ochs Archive** 56, 85/138 inferior, 138 superior, 184 superior, 184 inferior, 187 izquierda/**Jan Olofsson** 191 derecha/**RB** 198 inferior/**David Redfern** 147, 188, 194 derecha, 239/**Ebet Roberts** 228, 243 derecha/**Nicky J. Sims** 119, 220/**Robert Smith** 183 inferior/**Jon Super** 226–227 fondo/**Toby Wales** 91

Retna: Andy Catlin 229/**Adrian Green** 235/**Ernie Paniccioli** 230/**Neal Preston** 244

The Ronald Grant Archive: 2 izquierda, 2–3 fondo, 8 superior, 38, 41 inferior derecha, 46, 48, 55 superior, 58, 71, 76, 77 fondo, 97, 99 izquierda, 104 derecha, 105, 109, 113, 120–121 fondo, 123 superior, 126, 127, 128–129 centro, 129 derecha, 130, 131, 133 derecha, 134 derecha, 153 derecha, 154, 158 inferior, 159 superior, 160 izquierda, 161 inferior, 162, 163 superior, 163 inferior, 164 izquierda, 166, 168, 169 izquierda, 169 derecha, 171, 172 inferior, 172–173 centro, centro izquierda, 177 superior, 179 inferior, 197 superior, 200 fondo, 201 derecha, 203 derecha, 214 izquierda, 222 superior, 222 inferior, 222–223 centro, 223, 224–225, 231 inferior, 232, 238 inferior, 240, 243 izquierda, 202–203 fondo